TU
PROPÓSITO

DE
ALMA

PABLO FLORES

TU PROPÓSITO DE ALMA

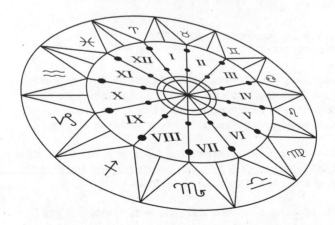

**DESCUBRE EL SENTIDO DE TU VIDA
CON AYUDA DE TU CARTA ASTRAL**

🜨 Planeta

© 2024, Pablo Flores

Diseño de portada: Planeta Arte & Diseño / Stephanie Iraís Landa Cruz
Aportación creativa en ilustraciones: Jaime Dutrey
Fotografía del autor: ©Archivo personal del autor
Diseño de interiores: Alejandra Ruiz

Derechos reservados

© 2024, Editorial Planeta Mexicana, S.A. de C.V.
Bajo el sello editorial PLANETA M.R.
Avenida Presidente Masarik núm. 111,
Piso 2, Polanco V Sección, Miguel Hidalgo
C.P. 11560, Ciudad de México
www.planetadelibros.com.mx

Primera edición en formato epub: julio de 2024
ISBN: 978-607-39-1655-4

Primera edición impresa en México: julio de 2024
ISBN: 978-607-39-1561-8

Impreso en los talleres de Impregráfica Digital, S.A. de C.V.
Av. Coyoacán 100-D, Valle Norte, Benito Juárez
Ciudad De Mexico, C.P. 03103
Impreso en México - *Printed in Mexico*

ÍNDICE

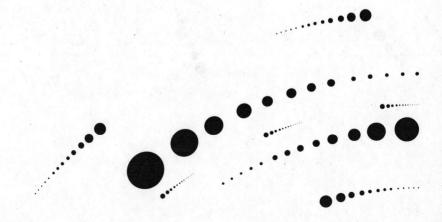

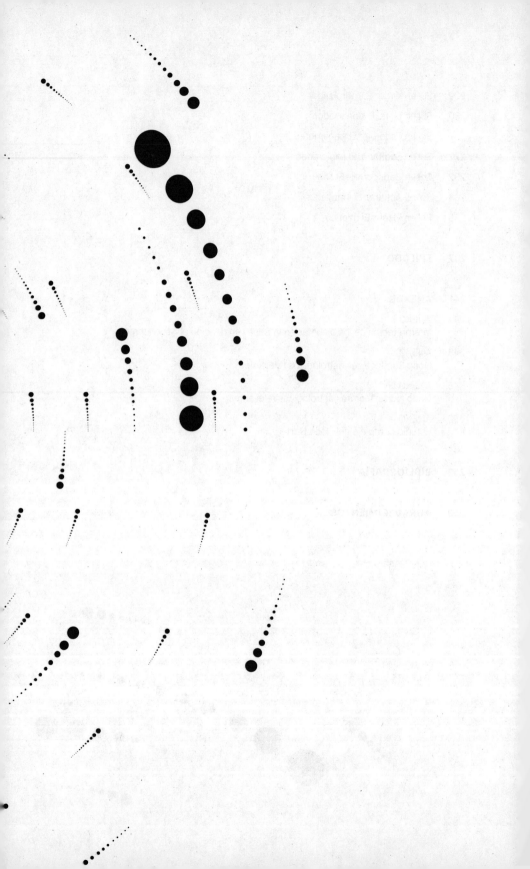

INTRODUCCIÓN

¿Cuál es el propósito de estar vivos? ¿Para qué estamos en la Tierra? ¿Cuál es el sentido de la vida y de las situaciones complejas que nos tocan vivir? Estas son preguntas clave que han movilizado a los humanos hacia una búsqueda trascendental durante miles de años. Queremos conocer los misterios del universo, comprender por qué vivimos ciertas experiencias, entender el significado de las señales que este nos manda. Anhelamos saber qué venimos a hacer a esta Tierra y cómo conducir nuestra vida para tener una experiencia más plena, satisfactoria, feliz y alineada con nuestro corazón. Buscamos respuestas sobre el sentido de la vida; deseamos saber si hay algo más allá de lo concreto y obvio de la realidad.

En el pasado, las religiones, los «iluminados» y los sabios intentaron dar respuesta a estas interrogantes, y sus hallazgos, durante un tiempo, parecieron funcionar. Sin embargo, en la Era de Acuario —en la que nos encontramos plenamente desde el año 2020 y que ha implicado cambios tecnológicos y sociales enormes—, las viejas respuestas ya no nos satisfacen. Las instituciones que guiaron a la humanidad por cientos de años han perdido credibilidad y han dejado de tener la capacidad para responder a las preguntas que los humanos nos hacemos en el presente. Tampoco la ciencia —racional, sin alma y dominada por el hemisferio izquierdo del cerebro, que es más mental— está logrando responder a nuestras dudas. Al negar el alma, lo espiritual, lo invisible y lo trascendental, la ciencia no tiene respuesta para aquello que intuimos y sabemos que existe, pero que nuestra mente racional no es capaz de comprender.

Por suerte, la vida y el universo nos han dado un regalo maravilloso, uno que no está alineado con ninguna religión o movimiento espiritual: la astrología, una guía y una herramienta increíble, diseñada para responder justamente algunas de estas interrogantes tan potentes que nos hacemos.

NUESTRA CARTA NATAL ES UN MAPA HECHO A LA MEDIDA DE CADA UNO DE NOSOTROS; UNA HOJA DE RUTA QUE CONTIENE LAS RESPUESTAS A LAS PREGUNTAS TRASCENDENTALES QUE NOS HACEMOS, Y TAMBIÉN AQUELLAS QUE NO NOS HACEMOS PERO QUE DEBERÍAMOS A FIN DE QUE NUESTRA VIDA SEA BASTANTE MÁS FLUIDA.

Esto ha sido así desde tiempos remotos. Durante miles de años los humanos han estudiado la astrología como un arte y una «ciencia» para entendernos y conocernos. Lamentablemente, en los siglos XIX y XX esta disciplina perdió bastante su credibilidad, en gran parte por culpa de los mismos astrólogos que se vendieron a los medios de la época con los horóscopos, una burda simplificación de nuestra carta natal que poco tiene de acertado o cierto. Con ellos pretendían predecir lo que ocurriría en la vida de las personas tan solo analizando un aspecto de su carta, como si la vida fuera tan sencilla o fácil de simplificar. Sin embargo, la astrología ha evolucionado enormemente en los últimos cincuenta años. Las visiones modernas ya no utilizan la carta natal como un oráculo que nos dice lo que ocurrirá, sino que la estudian con un enfoque psicológico y evolutivo para mostrarnos qué «programas» ancestrales, sociales y familiares nos condicionan y qué podemos hacer para crecer y transformarlos.

Por eso la astrología es tan útil hoy en día. **La visión predictiva y determinista de antes se ha quedado corta y ya no es útil para la humanidad actual, que está despertando, elevando la conciencia y dándose cuenta de que cada uno es responsable de su vida y es cocreador de sus experiencias.** La visión psicológica y evolutiva, en cambio, sí lo hace. Desde esta perspectiva, la carta natal nos permite responder a una infinitud de interrogantes acerca de la existencia en la Tierra. Nos revela cuáles son los mayores condicionantes que limitan nuestra experiencia vital, cuáles son los apegos y miedos que traemos, normalmente asociados a patrones que heredamos de nuestros ancestros y que arrastramos desde antes de encarnar. Nos muestra por qué nos cuesta tener relaciones felices y plenas, de dónde surgen nuestras inseguridades y dudas, así como las emociones incómodas que habitan en nuestro interior. Nos explica por qué nos cuesta desarrollarnos a nivel profesional en una vocación que en realidad represente nuestra esencia y que al mismo tiempo provea de la abundancia que merecemos. Nos enseña cuáles son nuestros mayores dones y talentos y nos ayuda a conocer cuáles son los principales desafíos y aprendizajes que venimos a experimentar y a aprender.

Al estudiar la carta natal podemos entender por qué atraemos y se repiten situaciones incómodas y dolorosas en distintas áreas de la vida, porque les aseguro que esto no ocurre ni por castigo, ni por mala suerte, ni porque la vida esté en contra nuestra, en esto quiero ser enfático. Todo lo que vivimos aquí es parte de un juego evolutivo bastante elaborado y complejo del cual los humanos somos tanto jugadores como cocreadores. Mucho de lo que vivimos es un reflejo de lo que venimos a soltar; sin embargo, nos negamos a dejar ir por nuestros propios miedos, traumas y condicionamientos. La vida nos «presiona» a hacer los cambios necesarios para alinearnos con nuestro ser y con los aprendizajes en esta encarnación. Nos es muy difícil ver esto, es más fácil victimizarnos y decir que el destino es injusto o está en contra nuestra. No reconocemos el poder de cocreación que tenemos en nuestro interior. Desconocemos que muchas de nuestras experiencias en realidad lo único que reflejan son nuestras propias creencias de escasez, baja valoración y no merecimiento.

En este sentido, la vida nos presiona a cambiar por dentro, no para ser premiados por un dios externo que espera que seamos buenos, sino porque la vida ve el potencial que existe en cada uno de nosotros y quiere que «pulamos el diamante» que somos, dado que nadie más podrá hacer ese trabajo por nosotros. Se trata de permitirnos ser quienes somos en esencia y dejar que nuestro «Yo soy» se exprese a través de nosotros en lugar de seguir dominados por el «Yo controlador», esa parte de nosotros que tiene miedo, está llena de condicionamientos y actúa desde el ego.

La carta natal nos muestra la estructura de ese «Yo controlador», no para juzgarla, sino para entenderla como un traje que fuimos tejiendo desde los primeros años, buscando «protegernos» de las experiencias dolorosas que todos los humanos tenemos que vivir tarde o temprano. Dicho traje es un compendio de condicionamientos e historias pasadas que heredamos de nuestros antepasados. Es decir, ese «Yo controlador», ese personaje creado, no es solamente nuestro, sino también de nuestros ancestros. Sus problemas son los nuestros, sus miedos son los nuestros y sus formas de resolver las dificultades son también las nuestras.

El gran aprendizaje de los humanos que habitamos en esta época es descubrir cuál es ese traje y darnos cuenta de que es obsoleto y no nos sirve, ya que, por el contrario, genera separación, miedo y dolor. **Vivir sin ser conscientes de nuestro traje, es decir, de por qué hacemos *realmente* lo que hacemos o por qué nos pasa lo que nos pasa, no es vivir; es sobrevivir.** Sin esa conciencia, nuestros miedos y necesidad de control nos dominan, estamos asustados, nos sentimos solos y desconectados. Queremos controlar nuestra realidad, sin entender que la vida es cambio y movimiento. Preferimos vivir nuestros sueños y fantasías en nuestra imaginación. No nos atrevemos a conectar con nuestro corazón y emociones y mucho menos a sentir nuestra propia vulnerabilidad. Nos desconectamos de lo más sagrado y hermoso que está en nuestro ser. El problema es que, si no incluimos esa parte interna, frágil y sensible en el juego, no podremos ser felices, pues nada que alcancemos en lo externo podrá compensar el vacío que genera la desconexión con nuestra propia alma.

Ese personaje no representa quien somos en verdad. Solo quitándonos el traje podrá surgir lo que siempre ha estado debajo, ese «Yo soy» que está libre de condicionamientos y se expresa de forma auténtica y espontánea. Y ahí es donde conocer nuestra carta natal se vuelve supremamente útil. Esta herramienta nos muestra de manera personalizada cómo es el traje que hemos construido. Cómo funciona, qué desea controlar, qué emociones niega y qué cosas ha venido a soltar. Utilizando esta herramienta podremos ver con claridad qué forma tomó el «personaje» que construimos en la infancia para sobrevivir al dolor del mundo y qué mostramos hacia afuera. Veremos qué quiere esconder, cuáles son sus inseguridades, cómo trata de demostrar a los demás cuánto vale y cuáles son las obsesiones que lo dominan.

Como podemos notar, el camino que nos marca la astrología actual es una senda hacia «adentro» que requiere valentía, amor y compasión hacia nuestro miedo a sentir emociones incómodas. Es un camino que nos lleva a salir de nuestra zona de confort y nos advierte que todas las acciones que tomamos para dejar de sentir lo «incómodo» terminarán generando más dolor, resistencia y sufrimiento. La vida nos pide aprender para evolucionar. Para llevarnos a eso, nos presenta «piedras en el camino» y nos las seguirá poniendo una y otra vez hasta que aprendamos y seamos capaces de reaccionar de una manera diferente. Cuánto tiempo tardemos en tomar conciencia y aprender dependerá de nosotros. No hay que pretender no tropezarnos, pues eso va a ocurrir de todas formas y no es la meta. Es más importante fijarnos en las piedras con las que nos tropezamos, lo que tienen en común y cómo reaccionamos ante ellas. De este modo, poco a poco podremos darnos cuenta de cuáles son las emociones y estados internos que nos llevan a repetir los patrones conocidos y podremos transformarlos para cambiar las vivencias que atraemos.

La carta natal y el libre albedrío

Muchas personas se preguntan si la vida está completamente destinada o si, por el contrario, es lo que cada uno hace de ella. **Determinismo *versus* libre albedrío, parece ser el dilema. ¿Cuál de los dos es cierto? Para mí, la respuesta es simple: ambos lo son y están ocurriendo al mismo tiempo.**[1] Los seres humanos tenemos el poder de elegir nuestro destino y, a la vez, este ya está preconcebido. ¿Suena contradictorio?

---

[1] El libro de sabiduría hermética *El Kybalión* nos habla de los principios fundamentales de la realidad que se enseñaban en las escuelas de misterio desde la época del antiguo Egipto. Entre ellos, está la ley de la polaridad, la cual indica que, en la Tierra, siempre están ocurriendo dos realidades o verdades opuestas al mismo tiempo. Los humanos tendemos a apegarnos a una y a negar la otra, considerándola falsa, cuando la realidad es que ambos polos son ciertos, aunque opuestos en grado (un ejemplo de esto son las discusiones eternas entre políticos de izquierda y derecha. Ambas verdades son ciertas y, sin embargo, opuestas). Si en vez de aferrarnos a un polo y demonizar o negar el otro entendiéramos esta ley, podríamos construir una realidad diferente, más integral y con menos extremos. Esa es una de las lecciones que trae para nosotros la Era de Acuario, que recién comienza.

Déjenme explicarlo: como astrólogo, sé que gran parte del juego de la vida está totalmente condicionado desde que encarnamos en la Tierra. Al ver la carta natal de un bebé recién nacido, por ejemplo, yo puedo anticipar las distintas pruebas que le tocarán vivir y en qué momento de su vida sucederán. Puedo prever cómo va a percibir a su madre, a su padre, cómo se sentirá en sus experiencias vinculares, cuáles serán sus miedos, qué tipo de relación tendrá con sus amigos, qué tipo de vivencias experimentará en el amor y muchas cosas más. Es decir que sí hay un enorme nivel de determinismo en las distintas experiencias que viviremos a lo largo de nuestra vida. Sin embargo, y aquí es donde entra en juego el libre albedrío, también sé que, aunque las etapas del juego están predeterminadas, dependerá del jugador (tú, yo y todos) cómo jugarlas y qué hacer en cada momento. En otras palabras, el jugador, mediante su libre albedrío, también cambiará el tablero y modificará la experiencia de encarnación. Entonces, lo cierto es que nuestra realidad sí está condicionada, pero también tenemos la capacidad y estamos en libertad de tomar conciencia de ese condicionamiento y elegir cómo afrontaremos lo que la vida nos proponga. Ese es el verdadero libre albedrío. No es, como muchos piensan, tener la libertad para elegir qué comer esta noche, qué ponernos cada mañana y a dónde ir de vacaciones el próximo verano. Es tener la capacidad de liberarnos de nuestros condicionamientos.

Aunque sorprenda, muy pocas personas en realidad hacen uso de su libre albedrío. Por el contrario, huyen de los aprendizajes que la vida les plantea y, mientras más lo hacen, más se condicionan, pues estos vuelven a presentarse y es más fácil sentirse atrapado en ellos. Cuanto más vivamos en el miedo, la necesidad de control y de poder, más estaremos condicionados por la estructura del ego y por las formas de nuestros ancestros de protegerse de los peligros de la realidad. Esto es actuar de forma condicionada. **Hacer uso del libre albedrío, por el contrario, es tomar conciencia de lo que nos determina y utilizar la libertad personal para sintonizar con lo que debemos dejar ir y lo que debemos integrar.** La respuesta a esto la hallamos al escuchar nuestro corazón. Haciéndolo, podemos decidir conscientemente hacia qué futuro queremos caminar, pues, para mí, no tenemos un solo futuro posible, sino cientos de ellos. Hacia cuál avanzamos dependerá de nuestra capacidad de conectar con el corazón y transitar desde el amor y no desde el miedo, jugando con lo que la vida nos proponga.

Así, al hacer movimientos internos cambiamos la realidad externa y el tipo de experiencias que atraemos y nos toca vivir —«como es adentro es afuera», habrán oído decir—. Entonces, el miedo deja de controlarnos, rompemos el patrón de acción que está presente en nuestra carta natal y tomamos decisiones que llevan a realidades totalmente creativas y distintas de lo predeterminado.

POR ESO DIGO QUE LA CARTA NATAL ES, SOBRE TODO, UN MAPA HACIA LA LIBERACIÓN: NOS MUESTRA LO QUE TEMEMOS VER Y SENTIR PARA QUE PODAMOS TRASCENDERLO. ESE ES EL VERDADERO REGALO DE LA ASTROLOGÍA.

Nos señala que la realidad que vivimos depende de nosotros y de nuestras decisiones. Nos indica de qué formas la vida nos «apretará» para obligarnos a salir de lo que conocemos y así evolucionar. Nos muestra cuáles son nuestros mayores miedos, traumas e inseguridades para que nos atrevamos a ir más allá de nosotros mismos. Deja en evidencia lo que nos obsesiona porque creemos que nos traerá felicidad, pero en realidad venimos a soltar, para vivir lo que realmente nos dará plenitud, propósito y conexión con lo más sagrado que hay en nosotros. También nos señala lo que venimos a aprender, qué experiencias nuevas expandirán nuestra conciencia y qué es lo que la vida quiere que integremos. Nos da pistas sobre cuál es el sentido de estar vivos y cuál es nuestro propósito en este planeta. Y cuando nos hacemos conscientes de todo eso, es más fácil darle espacio al gran aprendizaje que todos venimos a hacer en la Tierra: vivir una vida desde el ser y no desde el miedo; una vida alineada con nuestra esencia y nuestro propósito de alma.

Un gran propósito, muchas maneras de lograrlo

¿Por qué estoy aquí y cuál es el propósito de mi vida en la Tierra? Esa es la pregunta existencial por excelencia. La respuesta rápida es que

> «VIENES A SER Y A EXPRESAR EN LA TIERRA LO QUE YA ERES EN ESENCIA. VIENES A RECONOCERLO, SENTIRLO, MANIFESTARLO Y ENCARNARLO».

Para mí, este es el gran propósito de todos los seres humanos y es la base del juego de la realidad en este planeta. Ahora, si queremos ser más específicos, hablar de forma menos genérica y personal, se abre un abanico de respuestas, pues la experiencia en la Tierra tiene múltiples dimensiones y cada persona tiene aprendizajes y vivencias que viene a experimentar y desarrollar de manera individual. Esto quiere decir que nuestra existencia tiene múltiples sentidos y que en esta encarnación tenemos muchos propósitos, aprendizajes y desafíos, los cuales son distintos para cada quien y diferentes en grado de dificultad, pues los niveles de experiencia en la Tierra son muchos.

En una carta natal pueden verse claramente los distintos propósitos que tiene una persona en esta encarnación: los espirituales, vinculares, evolutivos, emocionales, vocacionales y muchos otros más. Cada uno de ellos tiene un sentido distinto y se enfoca en un área diferente de la vida y experiencia humana, pero todos están alineados con nuestro gran propósito: el de expresar nuestra esencia y jugar con la vida.

Algunos de estos propósitos son optativos, es decir, podemos decidir si llevarlos a cabo o no, y otros son obligatorios, lo que significa que desde que nacemos la vida nos exigirá conectar con ellos mediante experiencias que nos darán lecciones y nos forzarán a vivir lo que tenemos que incorporar. Si nos desviamos de ese propósito la vida nos «corregirá» mediante experiencias nuevas o frustrando los deseos que se alejen del motivo por el cual estamos aquí. Estas lecciones no son negociables. Las optativas, por el contrario, no se fuerzan sobre nosotros y solo las personas que son capaces de silenciar su ruido interno y escuchar su corazón podrán sintonizar con estas invitaciones de su alma, las cuales inducen a vivir cierto tipo de experiencias nuevas y de gran impacto en su conciencia.

Los Puntos Evolutivos y los Puntos de Pasado

Para escribir este libro tuve que elegir en cuáles propósitos concentrarme. Decidí hacerlo en los Puntos Evolutivos, aquellos que marcan el camino hacia lo nuevo que venimos a aprender, vivir y experimentar en la Tierra. Aquellos que muestran el sendero de nuestra evolución, la nueva dirección y el rumbo que nuestra alma viene a seguir en esta encarnación. Estos son los aprendizajes más potentes que tenemos en esta vida, los que expanden nuestro nivel de conciencia y, sin embargo, son los que más hemos descuidado los humanos en los últimos tiempos.

Recordemos que estamos entrando en una nueva era, la Era de Acuario, donde se nos pide mirar hacia donde ni nosotros en vidas pasadas ni nuestros ancestros han querido mirar antes. Es tiempo de dejar a un lado nuestros conflictos, apegos y dramas repetitivos para mirar hacia el futuro y dar un salto cuántico hacia adelante. Esto implica mirar hacia los tres Puntos Evolutivos presentes en la carta natal: el Sol, el Ascendente y el Nodo Norte. Ellos nos muestran el camino para conectar con experiencias totalmente nuevas que nos llevarán a descubrir un potencial que jamás creímos que pudiera existir dentro de nosotros. Nos muestran la ruta a un territorio desconocido y nos llevan por un sendero que nos sacará de nuestra zona de confort y seguridad. De hecho, estos puntos nos señalan energías, experiencias y comportamientos muy novedosos para nuestra alma a los que no estamos acostumbrados y que, incluso, hemos rechazado en un paso previo a esta encarnación. **El propósito de nuestra vida es, entonces, aprender a darles espacio a nuestros Puntos Evolutivos en nuestro camino personal y en nuestra forma de ser.**

Ahora bien, para poder comprender qué son los Puntos Evolutivos, primero tenemos que entender de dónde venimos, es decir, cuál es el pasado que nos condiciona, atrapándonos en nuestros comportamientos repetitivos. Para ello debemos conocer nuestros Puntos de Pasado más importantes: Plutón, la Luna y el Nodo Sur. Estos representan nuestra forma de ser condicionada, las características que nos dominan y nos controlan en el día a día. Tienen que ver con el traje que adoptamos para sobrevivir y con la forma de actuar que rige nuestra personalidad, esto es, con la forma del «Yo controlador».

Los Puntos de Pasado nos muestran el tipo de experiencias que hemos vivido antes de esta encarnación, lo que hace que su energía nos sea familiar, cómoda y conocida. Además, indican qué patrones de comportamiento han sido dominantes para nuestros ancestros; justamente por ello nos condicionan sin que nos demos cuenta. Estos puntos surgen y se manifiestan de forma automática, instintiva e inconsciente desde la infancia temprana. Se van activando como una memoria antigua que despierta cuando somos muy pequeños y que nos indica cómo sobrevivir a las experiencias complejas de la realidad. Cuando somos adultos, una gran parte de nuestro comportamiento diario se ve condicionada por estos factores inconscientes. Permanecemos, sin saberlo, conectados a patrones del pasado que asociamos a deseos, necesidades y apegos, los cuales buscamos satisfacer, pues hacerlo nos da una sensación de protección y seguridad, frente al descontrol, dolor, vacío, impotencia y soledad que sentimos en esta realidad. Mientras estemos viviendo desde ellos, no estaremos viviendo, sino que estaremos «sobreviviendo». Permanecer en lo familiar muchas veces va en detrimento de nuestro crecimiento, libertad y de escuchar hacia dónde nos quiere llevar nuestra alma.

Los Puntos de Pasado monopolizan nuestra atención y energía personal. Los patrones de comportamiento, características, necesidades y áreas de la vida que estos representan también están asociados a cómo nos hemos definido. Solemos identificarnos con ellos, negando muchas veces cualquier característica personal, deseo interno o experiencia que atente contra dicha autoimagen. Nuestra personalidad se ha construido y se sostiene tratando de satisfacer lo que los Puntos de Pasado piden.

Plutón representa los mayores apegos que nuestra alma trae y de los que dependemos absolutamente para sentir que tenemos control. La Luna, en cambio, se asocia con lo que es familiar para nuestro «niño interno», es decir, con aquello que necesitamos para sentirnos contenidos y protegidos en este mundo. Asimismo, se relaciona con la forma automática e instintiva en que reaccionamos a las emociones que atentan contra nuestra seguridad emocional.[2] Por su parte, el Nodo Sur representa las experiencias pasadas que han sido un aprendizaje importante para nuestra alma, así como un punto especial de comodidad en el que solemos «habitar».

El viaje evolutivo

Como hemos dicho, la carta natal nos muestra de qué manera nuestro pasado nos define y cómo nos marca desde el inconsciente (Puntos de Pasado), pero también nos revela cuál es la invitación de la vida para crecer y expandir nuestra conciencia (Puntos de Evolución). **Un gran aprendizaje para el alma es hacer el viaje que va desde los Puntos de Pasado hacia los Puntos de Evolución, y la carta natal es un reflejo de este proceso.**

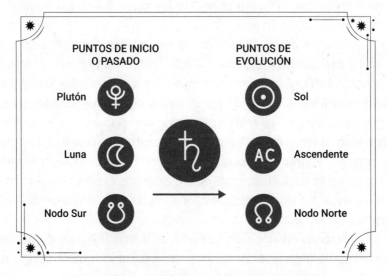

Figura 1. Diagrama del viaje evolutivo en la carta natal.

---

[2] En mi libro *Sanando las relaciones de pareja* desarrollé en detalle el significado de la Luna y cómo evolucionar este Punto de Pasado.

En la figura 1 podemos ver un diagrama que resume el proceso evolutivo de la carta natal. Nos muestra de dónde venimos (que son los Puntos de Pasado, representados por Plutón, la Luna y el Nodo Sur), así como hacia dónde vamos (que son los Puntos de Evolución, representados por el Sol, el Ascendente y el Nodo Norte).[3]

Es muy importante hacernos conscientes de nuestros Puntos de Pasado; conocer lo que nos condiciona y soltarlo. Esto nos permitirá movernos hacia adelante, es decir, hacia los Puntos de Evolución. Eso sí, debemos tener claro que el proceso evolutivo personal no está en abandonar ni en rechazar los Puntos de Pasado. Primero porque es imposible, una parte de nuestro ser está demasiado conectada con esas características. Segundo, porque estos representan poderosos regalos y dones que existen en nuestro interior, que podrán expresarse en todo su potencial cuando seamos capaces de vivirlos no desde la necesidad, el control y el miedo, sino desde la libertad del ser. Para que los Puntos de Pasado nos regalen sus verdaderos dones tenemos que dejar de vivirlos desde el apego, el control y el miedo. Así los dones con los que venimos se podrán integrar a los de los Puntos de Evolución.

Al quedarnos en los Puntos de Pasado bloqueamos el «fluir» con la vida y con nuestro propósito evolutivo. Si soltáramos el control, la vida nos llevaría justamente en la dirección de los Puntos Evolutivos. Acercarnos a estos nos permitirá sintonizarnos de mejor manera con la realidad, teniendo así menos conflictos con el mundo externo. Para lograr esto tenemos que soltar partes de nuestra personalidad que quieren controlar «el mundo a nuestro alrededor». Si somos honestos con lo que nuestro «Yo soy» realmente quiere, seremos capaces de escuchar el llamado de los Puntos Evolutivos y acercarnos a ellos a pesar de lo incómodo que pueda ser.

Las personas creemos conocernos; de hecho, solemos definir con mucha convicción lo que somos, lo que nos gusta y lo que no nos gusta.

---

[3] En el centro del diagrama encontramos a Saturno, un astro que representa tanto el pasado que nos condiciona y limita, como una nueva forma de ser que venimos a aprender a vivir en esta encarnación.

Cuando en realidad la gran mayoría no tiene idea de quién es en verdad, de todo el potencial que existe en su interior, de que puede llegar a ser mucho más grande de lo que sueña. Todos tenemos dones, talentos y habilidades que no hemos descubierto o, incluso, negamos que podamos tener. Evitamos escucharnos y hacerles caso a esas partes internas que quieren vivir experiencias nuevas, tal vez opuestas a las que conocemos. Es como si fuéramos dueños y habitantes de una isla inmensa y majestuosa, pero eligiéramos explorar solo una parte ínfima del territorio (ver figura 2).

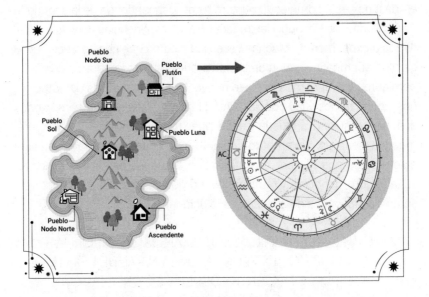

Figura 2

Nos quedamos es los pueblos conocidos (Plutón, la Luna, el Nodo Sur y Saturno) y hasta nos convencemos de que eso es todo lo que hay. Nadie se atreve a ir hacia los pueblos nuevos (el Ascendente, el Nodo Norte y el Sol) porque es algo que se considera demasiado arriesgado y loco. A veces hay algún impulso por aventurarnos a otras tierras, pero rápidamente nuestras inseguridades y ansiedades nos hacen volver al «hogar» conocido. Como resultado, la mayoría de nosotros no se ha explorado a sí mismo.

Los territorios desconocidos nos generan inseguridad porque implican salir de nuestra zona de confort, y como los humanos somos seres de costumbres, nos sentimos sumamente incómodos en esa situación. Así, nos resistimos a experimentar las nuevas vivencias asociadas a nuestra evolución y crecimiento si estas «contradicen» los mandatos que traemos del pasado. **No nos damos cuenta de que eso a lo que nos aferramos es justamente lo que la vida quiere que soltemos (Puntos de Pasado) para que podamos expandirnos (Puntos de Evolución), pues el propósito de esta encarnación es atrevernos a salir de los pueblos familiares e ir hacia los nuevos territorios.**

De ahí que conocer los Puntos Evolutivos nos ayude a entender el porqué de muchos golpes que nos da la vida y el destino, pues muchas veces el «destino» está corrigiendo nuestro rumbo, sacándonos de la seguridad de los Puntos de Pasado y lanzándonos a las experiencias nuevas que venimos a experimentar. Muchas veces las piedras que nos aparecen en el camino son una invitación de la vida a que soltemos nuestros condicionamientos y avancemos hacia lo nuevo. Nos molestan, las detestamos, nos victimizamos y las consideramos injustas. Nos generan emociones de terror, ansiedad, angustia y rabia, pues nos quitan lo que tanto queremos y deseamos. Sin embargo, mientras no entendamos lo que la vida quiere y sigamos viviendo en automático, actuando desde lo que nos resulta seguro, conocido y familiar solo porque es cómodo para nosotros, seremos incapaces de avanzar y evolucionar.

POR EL CONTRARIO, SI UTILIZAMOS LA INFORMACIÓN QUE NOS OFRECE LA CARTA NATAL DE FORMA MADURA Y CONSCIENTE PODREMOS CONECTAR CON NUESTRO PROPÓSITO PERSONAL Y VIVIR EN COHERENCIA CON LO QUE NUESTRO CORAZÓN REALMENTE QUIERE EN ESTA VIDA.

Mi intención con este libro es, entonces, que conozcan estos Puntos Evolutivos. Que sepan lo que están destinados a aprender y a integrar en esta encarnación para que la próxima vez que se encuentren resistiéndose a una experiencia puedan dar dos pasos hacia atrás, ver las cosas en perspectiva y tomar la decisión consciente de fluir con la vida. Como hemos dicho antes, estos puntos no son los únicos aspectos astrológicos que nos indican cuáles son nuestros propósitos. Sin embargo, considero que son un excelente punto de partida para empezar a explorar la gran pregunta por el sentido más elevado de nuestra vida en la Tierra.

En las siguientes páginas exploraremos uno a uno los tres Puntos de Evolución principales: el Ascendente, el Nodo Norte y el Sol. Veremos qué propósitos y qué aprendizajes trae para nosotros específicamente cada uno de estos aspectos, según el signo en el que se encuentren.

Empezaremos por el Ascendente, el cual representa una gran maestría que venimos a desarrollar en la Tierra, no en vano es uno de los tres aspectos astrológicos principales que dan forma a lo que somos (los otros dos son la Luna y el Sol). Su propósito es que nos sintonicemos con la energía de su signo hasta dominarla, hacerla propia, expresarla conscientemente y volvernos maestros en ella. Esta es una lección obligatoria, no es voluntaria ni optativa. La realidad se confabulará para traernos situaciones que nos fuercen a aprender las lecciones evolutivas que este punto representa, las cuales normalmente nos incomodan, pues las sentimos ajenas a quienes somos y a la vida que queremos vivir.

Nos resistimos al propósito que el Ascendente representa y a sus aprendizajes; sin embargo, la vida nos fuerza «a comernos la cuchara del Ascendente», como una madre que obliga a su hija pequeña a comer la comida que le preparó. ¿Por qué? Porque en la energía de nuestro Ascendente está la clave para que nuestra esencia, sueños y anhelos se expresen en este mundo. La magia y la materialización solo ocurren cuando nos sintonizamos con el signo de este aspecto de la carta natal hasta hacerlo propio. Es por ello que alinearnos con la energía del Ascendente es uno de los propósitos de evolución más importantes y obligatorios en nuestra encarnación.

Después hablaremos del Nodo Norte, el cual representa el aprendizaje más elevado, trascendental y expansivo que un ser humano puede alcanzar en la vida. Este aspecto de la carta natal nos muestra la razón más profunda por la que nuestra alma eligió encarnar y experimentar la vida en la Tierra. Conectar con este propósito nos vincula con un nuevo plano de conciencia y expande nuestra experiencia de vida. A diferencia del Ascendente, el aprendizaje del Nodo Norte es completamente optativo. En la mayoría de los casos la realidad no nos presionará para cumplirlo,[4] sino que dependerá de nosotros hacerlo. Esto implica que solo los seres conscientes y realmente alineados con su evolución espiritual en la Tierra tendrán la fuerza de voluntad, curiosidad y entrega para sintonizar con el propósito elevado del Nodo Norte.

Lo que me fascina de este aprendizaje es que nos lleva a romper con la idea de espiritualidad en la Tierra, pues, para el Nodo Norte, nuestro aprendizaje en esta encarnación puede ser algo que la mayoría de la gente no considera espiritual. Por ejemplo, aprender a generar abundancia, ser líderes, estar en pareja o alcanzar nuestras metas profesionales. Es decir, el Nodo Norte nos muestra que todo lo que solemos considerar mundano y poco trascendental guarda en su interior el potencial de una experiencia y un aprendizaje espiritual y trascendental.

Por último examinaremos el Sol, el cual nos marca el propósito de conectar con nuestro corazón y permitirnos ser quienes somos en esencia. Su signo nos indica de qué modo venimos a jugar con la vida y a expresar nuestro «Yo soy» de forma espontánea y auténtica en la realidad. Cuando somos niños, vivimos esta energía con fuerza: somos espontáneos, creativos, nos creemos los protagonistas de nuestra historia, creemos en nuestros sueños y nos expresamos sin máscaras. Pero ser nosotros se vuelve más difícil tras el duro proceso de maduración que todos vivimos generalmente entre los 6 y 8 años. En esa etapa nos damos cuenta de que los adultos no creen en el juego y en que los sueños se puedan cumplir; peor aún, nos damos cuenta de que nuestros padres no aceptan completamente todas las características de nuestro ser. Entonces nos desconectamos de nuestra esencia. Escondemos quienes somos; buscando que no dejen de querernos, escondemos nuestro «Yo soy» en lo más profundo de nuestro ser. Muy poca gente adulta encarna realmente su Sol, y es por eso que este representa un punto de evolución, pues aunque no desconocemos del todo su energía, sí tenemos que aprender de nuevo a caminar hacia ella para conectar con nuestra esencia.

---

[4] Los tránsitos y progresiones al eje nodal pueden activar momentos donde la vida nos llevará a integrar los aprendizajes del Nodo Norte. Pero esto solo ocurre en determinados momentos de la vida. El resto del tiempo no hay nada presionando dichos aprendizajes.

La mayoría del tiempo la vida no nos obliga a activar nuestro Sol.[5] Sin embargo, el no vivirlo implica que nuestra vida carezca de sentido y dirección personal; que nos sintamos insatisfechos en nuestro día a día y en la vida que hemos materializado. Así que, si queremos tener una vida feliz, auténtica y consciente, está en nuestras manos descubrir, activar e integrar nuestro Sol.

Unas palabras antes de comenzar

Estoy seguro de que la información que están a punto de leer les resultará increíblemente valiosa. Al terminar este libro tendrán un panorama general de cuáles son sus propósitos de evolución en esta Tierra y ya no podrán ignorarlos. Empezarán a conectar con la verdad de su alma y a expresar cada vez más su esencia. Por eso, antes de iniciar, quiero darles un consejo: estudien y aprendan la información que les entregaré con calma y templanza. Es común que cuando empezamos a estudiar astrología conocer tanta información acerca de nosotros mismos genere ansiedad y un deseo de querer resolver todo rápido; a casi todos nos pasa. No se aceleren, no se sientan culpables, no crean que están haciendo algo mal o esperen activar rápidamente los aspectos de los que hablaremos. **La sana conexión con los Puntos Evolutivos es ir por un camino, no llegar a un destino.**

Consideren que la vida es un maratón, no una carrera de cien metros. Cada aprendizaje y toma de conciencia tiene su momento y su desarrollo, así como existen distintas edades y etapas en la vida. No se trata de resolverlo rápido para sacar una buena calificación y dar por terminada la lección. Querer controlar nuestro avance es quedarnos en los Puntos de Pasado. Avanzar en nuestro propósito, en cambio, es dejarnos fluir.

---

[5] Salvo cuando tenemos tránsitos al Sol, o cuando el Sol progresado hace aspectos a planetas en la carta natal, o cuando tenemos tránsitos o progresiones moviéndose por la Casa V.

POR ÚLTIMO, RECUERDEN ESTO: USTEDES NO SON SU CARTA NATAL. NO ESTÁN CONDICIONADOS POR LAS LECCIONES QUE DETERMINA ESE DIBUJO, SINO QUE SON LO QUE SURGE Y SE LIBERA AL INTEGRAR CON CONCIENCIA ESTA INFORMACIÓN EN SU VIDA.

Bienvenidos a este viaje.

NOTA AL LECTOR

No necesitan saber de astrología para leer y aprender de este libro. Lo único que necesitan es saber en qué signo se encuentra el Sol y el Ascendente, así como la casa y el signo del Nodo Norte.

Si aún no lo tienen claro, pueden descubrirlo siguiendo unas sencillas instrucciones que preparé en un video, al cual puedes acceder escaneando este código QR:

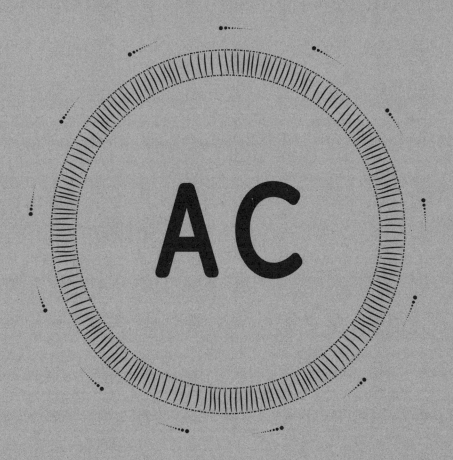

1

El Ascendente

EL PROPÓSITO QUE SE CONVIERTE EN DESTINO

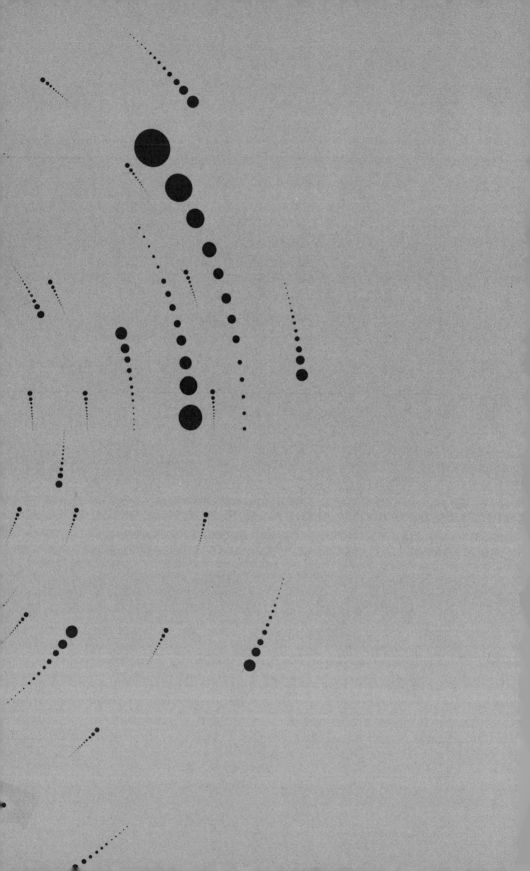

¿Qué es el destino? ¿Por qué parece que tenemos experiencias y aprendizajes que están aparentemente predestinados? ¿Por qué en la vida se nos repiten ciertas situaciones complejas o nos aparece siempre el mismo tipo de personas? ¿Por qué nos resistimos a algo que es claro que la vida quiere que incorporemos?

Pareciera que hay cierto tipo de experiencias que «nos persiguen» y son parte constante de nuestro recorrido vital; incluso podríamos ir un paso más allá y decir que, mientras más tratamos de evitarlas, con más fuerza se nos presentan. Entonces, cabe preguntarnos: ¿será que la vida quiere que aprendamos algo en particular que no siempre somos capaces de ver? ¿Será que ciertas lecciones no son opcionales, sino que van de la mano del destino y de nuestro propósito evolutivo individual? La respuesta es «sí», y en este capítulo veremos cuáles son algunos de esos aprendizajes obligatorios.

En las próximas páginas nos centraremos en el aprendizaje que nos trae nuestro Ascendente. Su naturaleza es funcional y práctica, lo vivimos en el día a día y se asocia con lo más común, incluso mundano de nuestra experiencia. **Este punto evolutivo de la carta natal constituye uno de los propósitos del alma que es necesario vivir con conciencia y proactivamente para poder funcionar en el mundo, expresar nuestra individualidad y salir a recorrer nuestro camino personal.** El Ascendente está asociado con nuestro destino y con las experiencias que atraemos, las lecciones que son totalmente obligatorias y que no podemos evitar, de hecho, entre más lo hacemos, más dificultades y conflictos atraemos, los cuales básicamente nos obligan a hacernos cargo de este aprendizaje.

El Ascendente es uno de los factores más importantes de la carta natal, junto con la energía de la Luna y el Sol. El signo en el que se ubica el Ascendente (AC) representa la energía que venimos a aprender a dominar y a expresar de manera individual.

PODEMOS DECIR QUE UN PROPÓSITO CLAVE EN ESTA ENCARNACIÓN ES VOLVERNOS EXPERTOS EN LA ENERGÍA DEL SIGNO DEL ASCENDENTE; QUE SEAMOS CAPACES DE IDENTIFICARNOS CON ELLA Y EXPRESARLA MEDIANTE NUESTROS COMPORTAMIENTOS Y ACCIONES.

Esto es más fácil decirlo que hacerlo, pues, como vamos a estudiar, todos tenemos una enorme resistencia a conectar con el AC y su signo. De hecho, la mayoría de nosotros hace justo lo contrario. Rechazamos esta energía y la sentimos completamente alejada de lo que creemos ser. Por lo tanto, tendemos a actuar de forma opuesta a lo que el AC nos «sugiere». El problema está en que esto no es algo que podamos decidir y controlar en realidad, no es opcional. Negarnos al AC genera una cadena de sucesos complejos, que suele terminar frustrándonos y cansándonos.

CUANDO NO INTEGRAMOS SU ENERGÍA, CREEMOS QUE LA VIDA NO FLUYE CON NOSOTROS, LO QUE NOS LLEVA A VICTIMIZARNOS. PERO EN REALIDAD LO QUE ESTÁ PASANDO ES LO CONTRARIO: SOMOS NOSOTROS LOS QUE NO ESTAMOS FLUYENDO CON LA VIDA, NI VIENDO LAS SEÑALES QUE ESTA NOS MANDA UNA Y OTRA VEZ.

LECCIÓN ASTROLÓGICA
QUÉ ES EL ASCENDENTE

Si observamos una carta natal, vemos que hay una línea horizontal que la divide por la mitad, de un lado encontraremos las letras AC y del otro lado DC. Esta línea corresponde a la línea del horizonte y marca los puntos por donde sale el Sol (AC es el este geográfico) y se esconde el Sol (DC es el oeste geográfico) para un lugar determinado de la Tierra. **Básicamente, el AC nos señala el punto en el horizonte en el este por donde sale el Sol.**

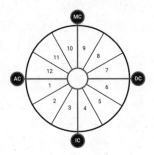

Sin importar la hora a la que una persona nazca, siempre habrá un signo del zodiaco sobre la línea del horizonte y este será el signo del Ascendente. Desde el punto de vista astrológico, tiene gran importancia porque es el punto de inicio del sistema de casas, al ser la cúspide (o línea de inicio) de la Casa I.[6]

Ahora bien, cada dos horas el signo que está en el Ascendente va cambiando debido al movimiento de rotación terrestre, por lo tanto, a lo largo del día todo el zodiaco pasa por este punto. De ahí que este sea uno de los factores más sensibles a la hora del nacimiento,

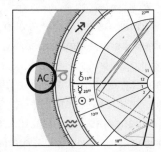

por eso cuando levantamos una carta natal necesitamos saber el momento exacto de este. En algunos casos, variaciones de un par de minutos pueden cambiar el signo del Ascendente de uno a otro.

---

[6] La carta natal se encuentra dividida en 12 segmentos llamados casas astrológicas, que tienen relación con los ámbitos de la vida. Son una suerte de «escenarios» donde los planetas actúan e incluyen todas las dimensiones de la existencia individual.

La energía que rechazamos

Una de las astrólogas más importantes del siglo xx, Alice Bailey, planteó que:

> EL «SIGNO DEL ASCENDENTE INDICA LAS POSIBILIDADES MÁS REMOTAS, LA META ESPIRITUAL Y EL PROPÓSITO DE LA ENCARNACIÓN INMEDIATA Y DE LAS SUCESIVAS [...] MANTIENE EL SECRETO DEL FUTURO Y PRESENTA LA FUERZA QUE, CORRECTAMENTE EMPLEADA, CONDUCIRÁ AL HOMBRE AL ÉXITO. REPRESENTA EL ASPECTO SÁTVICO O ARMÓNICO DE LA VIDA, Y PUEDE PRODUCIR CORRECTAS RELACIONES ENTRE EL ALMA Y LA PERSONALIDAD EN UNA ENCARNACIÓN DADA, SEÑALANDO ASÍ EL CAMINO PARA RECONOCER LA FUERZA DEL ALMA.[7]

Es decir, el Ascendente constituye una energía clave que venimos a incorporar a nuestra personalidad para que el alma se pueda expresar y el ego evolucione. Es un aprendizaje que forma parte de un proceso evolutivo y que nos pedirá convertirnos en «maestros» de su manifestación. Podríamos decir que el alma decide encarnar en la Tierra y uno de sus objetivos es el aprendizaje y expresión consciente de esta energía. El proceso constituye, entonces, un desafío para nuestro ego/personalidad, así como una invitación a un paso clave en el ciclo de encarnaciones que vivimos en este planeta.

El Ascendente es, pues, una dimensión de nuestra conciencia que se abrirá paso como una experiencia-destino, o en palabras simples, es lo que la vida quiere que aprendamos y reconozcamos como propio.

Cuando hablamos de «energía» nos referimos a la cualidad vibratoria del signo donde tenemos el Ascendente. Te pongo dos ejemplos: si tengo Ascendente en Aries, vengo a ser un maestro de la energía de inicio y eso

---

[7] Alice Bailey, *Tratado de los siete rayos. Tomo IV. Astrología esotérica*, Editorial Nous, 2018, pp. 8-9.

implica ser capaz de comenzar lo que me proponga, activar, movilizar, liderar, romper la inercia y las resistencias que mantienen la vida y la realidad personal tal como está. Para esto la persona debe aprender a cultivar y hacer propias las cualidades arianas, como la valentía, la iniciativa, la rapidez, la independencia, la capacidad de choque y la intuición, especialmente a la hora de salir al mundo. Para alguien con AC en Aries, estas características serán asumidas como propias y se expresarán conscientemente, es decir, manifestarlas a pesar de lo incómodo que pueda llegar a ser.

Otro ejemplo: si tengo el Ascendente en Tauro, vengo a ser un maestro de la energía de la abundancia, de la creación, de la manifestación, del disfrute, de la sensualidad, de la regeneración y de la capacidad de conectar con el ritmo orgánico de la naturaleza. Para ello voy a tener que aprender a cultivar y hacer propias las cualidades taurinas: paciencia, lentitud, conexión a Tierra, la creación de valor, escuchar mis necesidades, gozar de los sentidos y disfrutar de estar vivo. Estas características serán asumidas como propias por quienes poseen este AC, aunque sea complicado y tiendan a rehuir la experiencia.

Es tan potente la incidencia del Ascendente en nuestra vida —en cuanto experiencia de destino y mandato de aprendizaje— que la primera vivencia que tenemos en este mundo suele estar marcada por la energía del signo que se ubica en este punto. ¿A qué me refiero? Rodeó a la madre y al bebé en el nacimiento, y ambos la sintieron dentro de sí. **El Ascendente está tan conectado con nuestro destino que la energía del signo que se ubica en esta posición estuvo presente en el ambiente durante nuestro parto. Es decir, fue la primera energía que experimentamos como seres individuales en la Tierra.**

Esto significa que si alguien tiene Ascendente en Capricornio, es probable que el parto fuera difícil, trabajoso, que tanto el niño/a como su madre tuvieran que afrontar dificultades, que hubiese una sensación de miedo y de incapacidad para enfrentar la prueba, que el parto tardara mucho, es decir, un verdadero aprendizaje y una lección de madurez para ambos. Quizá fue como escalar una montaña y, en algunos momentos, uno u otro sintieron miedo e inseguridad ante la imposibilidad de superar este desafío. Por el contrario, si el Ascendente es Géminis, las circunstancias pudieron haber sido muy diferentes, probablemente hubo mucho movimiento, ruido y estímulos alrededor. Quizá el parto fue rápido, más fácil y hubo mucha gente presente. De hecho, una madre con una hija que tenía Ascendente en Géminis me contó que durante el parto llegó el doctor con varios estudiantes que estaban haciendo una pasantía, entonces, a lo largo de todo el proceso estuvieron conversando con ella, distrayéndola y apoyándola, a la vez que aprendían del protocolo médico.

Tal como explica Alice Bailey, **el Ascendente obliga a una evolución de nuestra personalidad. Es decir, a aquella parte nuestra que se resiste al cambio y que quiere quedarse en comportamientos que son seguros, conocidos y familiares;** muy condicionados por el linaje familiar y las experiencias pasadas. Esto implica que, a pesar de lo determinante que es el Ascendente en nuestra vida, una parte de nosotros se resistirá enormemente a él. ¿Por qué ocurre esto? Exploremos algunas razones.

En primer lugar, por el trauma del parto. La memoria que se ancla tras la experiencia del parto genera un trauma enorme y una gran resistencia a fluir y conectar con el signo del AC que, como vimos, suele manifestarse durante ese momento. Incluso con un Ascendente en un signo «agradable», sigue siendo una experiencia extremadamente traumática, pues implica perder el paraíso del útero, un espacio donde estamos totalmente protegidos, contenidos, cuidados, donde nuestras necesidades son satisfechas sin que tengamos que pedir nada, donde la inteligencia orgánica de nuestra madre nos nutre y se adelanta a lo que queremos. Nacer implica dejar atrás la sensación de unidad y totalidad, perder el refugio y el paraíso. Además de que es una experiencia dolorosa y traumática... es una «muerte», un rito de paso muy potente. **El signo de nuestro Ascendente queda marcado en nuestro inconsciente como la energía que estuvo presente durante el proceso de muerte y transformación del parto. Por lo tanto, una parte muy profunda de nuestro ser lo asociará con una experiencia dolorosa y esto hará que tendamos a rechazarlo.**

En segundo lugar, hay una resistencia profunda que proviene del inconsciente. Una parte de nosotros que vive en las profundidades de nuestro ser se resiste con mucha fuerza a la energía del signo del AC, pues lo siente como una experiencia contraria a los anhelos y deseos profundamente guardados como memoria de lo vivido en el útero. Es decir, una parte en nuestro interior interpretará como una amenaza al signo del AC, generando una resistencia emocional, de la cual no nos damos cuenta, pero que suele controlar nuestras acciones. Si tienes conocimientos de astrología, me refiero en especial a la influencia del signo ubicado antes del signo del AC, es decir, el que ocupa la Casa XII, sabes que este estuvo presente durante el periodo de gestación y, por lo tanto, es el ambiente conocido desde el pasado del alma. De ahí que la memoria intrauterina rechace las cualidades del AC, ya que las percibe como algo contrapuesto a lo que nos brinda seguridad emocional.

Gran parte de las personas rechaza y reniega de su Ascendente durante muchos años. No son pocos los que van incluso más allá y declaran a este signo como opuesto o contrario a lo que ellos son.[8] Astrólogos como el argentino Eugenio Carutti y los suizos Bruno y Louise Huber profundizaron en el estudio del Ascendente haciendo hincapié en el hecho de que la vivencia de este incluye experiencias que se «confabularán» para ayudarnos a incorporar las cualidades de este signo a nuestro ser. Es decir, la vida no da tregua a su impulso evolutivo; quiere que nos volvamos maestros de la energía del Ascendente y de su expresión consciente. Que tengamos la capacidad de vivirla y expresarla desde nuestra elección individual. Por eso, cuanto más la rechacemos, ejercerá mayor presión para que la incorporemos y más se activará el destino. En otras palabras, **cuanto más rechacemos nuestro Ascendente, atraeremos más experiencias y personas que nos obligarán a activarlo.**

Por ejemplo, una persona con Ascendente en Aries viene a ser guerrera, a luchar, a poner límites, a moverse de forma independiente y rápida, pero muchas personas con esta configuración rechazan esto. Por el contrario, quieren que todo vaya lento, no les gusta el conflicto, les cuesta poner límites, decir que no, moverse solas. Muchas quieren vivir solo armonía, llegar a acuerdos y actuar acompañadas de otros. ¿Y qué hace la vida? Lo mismo que haría cualquier maestro que busca activar nuestro guerrero: traerles personas dominantes, que pelean, discuten, violentan

---

[8] Si tienen más conocimientos astrológicos, tengan en cuenta que las personas pueden tener una mayor dificultad para incorporar su Ascendente si *a)* el planeta regente del signo del Ascendente tiene aspectos de tensión o está en una posición incómoda en la carta natal, o *b)* el Ascendente tiene planetas importantes en cuadratura o en oposición. Por el otro lado, las personas pueden incorporar su Ascendente con mayor facilidad si *a)* el Ascendente hace aspectos armónicos con el Sol, la Luna u otros astros importantes, o *b)* el planeta regente del signo del Ascendente está muy bien aspectado o en una posición muy armónica en la carta natal.

y apuran, así como situaciones conflictivas donde hay que «guerrear». Es decir, la vida las empuja y las obliga a que despierten a su guerrero o guerrera, aprendan a defenderse y a decir que no. Se ven obligadas por diferentes circunstancias a moverse solas, a tener que actuar rápido y muchas veces a liderar. Entre más se resistan, más fuertes, conflictivas, rápidas y violentas serán las experiencias destino.

O veamos lo que puede pasarle a una persona con Ascendente Tauro. Ella viene a conectar con la abundancia, el disfrute, el vínculo con la Tierra, el ritmo lento y orgánico de la realidad, el cuerpo y la sensualidad. Pero lo más probable es que rechace esto: querrá que todo sea rápido, se frustrará por la lentitud y parsimonia de la vida, renegará de la conexión con el cuerpo, no se adaptará a la realidad ni estará «presente» en el aquí y el ahora. Dudará de sus capacidades para generar abundancia, e incluso podría rechazar el dinero. ¿Qué le traerá la vida? Problemas económicos, temas de salud que la obligarán a conectar con el cuerpo, o bien un «semáforo en rojo» que le exigirá esperar antes de salir a actuar. Cuanto más rápido quiera que vaya todo, más lento irá. Cuanto más rechace la realidad, más realidad tendrá.

Es fundamental saber que el signo del Ascendente no solo es una obligación externa y un aprendizaje forzado que exige la realidad, sino también una cualidad que ya está dentro de nosotros, lo que pasa es que no la vemos ni aceptamos como propia. Ahora bien, a pesar de que gran parte de nosotros no ve o rechaza las características de su Ascendente, el resto de las personas sí es capaz de percibirlo. Por ejemplo, aquellas con Ascendente en Aries suelen ser percibidas como impacientes, aceleradas o enojonas. O bien, quienes tienen Ascendente en Tauro aparecen como sensuales, orgánicas y pacientes ante los ojos de los demás. Por eso la astrología clásica decía que el Ascendente era la «máscara» que mostramos al mundo. Esto es así porque, en estricto rigor, el signo del Ascendente *ya está dentro de nuestro ser*. Es tan natural que surge de manera espontánea o se muestra como la primera impresión que damos a otros.

La integración del Ascendente es, pues, un proceso de autoconocimiento y autoaceptación. Es reconocer, aceptar y expresar con conciencia las cualidades que ya están dentro de nosotros y que la vida nos pide revelar. **En la medida en que expresamos con conciencia las características del signo de nuestro Ascendente, dejamos de atraer las experiencias dolorosas que nos obligan a activarlo.** De hecho, mientras más activamos de manera consciente sus características, más disminuye la presión del destino, la vida ya no tiene que empujarnos a través de lecciones y experiencias porque nosotros mismos ya las estamos mostrando.

Los libros antiguos de astrología suelen decir que las personas expresan su Ascendente cerca de los 60 años; es decir, luego de seis décadas de lecciones obligadas, finalmente terminamos aprendiendo por cansancio. Pienso que no debe ser así, si nos esforzamos en ser personas conscientes podemos aprender nuestras lecciones y hacer propias las energías de este signo sin tanto dolor y agotamiento.

La puerta de salida al mundo

Más allá de ser un punto meta y un propósito evolutivo en esta encarnación, la verdad es que este aspecto astrológico tiene una labor extremadamente práctica y funcional. **El Ascendente es una «puerta» que permite que nuestro ser salga a vivir, a expresarse y a cumplir sus sueños en el mundo.** No por nada el AC marca el inicio de la Casa I, un área de la vida muy individual. Activarlo implica atrevernos a vivir la vida que realmente queremos. Para muchas personas, sin darse cuenta y de forma inconsciente, salir a vivir la vida que quieren significa enfrentar una gran sensación de soledad y abandono. Esa es la memoria de la niña o el niño que fuimos, que temía alejarse de sus padres y perder el refugio. Esto a casi todos los seres humanos nos cuesta bastante, pues «individualizarnos» implica soltar los lugares seguros, refugios, condicionamientos, mandatos y patrones de nuestra familia y linaje, es decir, «perder» a mamá, a papá y la protección del hogar, desde el punto de vista psicológico. Y la mayoría de las personas no está dispuesta a esto. Por eso, inconscientemente «matan» su propia individualidad y anhelos por la necesidad de pertenencia familiar.

Esto nos indica que vivir la propia vida implica un proceso de maduración tremendo que incluye tanto el aprender a contener los miedos e inseguridades que nos frenan a avanzar, como el asumir la responsabilidad por nuestras experiencias y decisiones. Normalmente, sentimos que la realidad también nos impide ser quienes somos en verdad y vivir lo que anhelamos. Los compromisos, las exigencias y las obligaciones nos frenan y no nos atrevemos a vivir la experiencia individual que deseamos. Todo esto se vuelve una gran excusa para negarnos a hacer lo que realmente queremos, pues el miedo al fracaso y a la mala evaluación social y familiar nos congela.

Ni hablar de que muchos preferimos centrar nuestra existencia en la pareja, hijas, hijos, socios, amigas, amigos, etc., adaptándonos a las necesidades de otros, viviendo para ser queridos y amados. El miedo al rechazo, al abandono y a la soledad suele quitarnos la fuerza y el valor para vivir nuestra propia vida, tomar nuestras propias decisiones, ser coherentes y perseverantes para sostenerlas en el tiempo.

Si a ello le sumamos que el parto fue nuestra primera experiencia individual, es fácil darnos cuenta de cómo nos resistimos a nivel inconsciente a comenzar y avanzar por un camino personal realmente auténtico y honesto, pues la memoria de ese pasado restringe ese impulso y movimiento personal. En suma, todos estos factores bloquean que vivamos el Ascendente, es decir, nuestra propia vida. Sin embargo,

SI RECHAZAMOS EL SIGNO DEL AC, RECHAZAMOS VIVIR NUESTRO PROPIO CAMINO INDIVIDUAL Y EXPERIMENTAR LOS SUEÑOS QUE TANTO ANHELAMOS PARA NOSOTROS EN LA TIERRA.

Podemos ver el AC como una interface, una compuerta, que une nuestro mundo interno con el mundo externo. El primero representa todo lo que está dentro de nosotros: anhelos, sueños, vivencias, experiencias, heridas, traumas, etc. El mundo externo es la realidad allá afuera, aquella que podemos ver con nuestros ojos, o sea, el mundo. El AC es la puerta que une a ambos. Usemos una metáfora: imaginemos una cueva, la parte interior es nuestro mundo interno; a su vez, lo que está afuera de la cueva representa el mundo externo y el AC es la puerta que hay que saber abrir para poder ir de adentro hacia afuera.

Como la mayoría de las personas no se alinea con su signo del AC, la puerta permanece cerrada y, consecuentemente, cada vez que quieran salir al mundo, se golpearán con ella. De ahí que gran parte de los seres humanos esté frustrada porque siente que no es capaz de vivir la vida que quiere en el mundo, es decir, cumplir sus sueños, mostrarse como realmente es, ser vista por los demás. **Y entre más neguemos la energía**

del AC, más nos frustramos con la vida. Nuestros anhelos se terminarán convirtiendo en fantasías o en experiencias dolorosas, pues la mayoría ha sentido que cuando trató de hacerlo, tuvo que enfrentar todo tipo de bloqueos y experiencias limitantes. Esto se debe a que cuando intentó salir de la cueva, no supo decir las «palabras mágicas» para que la puerta se abriera. ¿Y cuáles son estas palabras mágicas? El signo del Ascendente.

Lo que estoy diciendo es que al salir al mundo tenemos que sintonizarnos con la energía y signo del Ascendente, es decir, con nuestra individualidad, expresión personal y forma de actuar. Debemos alinearnos con la manera en que la vida nos dice que lo hagamos y, al hacerlo, estaremos cumpliendo con uno de los principales propósitos evolutivos que venimos a cumplir en la Tierra. La persona con Ascendente en Aries, por ejemplo, tiene que salir rápidamente, sin pensar, siguiendo su instinto, sin miedo al conflicto o a «chocar» contra algo, mientras que aquella que tiene Ascendente en Tauro debe hacerlo despacio, disfrutando del proceso, sin apurarse, conectada con la sensualidad y preguntándose cómo lo que hace puede generar valor y abundancia.

Ahora bien, como parte del proceso evolutivo personal, el objetivo es manifestar la energía del Ascendente en su nivel más elevado. ¿Qué quiere decir esto? Veámoslo en un ejemplo. Una persona con Ascendente en Capricornio viene a aprender a ser autosuficiente, madura, responsable, realista, perseverante, a liderar y a cumplir metas y objetivos; pero si rechaza esa energía y solo sueña con que aparezca alguien que la ayude, se haga cargo y le solucione los problemas, desea que las cosas en la vida sean más fáciles o que, al menos, las exigencias disminuyan, tenderá a rechazar la realidad y, por ende, no aprenderá las lecciones que esta le imponga. No obstante, el destino será implacable y la obligará a madurar y a crecer sin depender de otros. Así que desde pequeña se sentirá presionada, exigida por su padre, madre u otras figuras de autoridad, sentirá que la vida le pone pruebas complejas por delante y que debe hacerse cargo sola a la hora de enfrentarlas de la forma más madura posible. Si hace planes poco realistas o busca evadir sus responsabilidades, la realidad se le presentará sin piedad cada vez que salga al mundo. Alguien en esta circunstancia puede luchar contra este destino toda su vida y, a menos que haga un cambio interno, las escenas seguirán reproduciéndose una tras otra. A veces pasa que algunos con este Ascendente asumen sus responsabilidades y tratan de cumplir con ciertas metas, pero en el fondo estas no expresan objetivos personales, sino que son exigencias que su familia les impuso cuando eran más jóvenes. Ahora bien, si empieza a incorporar las cualidades de este signo, la exigencia bajará porque ya será precavida, responsable, con un enfoque realista de la vida, no tendrá miedo de liderar porque habrá desarrollado autoridad interna y sabrá moverse de manera más eficiente en el mundo. De a poco se habrá convertido en alguien que entiende que la vida pide ir aprendiendo y desarrollando nuevos talentos, que comprende los tiempos y procesos, es decir, se habrá vuelto alguien más sabio. Una persona que es capaz de cumplir con las metas que realmente están conectadas con su esencia y no con obligaciones impuestas por la sociedad o la familia. Esta lección puede tomar décadas o comenzar en cuanto la persona entienda lo que la vida le está pidiendo y deje de resistirse a ello. Este es el gran aprendizaje: volvernos expertos en la expresión del signo.

Los signos del Ascendente y del Sol son los dos signos que marcan nuestra individualidad, y podemos decir que el Ascendente es una puerta al servicio del Sol (véase el capítulo 3). Este último representa nuestro corazón, esencia y es la energía protagonista de lo que somos en esta vida. La mayoría de las personas tiene al Sol en un signo distinto al del Ascendente. Entonces, la evolución y la expresión de la propia individualidad está en permitir que ambos signos se mezclen y combinen, como dos colores que se integran generando un tono único.

Hay quienes tienen al Sol y al Ascendente en el mismo signo. A estas personas la astrología antigua las llamaba «repitentes», es decir, personas que negaron el aprendizaje de ese signo en una encarnación previa. En esta vida tienen entonces una doble experiencia asociada a ese signo, que es tanto el «color» de su corazón como el «color» de la puerta para salir al mundo. Por ende, sí o sí realizarán un aprendizaje en torno a él.

En las siguientes páginas estudiaremos en detalle lo que significa el Ascendente desde el punto de vista evolutivo y de propósito del alma para cada uno de los 12 signos del zodiaco.[9]

---

[9] Si tienes mayores conocimientos de astrología y quieres profundizar en la interpretación del Ascendente combinando los planetas de la Casa I, ve al anexo I.

APRENDIZAJE DEL ASCENDENTE SEGÚN SU ELEMENTO

Como ya sabemos, los signos del zodiaco son 12 y cada uno tiene una cualidad energética y características específicas. Una primera forma de agrupar y entender los Ascendentes es clasificarlos según su elemento (fuego, tierra, aire, agua), ya que la maestría individual de la que hemos hablado se relaciona directamente con este.

Veamos a continuación los aprendizajes clave que tenemos que incorporar, dependiendo del elemento de nuestro AC.

1. **Ascendente en Fuego:** Son las personas que tienen el AC en Aries, Leo o Sagitario. Su aprendizaje está en lanzarse a la vida a hacer lo que realmente quieren, con confianza, optimismo, fe y valor. Solas, sin esperar que otras las acompañen, sin dudar, sin cuestionarse tanto, sin pensar, aprendiendo a confiar en su instinto. La vida las apoyará fuertemente en su acción individual y las invitará a correr riesgos, a salir de los lugares seguros conocidos y familiares. Es importante ser creativas y mostrarse lo más auténticas que puedan ser. Si se niegan a confiar y a moverse, sentirán cómo la vida las empuja a salir y les trae desafíos, acelera las cosas o las obliga a mostrarse.

2. **Ascendente en Tierra:** Son las personas que tienen el AC en Tauro, Virgo o Capricornio. Su aprendizaje está en salir a la vida con precaución, realismo, «con los pies en la tierra», con planificación y a un ritmo más lento, para manifestar y alcanzar metas concretas en el mundo. Es vital que se muevan conociendo las «reglas de la realidad». Si lo hacen de forma impulsiva o poco realista, chocarán fuertemente con obstáculos y problemas, y sentirán que no pueden lograr lo que quieren. Es fundamental la conexión con el cuerpo, su cuidado y necesidades.

3. Ascendente en Aire: Son las personas que tienen el AC en Géminis, Libra o Acuario. Su aprendizaje está en salir al mundo mediante la interacción con otros, usando para ello su capacidad comunicativa y sus habilidades sociales. Muchas de las personas con AC en este elemento quieren moverse en solitario, no desean compartir y se centran demasiado en sí mismas y en sus deseos de actuar, pero ese no es su camino. Es importante llegar a acuerdos mediante el diálogo y la escucha activa de las opiniones de los demás, no tienen que salir al mundo en solitario. Es fundamental también pensar antes de actuar y observar las situaciones de la forma más objetiva posible, es decir, entendiendo los contextos en los cuales se estarán moviendo y permitiéndose ser flexibles para ir cambiando sus planes, en la medida en que nuevas ideas e interacciones surjan.

4. Ascendente en Agua: Son las personas que tienen el AC en Cáncer, Escorpio o Piscis. Su aprendizaje está en salir al mundo muy conectadas con lo que están sintiendo. Abiertas a los flujos emocionales que se mueven en los ambientes y en las personas que se encuentren en el camino. Es clave fortalecer su empatía y la compasión para conectar emocionalmente con otros, de esta forma podrán aprender a sostener y contener su propia vulnerabilidad. Las personas con estos AC vienen a aprender a fluir y moverse según sus estados emocionales, siendo más flexibles y sensibles con su avance. También a movilizarse por lo que sienten y no por lo que deben hacer o por lo que su ego individual les diga. Si no hacen esto, sus emociones o el miedo a sentir las «poseerá», impidiéndoles avanzar en la dirección que dicta su alma.

LOS ASCENDENTES POR SIGNO[10]

Ascendente en Aries: «Inicia tu propio camino»

Camila tiene Ascendente en Aries, siempre ha sentido que todo se mueve muy rápido y acelerado en su vida, nunca le dan tregua. Ella desea parar, descansar y tomarse su tiempo para poder elegir qué hacer, pero entre más lentitud anhela, más premura le exige la vida.

Camila también quiere que haya paz, amor y unión con otras personas. No le gusta actuar sola y espera que otros quieran acompañarla. No le agrada pelear, aunque suele estar muy enojada con los demás, especialmente cuando no la dejan tranquila o no le permiten hacer lo que le da la gana... Desde pequeña se siente atacada por otros, en su familia todos peleaban con ella; en la escuela, los profesores nunca la dejaban hacer lo que quería. Todo eso la ha llenado de enojo, impaciencia y frustración... ¡qué rabia siente!

ESTA PERSONA ESTÁ DESTINADA A INCORPORAR:

- Ser guerrera.
- Iniciar y emprender.
- Enfrentar desafíos.
- Valor, acción, impulsividad.
- Moverse rápido y de forma intuitiva.
- Actuar sin miedo al error.
- Libertad e independencia, no esperar a otros para actuar.
- Liderazgo.
- Capacidad de choque, poner límites, decir «no» a otros.

---

10 Si tienes más conocimientos astrológicos y quieres conocer la relación que hay entre los planetas de la Casa I y el Ascendente, ve al anexo I.

Aries, perteneciente al elemento Fuego, es el primer signo del zodiaco y es, por lo tanto, una energía de iniciación, de comienzos. Las personas que tienen este Ascendente vienen a ser las primeras en actuar y movilizarse en función de sus propósitos o deseos personales sin temor a las pruebas que pueda traerles la vida. Esta les pide que «salgan y actúen», dándoles permiso para equivocarse, sin importar si cometen errores en el camino, porque lo fundamental es movilizarse, actuar, sin dudar ni pensar tanto, como lo haría un piloto o un cirujano en una sala de emergencias. Es fundamental aprender a moverse en solitario, emprender e iniciar sin esperar que otros les acompañen. Necesitan mucho espacio para la libertad personal y para emprender una vida que sea un verdadero desafío.

Además, vienen a activar su guerrera o guerrero, es decir, a aprender a defenderse y a poner límites a otros, así como a ser valientes para enfrentar desafíos, romper la inercia y las estructuras que se hallen y que limiten su avance. Pueden asumir el papel de líderes y tienen la capacidad de sacar a otros de la inercia en la que se encuentran. Para ello es clave desarrollar una actitud valiente, aguerrida, con una gran habilidad para ponerse en movimiento, sin dudas ni vacilaciones, sino más bien guiadas por su instinto e intuición. Es vital reconocer sus ganas de competir y ganar, y aprender a expresar sanamente este impulso.

NO SE ACTIVA EL ASCENDENTE SI...

Las personas no emprenden e inician proyectos y caminos personales. Si quieren que todo transcurra en un ritmo más lento y tranquilo, y que la vida sea solo armonía y paz. Si escapan del conflicto, no se sienten cómodas confrontando, poniendo límites o discutiendo. Si no quieren moverse solas, porque tienen miedo a la soledad o a no pertenecer y esperan que haya otros que las acompañen e, incluso, que les digan qué hacer. Si el miedo al error o a equivocarse las paraliza, o si piensan demasiado antes de actuar. Si no hacen deporte o no tienen una actividad física de descarga. Si se muestran rabiosas e impacientes, pero no actúan realmente por lo que quieren en su vida.

Las personas con este AC tienen un anhelo interior de paz y amor. Una profunda necesidad de regresar a la Fuente, de disolverse y volver a ser uno con el todo. Así como una fuerte necesidad de pertenencia y seguridad emocional... sus niños internos no quieren salir de los lugares conocidos y seguros, ni soltar los apegos familiares. Todo esto hace que desde el inconsciente haya un miedo enorme a separarse, individualizarse y vivir la propia vida.

QUÉ TIPO DE SITUACIONES LES PONDRÁ LA VIDA POR DELANTE

Desde su infancia, sentirán que la vida viene acompañada de velocidad, lo que las obligará a actuar de forma muy asertiva y rápida, no hay tiempo para pensar o meditar, las decisiones se tomarán «ahora, ya». Incluso su madre puede estar diciéndoles todo el tiempo: «¡Muévete rápido, vamos, arriba!».

Como la vida quiere que sean guerreras, les pondrá desde un comienzo personas o situaciones que estén constantemente desafiándolas, presionándolas, confrontándolas, incluso con violencia. Todo esto para empujarlas a que vayan desarrollando la capacidad de autoafirmarse y ejercer su voluntad. Aparecerá gente que tratará de dominarlas y controlarlas para que, en algún momento, las personas con el Ascendente en Aries exploten, peleen de vuelta y se defiendan. Entre más nieguen a sus guerreros, más violentos serán los «ataques» del mundo externo.

ASCENDENTE EN ARIES EVOLUCIONADO

Las personas que ya integraron este signo Ascendente no son brutas, violentas o individualistas, sino más bien valientes, tienen menos miedo a equivocarse, no temen decir que no, pero pueden resultar lo suficientemente empáticas para movilizar a otros sin generar conflictos, abriendo caminos que después serán seguidos por muchos más. Son independientes, autónomas, prefieren hacer las cosas por sí mismas y a su ritmo —que suele ser más rápido de lo usual— y no necesitan de otros para que las acompañen o validen en su empeño. Saben poner límites, decir que no cuando así lo desean, defender sus propias posiciones y no temerles a las confrontaciones que puedan surgir de los desacuerdos con otros. Las personas con Ascendente en Aries integrado no tienen problemas en decir lo que sienten, lo que quieren y aquello que les molesta. Son directas, francas, frontales. Emprenden e inician disfrutando de los grandes desafíos.

CONSEJOS

Es fundamental conectar y trabajar con la rabia, ya sea que las personas la sientan o no, pues durante su vida han frenado su propia fuerza e impulso a la hora de actuar, lo que se suma a la experiencia de haberse sentido muchas veces violentadas por otros. Es clave que se acerquen a alguna técnica terapéutica de conexión con la rabia a fin de descargarla (por ejemplo, bioenergética), de forma que puedan expulsar la energía contenida dentro de sí, en especial si vivieron situaciones de agresión o violencia en el pasado y no pudieron defenderse. También es recomendable que hagan actividad física intensa y de descarga como el flamenco, baile afro, artes marciales, cardio intenso, etc. Cualquier deporte fuerte, competitivo y desafiante puede ser una forma de expresar esta energía de una manera sana. Se pueden conectar con sus guerreros valientes haciéndole un altar en casa.

Ascendente en Tauro:
«Goza de la vida»

Valeria tiene Ascendente en Tauro, siempre ha sentido que todo se mueve superlento en su vida… es tan frustrante esto. Cuando quiere algo, no importa cuánto se apure, todo parece ocurrir en cámara lenta. Muchas veces el pesimismo se apodera de ella.

En general, no le ha dado mucha importancia en su vida a escuchar al cuerpo, no está acostumbrada a los masajes, ni a gozar de la comida. Ella es una persona muy espiritual, preocupada por comer solo ciertos alimentos que hacen bien al alma… de modo que raramente escucha lo que su cuerpo e instinto quieren ingerir.

Ni hablar del dinero... un gran tema en su vida. Qué difícil es generar recursos, los demás no valoran su trabajo. La danza con la escasez y los problemas económicos la suelen acompañar, aunque siempre está rodeada de amigas y amigos con recursos que la llevan a lugares hermosos donde goza y disfruta.

ESTA PERSONA ESTÁ DESTINADA A INCORPORAR:

- Aprender a ir más lento, a tener paciencia.
- Gozar de lo concreto y real de la vida.
- Disfrutar de los sentidos y la sensualidad.
- Conectar con las necesidades del cuerpo.
- No imponer su voluntad a la naturaleza, sino «danzar» con ella.
- Aprender a materializar y dar forma a las cosas.
- Tener una relación sana con la abundancia y el dinero.

Tauro es un signo de Tierra y es el segundo signo del zodiaco. Representa el momento en que la energía se convierte en materia, por lo mismo, se relaciona con lo concreto, lo físico y palpable. Las personas con Ascendente en Tauro vienen a aprender a disfrutar de la vida, a conectar con el arquetipo del «sibarita» para experimentar el placer desde el cuerpo, la comida, los masajes, el descanso y cualquier actividad que les permita desarrollar la sensorialidad y sensualidad. Es clave estar conectadas con las necesidades del cuerpo para ser capaces de escucharlo y saber si necesita descansar, hacer deporte, comer, dormir, etcétera.

Es fundamental estar lo más presentes y conectadas a la Tierra posible, con los primeros tres chakras[11] activos y fluyendo, pues vienen a

---

[11] Los chakras son ruedas o vórtices energéticos que están en nuestro cuerpo por los cuales fluye la energía vital. Cuando están equilibrados, tenemos una sensación de bienestar; pero si uno o varios se encuentran cerrados, perdemos el equilibrio. Los tres primeros chakras son Muladhara, el chakra raíz, que se relaciona con estar arraigado en la tierra; el segundo es Svadhisthana, el chakra sacral, relacionado con la sensualidad y las emociones; y el tercero es Manipura, el chakra del plexo solar, que representa el poder personal, la capacidad de ponernos en acción y la confianza en nosotros mismos.

salir al mundo con plena presencia respecto a la realidad y todo lo concreto que tengan al frente.

Estas personas vienen a aprender a moverse al ritmo orgánico de la vida y la naturaleza, y a entender que los tiempos dependen de otros factores que van más allá de la voluntad humana. Cuando un árbol comienza a germinar a partir de una semilla, emerge primero un frágil tallo, luego aparecen las hojas y así va creciendo lentamente. Todo a un tiempo que le es propio. Esto es algo que las personas con este Ascendente aprenderán: la vida tiene un ritmo que es lento, que implica cierta resistencia o inercia, y aunque el ser humano quiera apurar las cosas, no podrá hacerlo. Es clave cultivar la paciencia y comprender los procesos, incluso disfrutar de ellos, conectadas al presente, para ver las posibilidades creativas que la vida les concede «aquí y ahora».

Es vital que conecten con su gran don y potencial de materialización, es decir, que concreten proyectos e ideas. Son personas con la capacidad de dar forma, de crear algo, de hacerlo incluso con sus propias manos. Tienen una gran habilidad para generar «objetos» valiosos que serán apreciados por otros. Esto les otorga una gran capacidad para generar abundancia material. Es importante aprender a confiar en sí mismas, en aquello que poseen de valioso dentro de sí.

NO SE ACTIVA EL ASCENDENTE SI...

Son impacientes, aceleradas, sienten que todo va muy lento, no quieren detenerse, anhelan que las cosas ocurran a su propio ritmo y que la vida dependa de su voluntad. Si están desconectadas de la realidad, viviendo en sus fantasías e idealizaciones de cómo deberían ser las cosas, resistiéndose al presente. Si no están conectadas con su cuerpo, con sus sentidos y necesidades... Si no tienen hábitos saludables, no comen bien, ni duermen o descansan lo suficiente. Si imponen sus ideales o creencias a su cuerpo. Incluso si lo desprecian, rechazando los placeres y la sensualidad. Hay personas que piensan que tener una vida espiritual consiste en alejarse de la materia, negando su AC. Para las mujeres, el embarazo se puede vivir de forma incómoda, porque se negarán a aceptar los cambios orgánicos de su cuerpo.

Tampoco se conectan si tienen problemas económicos (la mayoría los suele tener, lo cual es una señal de su desconexión), si dudan de sus dones y capacidades para generar valor... creyendo que no merecen ser abundantes. Si no crean y materializan en la realidad.

En su inconsciente existe un anhelo de velocidad y de sobreimportancia personal. Creen que la vida debería doblarse a su voluntad y todo debería ocurrir según sus propios anhelos. Esta impaciencia, orgullo y sentido de ser especial les dificulta ser humildes, conectar con la vida y descubrir los dones reales que poseen.

Si quienes poseen Ascendente en Tauro no expresan la energía de este signo con conciencia, se mostrarán al mundo como personas muy tozudas y porfiadas, que insistirán en hacer su voluntad a toda costa. También como personas poco flexibles, más bien rígidas.

QUÉ TIPO DE SITUACIONES LES PONDRÁ LA VIDA POR DELANTE

En el caso de las personas con Ascendente en Tauro, es bastante común que nazcan en casas donde la comida sea muy importante, con toda la familia reunida en torno a una mesa abundante y exquisita, o en un hogar donde estar bien físicamente sea un valor; sin embargo, suelen rechazar eso, incluso suelen sentirse molestas por ello.

La vida les presentará escenarios donde todo irá a un ritmo lento, incluso sentirán que las cosas no avanzan; les pondrá un «semáforo en rojo», para que aprendan a disfrutar del proceso y a conectar con el presente. También pueden vivir crisis económicas y de escasez: será una forma de obligarlas a ver su desconexión con la realidad, su falta de valoración personal y las creencias negativas que tienen con respecto al dinero. Es normal que las personas con este AC se rodeen de gente con mucha abundancia, esta última llega a su vida mediante otros. La vida buscará mostrarles el potencial que existe dentro de ellas para generar abundancia. También pueden tener problemas de salud y físicos, para que realmente se conecten con su cuerpo, escuchen sus necesidades y se hagan cargo de lo que en verdad necesitan.

ASCENDENTE EN TAURO EVOLUCIONADO

Las personas con el Ascendente en Tauro integrado tienen una comprensión muy profunda de que todos somos seres humanos y estamos encarnados, por ello podemos disfrutar del placer del cuerpo, y eso no nos hace menos espirituales, al contrario, nos permite conectarnos con la sabiduría de la Tierra. Serán capaces de materializar la abundancia en su vida, aceptar los procesos naturales e incluso gozar de ellos, atender a lo que la vida les está proponiendo y a ser receptivas a lo que las convoca. Si hacen esto, podrán empezar a gozar de la vida, a disfrutar de la realidad, del cuerpo y de lo que la naturaleza tiene para ofrecerles.

CONSEJOS

Es vital observar y conocer su cuerpo, ¿cómo es?, ¿cuáles son sus características?, ¿cuáles son sus ritmos? Es clave acercarse con suavidad a él, practicar algún ejercicio o disciplina para que tengan más conciencia corporal. Darse espacios para mimar su cuerpo y sus sentidos. Crear algo, disfrutar del proceso, caminar a su ritmo, sin prisa, dejando que se les vaya mostrando lentamente. Tendrán que sanar las creencias limitantes familiares respecto a la sensación de escasez y el dinero. Es importante aprender a sentir que la energía de la abundancia está en su interior, que la Tierra es pródiga en sus frutos y que son parte de ella. Es fundamental sintonizarse, confiar en su capacidad para manifestar usando los recursos que tengan a la mano, además de tener paciencia y disfrutar del proceso, la vida no es una carrera para estas personas.

Ascendente en Géminis: «Despierta tu curiosidad»

Pachi tiene Ascendente en Géminis y toda la vida ha querido que haya orden y organización en su realidad. Que todo se pueda encontrar en un solo lugar… el trabajo perfecto, la pareja perfecta, el hogar perfecto. Pero no importa cuánto se esfuerce, la vida siempre le desordena los planes y la lleva a poner la atención en más de una cosa a la vez, obligándola a dispersarse y a hacer varias cosas al mismo tiempo.

Ella quiere seriedad en su vida y en sus relaciones, pero solo aparecen personas más jóvenes, inmaduras e infantiles. Gente que se toma todo con demasiada liviandad, como si la vida fuera un juego. Ni hablar de sus hermanas, con ellas siempre ha tenido conflictos. Una claramente ha sido malvada y egoísta. La otra es la hermana perfecta.

ESTA PERSONA ESTÁ DESTINADA A INCORPORAR:

- ☼ Ser curiosa y ver la vida con ojos infantiles.
- ☼ Ser alguien social, que interactúe con otros.
- ☼ Una persona que se vincule, dialogue y no excluya a nadie.
- ☼ Que aprenda constantemente, lea, se informe y estudie.
- ☼ Alguien que comunique y transmita lo que sabe.
- ☼ Dispersión, que haga más de una cosa a la vez o algo que combine varias cosas.
- ☼ Ser juguetona, que no se tome la vida tan en serio.
- ☼ Sanar la relación con los hermanos, si es que los tiene.

Para poder visualizar bien la energía de Géminis debemos pensar en los niños. ¿Se han dado cuenta de que están siempre interactuando con su entorno? Curiosean, primero con la boca, luego con las manos. Una vez que hablan, preguntan acerca de todo, no hay tema que no les llame la atención, quieren saber los porqués de las cosas. Incluso, si no son muy tímidos, se hacen amigos fácilmente, conversan con todo el mundo y no se toman las cosas tan en serio. Bueno, las personas que tienen Ascendente en Géminis aprenderán a comportarse como los niños. No tomarse la vida con seriedad ni gravedad, menos con rigidez.

Es fundamental que mantengan la mente ágil y flexible, esto significa estar constantemente estudiando y aprendiendo. Asimismo, que activen sus dones de comunicación y enseñanza, para salir al mundo como verdaderas mensajeras.

Están destinadas a convertirse en personas muy sociables, con mucha capacidad para interactuar con todo tipo de gente, de manera tal que les resulte fácil comunicarse con cualquiera. Es necesario aprender a salir al mundo conversando, dialogando, escuchando opiniones y dando la suya. Crear redes, buscar alianzas e interacciones con otros que sean un apoyo y generen sinergias es parte de su propósito evolutivo, para lo cual cultivarán una actitud flexible para escuchar a otros y adaptarse a las situaciones que encuentren: así serán capaces de vincularse con todo tipo de personas.

Otra de las cualidades que las personas con Ascendente en Géminis desarrollarán es ser capaces de hacer varias cosas al mismo tiempo, es decir, salir al mundo en «modo *multitasking*». Esto es así porque la cualidad vibratoria de este signo es dispersa; entonces, si quieren enfocarse en una sola cosa o seguir un solo camino sin salirse jamás, la vida les ofrecerá (y a veces exigirá) recorrer varias opciones. Por lo mismo pueden dedicarse a hacer cosas distintas, o llevar a cabo proyectos personales donde se mezclen disciplinas. La clave está en permitírselo.

Es fundamental que sanen la relación con sus hermanas y hermanos, si es que los tienen, pues suelen proyectar en ellos características propias que no reconocen en sí mismas. Estas pueden ser cualidades agradables, así como negativas.

NO SE ACTIVA EL ASCENDENTE SI...

En su inconsciente hay un anhelo excesivo de forma, orden y estructura, una necesidad de tener todo bajo control, con modelos de pensamiento rígidos y poco flexibles. Si rechazan el cambio y la flexibilidad, pues los ven como algo amenazante, que les quita la seguridad.

Si sueñan con encontrar un único camino, un único trabajo, una única relación perfecta; es decir, si bloquean la energía de dispersión que existe dentro de sí. Si se resisten a hacer varias cosas a la vez, por ejemplo, tener más de un trabajo, varias relaciones con personas distintas o múltiples proyectos personales. Quizá se frustren porque no encuentran una pareja perfecta que lo tenga todo... pero en realidad vienen a descubrir que su pareja solo les aportará una parte de lo que necesitan, y que en vínculos de amistad o de otro tipo pueden encontrar el resto.

Si se vuelven personas muy serias, exigentes y poco flexibles, y critican lo liviano y relajado. Si le tienen miedo al error y a equivocarse y bloquean su espontaneidad. Si son introvertidas, tímidas y prefieren estar solas y no interactuar con otros. Si se vuelven intolerantes a las opiniones de los demás, si no saben escuchar o excluyen a personas porque no les parecen agradables o inteligentes. Si no comunican o si niegan su expresión de alguna forma.

Si están todo el tiempo criticando o sobrevalorando a sus hermanos, sin darse cuenta de que eso que ven en ellos también es propio.

QUÉ TIPO DE SITUACIONES LES PONDRÁ LA VIDA POR DELANTE

Escenarios y experiencias donde las cosas estén fragmentadas y divididas. Nunca estará todo en el mismo lugar. La vida las obligará a dispersarse y a hacer más de una cosa al mismo tiempo. Muchas veces no saben a qué dedicarse, pues no encuentran lo «perfecto» que incluya todo lo que anhelan.

Estas personas se pueden ver rodeadas desde la infancia de contextos muy sociales y de mucha vinculación con pares, hermanas, hermanos, amigas, amigos y vecinos. Es decir, lo social llega a su vida, aunque no lo deseen y quieran aislarse. Suelen aparecer en su radio de acción personas menores, o más infantiles, a las que pueden percibir como poco serias.

Este Ascendente también les trae cambios y experiencias que están fuera de su control, situaciones que les cambian los planes y que demandan su adaptabilidad.

ASCENDENTE EN GÉMINIS EVOLUCIONADO

Cuando las personas ya integraron su Ascendente en Géminis y lo expresan con conciencia, tienen dotes de grandes comunicadoras. Pueden expresar y transmitir sus ideas de manera simple y acorde a la capacidad de comprensión de quien las escucha, sin perder profundidad. Son de espíritu jovial y alegre, se adaptan a personas, situaciones y entornos.

Poseen una enorme capacidad para vincular y enlazar mundos gracias a sus profundas habilidades sociales. Se permiten a sí mismas explorar y realizar cosas muy diferentes porque comprenden que la vida es movimiento y diversidad.

CONSEJOS

Quienes tienen este Ascendente tratarán de relacionarse con personas más jóvenes que ellas, pues su energía puede resultar muy vitalizadora. Conversar con ellas, conocer su mundo, abrirse a nuevos aprendizajes y entregar también lo propio les permitirá ir conectando con la energía de este signo. Atreverse a escuchar a quienes piensen diferente, con la curiosidad que expande la mente. El camino es la diversidad, así que es fundamental realizar diferentes cosas, no importa si estas no tienen nada en común, lo importante es que les gusten. Darse permiso de tener más de un trabajo o muchos pasatiempos, todas son formas que le permiten a la energía dispersarse, además de no dejar de aprender, de meter la cabeza en los libros, tomar cursos, asistir a talleres; pero también tienen que comunicar: escribir un blog, hacer videos, publicar en redes sociales, conversar con los que las rodean. Ser quienes conectan personas entre sí, creando una red a su alrededor. Y, lo más importante, no tomarse la vida tan en serio, pensar que es como un gran juego donde la mejor actitud es la que tienen los niños.

Ascendente en Cáncer: «Conoce y acoge a tu niña o niño interno»

Constanza tiene Ascendente en Cáncer, desde pequeña ha tenido una relación muy compleja con su madre, no se ha sentido contenida ni protegida por ella. De hecho se fue de su casa muy joven a otra ciudad, a fin de tener una vida lo más alejada de su familia.

Hace unos años se postuló a un trabajo para el gobierno como psicóloga en zonas rurales; sin quererlo, terminó ayudando a madres y a familias. Así fue descubriendo cuánto amaba relacionarse con niñas y niños.

El año pasado quedó embarazada de mellizos, una pequeña y un pequeño. Su vida se volvió una locura desde el momento en que se convirtió en madre. Ello la llevó, finalmente, a pedirle ayuda a su mamá, quien se fue a vivir muy cerca de ella para apoyarla. Hoy en día está aprendiendo a lidiar con sus propios hijos y con su mamá.

ESTA PERSONA ESTÁ DESTINADA A INCORPORAR:

- Una potente conexión y apertura hacia las propias emociones.
- Una energía muy maternal y amorosa.
- Visibilización y cuidado de la niña o el niño interno.
- Aprender a autocontenerse a nivel emocional.
- Sensibilidad y empatía con otros.
- Cuidar, nutrir y contener a otros.
- Cuidado y amor hacia las niñas y los niños.
- Aprender a estar en casa, sintiéndose segura y protegida.
- El amor por el hogar, los ancestros, el linaje.
- Una relación sana con su mamá o con quien haya desempeñado la función materna.

El cuarto signo, Cáncer, pertenece al elemento Agua, que es el que se relaciona con las emociones, en especial aquellas de vulnerabilidad y fragilidad. También nos remite a la infancia, pero ya no desde la curiosidad de los niños, sino desde las necesidades de cuidado y protección. Entonces, uno de los primeros desafíos que tendrán que asumir las personas con este Ascendente será desarrollar dentro de sí la capacidad de cuidar, nutrir, proteger, amar y contener a otro, tal como los padres lo hacen con sus hijos (en un sentido arquetípico). Están destinadas a salir al mundo como madres (independientemente del género), creando espacios de contención y nutrición para otros —«úteros» y refugios—, expresando una energía que abrace y dé alimento emocional. Es muy importante que se abran a las emociones de los demás y desarrollen la compasión y la empatía.

Conectar con niñas, niños, ancianas, ancianos y aprender a cuidarlos es parte de su proceso evolutivo; incluso, tener la experiencia de ser madre o padre es muy significativo para este AC. Asimismo, aprender a construir un hogar y un refugio personal, que les brinde un potente espacio de seguridad.

Será clave que se permitan mirar y reconocer sus propias necesidades emocionales y su vulnerabilidad, de modo que las puedan sostener y calmar, sin esperar que haya otra persona que las cuide o contenga. Es fundamental que puedan conectar y acoger a su niña o niño interno vulnerable, es decir, aprender a ser «madres de sí mismas». Para esto necesitan permanecer en sus emociones, sentir el miedo sin tratar de escapar, autocontenerse cada vez que se sientan solas, pequeñas e inseguras. Ello implica habitar el mundo emocional de manera profunda y confiar en su intuición. Dicha capacidad será fundamental a la hora de salir a la vida, pues si no la desarrollan, sus miedos, ansiedades, anhelos infantiles y heridas condicionarán de forma inconsciente sus acciones.

Es importante que reconozcan y honren la historia de su linaje y ancestros, y que sean capaces de sanar las experiencias, heridas, traumas y resentimientos que tengan con su mamá. Será muy difícil que se puedan conectar sanamente con la energía «materna» si hay una historia traumática que no ha sido mirada y sanada.

NO SE ACTIVA EL ASCENDENTE SI...

No les agrada sentir y conectar con sus propias emociones. Si reniegan de ellas y se vuelven muy mentales o muy rígidas. Tampoco si no les gusta sentir las emociones de los demás, cuidar a otros o vincularse de manera íntima y profunda. Esto resulta paradójico porque justamente tienen el don para sentir en su corazón lo que les pasa a los otros, su fragilidad o sus miedos, y saben intuitivamente cómo apoyarlos o entregarles la contención emocional que necesitan, pero se resisten a ello. Conectar con las emociones les puede resultar en extremo incómodo.

Las personas con este Ascendente que aún no lo han integrado pueden salir al mundo de dos formas distintas: pueden aparentar ser muy frías, fuertes, rudas y poco cariñosas. Suelen actuar así en el mundo externo, pero en la intimidad son maternales y cuidan a sus cercanos. Otras tienden a comportarse como niñas o niños inmaduros que siguen apegados a las faldas de su madre o que están en constante demanda emocional con sus cercanos.

Algunas evitan el vínculo con su madre. Aunque lo intenten, no les será posible escapar de la experiencia que vivieron con ella, incluso si se alejaron y rompieron con ella, no le hablen más o vivan en el otro lado del mundo.

Hay personas con este Ascendente a quienes no les agradan los niños y prefieren mantenerse lejos de ellos, pero la relación con los más pequeños puede enseñarles mucho y es muy importante que hagan un esfuerzo por conectarse con la vulnerabilidad de la infancia, porque es la misma que permanece oculta en su interior y que tienen que sanar. Si no quieren ser madres o padres, puede ser que estén evitando conectar con su AC.

Sin ser conscientes suelen oponer resistencia a sentir emociones potentes y a conectar íntimamente con otros. Suelen buscarse vínculos más bien desde el Aire, donde haya espacio de separación individual y objetividad, y una comunicación más verbal que emocional. Las personas con este AC suelen andar detrás de un tipo de armonía que rechaza las experiencias emocionales intensas o simplemente las situaciones poco agradables que se pueden dar en los vínculos íntimos o al «maternar». Esto atenta contra la energía del AC en Cáncer, pues «mamá» cuida y contiene a pesar de lo sucio, feo y complejo que haga su «niña o niño».

QUÉ TIPO DE SITUACIONES LES PONDRÁ LA VIDA POR DELANTE

Suelen nacer en ambientes donde hay figuras maternales potentes (madre, abuela, etc.), muchas veces en matriarcados. La familia suele estar muy presente, desde la infancia hay una valoración por lo hogareño, reunirse y estar en casa. No obstante, algunas personas con este AC pueden rechazar todo esto y desearán estar lo más alejadas posible de su propia familia. Si rechazan conectar con su madre, posiblemente ella reaparecerá en su vida cuando sean adultas. Esto ocurre porque la vida las obligará a confrontar y mirar el vínculo con ella.

Puede ser que lleguen a su vida tanto adultos vulnerables y sensibles como niñas y niños que necesiten cuidados y protección. Si están muy desconectadas de sus emociones, seguro se les acercarán personas muy emocionales, que están «poseídas» por su niña o niño interno, es decir, muy sensibles, posesivas, controladoras y demandantes.

ASCENDENTE EN CÁNCER EVOLUCIONADO

Las personas que ya integraron el Ascendente en Cáncer son como «mamás universales», tienen el don de acoger, cuidar y sostener emocionalmente a otros que necesitan de un espacio de cuidado para crecer y desarrollarse. Tienen la capacidad de hacerlo porque están en íntimo contacto con su mundo interno y sus propias emociones, sin huir de ellas, aun cuando a veces sean complejas. Se sienten sostenidas por su madre y su linaje, y poseen un espíritu de pertenencia que no limita la expresión de su ser esencial. Visibilizan y validan las necesidades de sus niños internos porque han desarrollado a su madre arquetípica, la cual les permite nutrirse a sí mismas, y un padre arquetípico que las sostiene.

CONSEJOS

Las personas con Ascendente en Cáncer tienen que observar su propia Luna astrológica, el signo donde se encuentra, la casa que habita y los aspectos que hace con los otros planetas de la carta natal, todo ello les mostrará cómo se vinculan con sus emociones y con su niña o niño interno. Trabajar con la propia Luna es esencial para elaborar este Ascendente y expresar aquello a lo que la vida las convoca. En mi libro *Sanando las relaciones de pareja* hay bastante información al respecto.[12]

---

[12] En el capítulo 1 desarrollé extensamente el significado de la Luna.

Es recomendable que hagan constelaciones familiares[13] u otras terapias que reparen internamente el vínculo con su mamá y con la energía materna de su linaje. También es clave que miren a sus niños internos con terapias y meditaciones que conecten con ellos. Asimismo, es muy importante sanar las experiencias traumáticas o dolorosas que hayan vivido en la infancia; algunas terapias que pueden servir son la experiencia somática, Hakomi o Focusing.[14]

Ascendente en Leo: «Brilla desde el corazón»

Graciela tiene Ascendente en Leo, y toda su vida se ha sentido insegura de su imagen y poco valorada por los demás. En su hogar, su hermana mayor era la reina, la que se llevaba toda la atención y los aplausos; Graciela siempre se sintió a la sombra.

Las ganas de brillar, destacarse y ser aplaudida siempre la han obsesionado en secreto, sueña con ser el centro de atención en los lugares en los que se encuentra, pues está segura de que tiene algo muy importante que mostrar al mundo. Pero cada vez que se le da la posibilidad de subir al escenario o mostrar sus habilidades frente a otros siente una gran vergüenza que la detiene.

---

[13] Esta técnica, desarrollada por el teólogo y filósofo alemán Bert Hellinger, ayuda a las personas a encontrar la raíz de ciertos comportamientos, emociones y situaciones al indagar en su árbol genealógico. Según este método terapéutico, los conflictos, traumas y dolores no resueltos en una generación se pueden manifestar en la siguiente. El proceso de sanación propuesto por las constelaciones familiares consiste en reunir a un grupo de personas que no se conozcan entre sí para que asuman los diferentes roles de la familia de quien constela. El facilitador o facilitadora realiza ciertos movimientos y da instrucciones al grupo con el fin de resolver esos patrones enquistados en el linaje.

[14] La experiencia somática es una forma de terapia alternativa destinada a tratar los trastornos relacionados con el trauma y el estrés, como el trastorno de estrés postraumático (TEPT). El objetivo principal es modificar la respuesta al estrés relacionado con el trauma a través del trabajo con el cuerpo. Por su parte, el Hakomi es un método cuerpo/mente, fundamentalmente experiencial, basado en el uso del mindfulness para el autodescubrimiento. Finalmente, el Focusing, también conocido como enfoque corporal, es un proceso psicoterapéutico desarrollado por el filósofo y psicoterapeuta Eugene Gendlin, que se puede utilizar, entre otras cosas, para aclarar lo que sentimos o queremos, para obtener nuevos conocimientos sobre una situación personal o para estimular el cambio o la sanación de una situación.

Ella se considera tímida, pero para todos los demás es lo contrario. Ella habla fuerte, su presencia energética se hace notar cada vez que llega a un lugar... en el fondo de su ser, hace todo lo posible por llamar la atención.

ESTA PERSONA ESTÁ DESTINADA A INCORPORAR:

- Conectar con su gran energía creativa.
- Atreverse a mostrarse y a expresarse frente a otros.
- Conectar con su artista interior.
- Seguir su corazón y vivir su propia vida.
- Ser protagonista de su realidad.
- Liderazgo.
- El juego.
- Soltar la dependencia al aplauso.
- Mostrarse al mundo lo más auténticamente posible.

Cuando llegamos a Leo, el orden de los elementos se vuelve a repetir y nos encontramos de nuevo con un signo de Fuego. Todas las personas estamos constantemente irradiando una luz que nos hace auténticas, que nos permite reconocernos como seres humanos únicos y especiales. Las personas que tienen este signo como Ascendente trabajarán en este mundo por mostrarse tal como son, y brillar desde ahí, ser líderes que inspiren y voces creativas en el espacio en que se muevan. Estas personas tienen una enorme luz creativa para compartir e irradiar.

También vienen a conectar con su corazón, su creatividad, con las ganas de mostrarse y de expresarse. Están diseñadas para ser artistas, exponer sus creaciones o subirse al escenario. Es clave que aprendan a pararse delante de otros para compartir su opinión, sin vergüenza o timidez.

Al salir al mundo, es esencial que se expongan, brillando lo más posible. Asimismo, tendrán que seguir su propia voz y lo que anhelan vivir. La vida apoya a este AC para que realmente sea protagonista de su vida y cumpla sus sueños, sin dudar y sin pensar tanto antes de actuar. Vienen a aprender a jugar, a tomarse la vida y a sí mismas no tan en serio.

Cuando hablo de brillar, me refiero a mostrarse de la forma más auténtica posible, incluso si a los demás no les gusta. No es actuar para llamar la atención, sino seguir su propio corazón. Las personas con este Ascendente aprenderán a correr riesgos para llegar a ser lo que son e ir por lo que realmente quieren, aunque al resto no le parezca bien, porque si no lo hacen, pueden llegar a convertirse en una caricatura de sí mismas. Es clave mirar el orgullo y la soberbia, pues el ego puede ser el talón de Aquiles que les impida conectar con su parte más lúdica, creativa y auténtica. También implica dejar el nido y los espacios de seguridad afectiva para atreverse a desarrollar un proyecto de vida propio, profundizando en su proceso de individuación.

Hay un gran don de liderazgo y mando, solo tienen que atreverse a seguir su corazón, el cual quiere pararse frente a otros a dar su opinión, dirigir e inspirar.

NO SE ACTIVA EL ASCENDENTE SI...

Las personas no hacen nada creativo, no juegan ni se conectan con su artista interior. Si no se dan la importancia que merecen, si no se atreven a vivir su propia vida y hacer lo que realmente anhela su corazón.

En un primer nivel, las personas con este AC suelen actuar de dos formas diferentes. Un primer grupo es tímido, retraído, a menudo siente vergüenza, inseguridad y miedo a mostrarse. En el fondo, anhelan ser vistas, pero antes de experimentar el rechazo de los otros o la negación del reconocimiento prefieren no exponerse. Todavía no han descubierto que adentro tienen algo único y especial por aprender a irradiar.

Las personas del segundo grupo actúan de modo mucho más extrovertida, hablan fuerte, se ríen con ganas, llaman todo el tiempo la atención de los demás, pero cuando alguien les pide que «salgan al escenario» no se atreven y afirman que son tímidas, lo que claramente se contrapone con su energía típica, la cual es, en general, alegre, expresiva y juguetona. Este comportamiento también las aleja de su AC.

Hay personas con Ascendente en Leo que ya se atreven a mostrarse y brillar frente a otros, han ido resolviendo su vergüenza y la sensación de no tener nada especial dentro de sí. Pero su ego, narcisismo, la necesidad de sentirse importantes y de llamar la atención, suele dominarlas y atraparlas. En ese momento enfrentan un segundo reto: el hecho de que les guste demasiado el reconocimiento y el aplauso, y con tal de seguir en el centro dejen de ser ellas mismas. Dejan de mostrarse auténticamente como son y se convierten en un personaje diseñado para que los demás las reconozcan. Su ego y sentido de importancia bloquea a la niña o el niño creativo en su interior. En tal caso, estas personas están negando su verdadera energía creativa y expresión individual, perdiéndose a sí mismas. Es vital que se atrevan a expresar lo que su corazón quiere, incluso si a los demás no les gusta. De igual modo, es necesario reconocer como una «adicción» el aplauso que las atrapa.

Desde su inconsciente hay una necesidad de pertenecer a una familia, de sentirse seguras en sus vínculos y estar cerca de los suyos. Su AC en Fuego les pide salir al mundo solas, de manera independiente y motivadas por aquello que desean. Esto implica soltar la necesidad de pertenencia, de ser reconocidas en la familia. Muchas veces van a tener que dejar su hogar, sus espacios familiares y vínculos afectivos para vivir su verdadero camino individual, mostrándose como realmente son y no como los demás esperan.

QUÉ TIPO DE SITUACIONES LES PONDRÁ LA VIDA POR DELANTE

Es muy frecuente que en el hogar haya habido una o más personas que brillaban y se llevaban toda la atención. Por ejemplo, una hermana o un hermano que haya sido tratado de forma particular y especial; o un padre o una madre muy dominante. Esto redunda en un sentimiento de inferioridad que las hace sentir en segundo lugar, personas no tan importantes, que no tienen nada especial que mostrar.

Suelen rodearse de «estrellas», personas que llaman la atención, que son reconocidas por otras o que se comportan de manera egocéntrica, mientras que ellas sienten que ocupan un rol secundario en la existencia de estas personas.

Sin embargo, la vida las empujará a mostrarse, a salir al escenario, a correr riesgos, a liderar, a dejar sus ambientes conocidos donde se sienten atrapadas y donde no se pueden mostrar como son.

ASCENDENTE EN LEO EVOLUCIONADO

Las personas que ya integraron su Ascendente en Leo reconocen sus dones y talentos personales y son capaces de ofrecerlos al mundo sin esperar el aplauso y la validación. No obstante, al seguir las pautas de su corazón y mostrarse auténticas y coherentes reciben el reconocimiento de los demás. Son capaces de potenciar su lado creativo y expresarse a través del lenguaje artístico, el cual moviliza a otros a entrar en contacto con estas personas. Cuentan con un proyecto de vida propio, que lidera e inspira a los demás a encontrar su propia luz y compartirla. Su actitud es generosa y protectora, alegre y juguetona. Confían en sus capacidades y poseen una sana autoestima que contagia a los demás.

CONSEJOS

Para quienes tienen Ascendente en Leo resulta importante trabajar con su autoestima, su inseguridad y timidez; reparar experiencias infantiles donde se sintieron ridiculizados o ignorados. Un buen ejercicio es grabar un video de sí mismos hablando o compartiendo una situación social para luego mirarse y preguntarse cómo se sienten, o si sienten miedo o vergüenza.

Si se perciben incómodos al mostrarse frente a otros, pueden apoyarse en alguna terapia centrada en la autoestima para que reconozcan en sí mismos aquello que los hace seres únicos y especiales. Si no practican algún tipo de arte o expresión creativa es aconsejable que lo hagan cuanto antes; es ideal que muestren lo creado, ya sea sobre un escenario o una sala de exposiciones. A la par, es clave que se den espacio para el juego y para conectar con su niña o niño interno juguetón. Les recomiendo muchísimo que lean y hagan las dinámicas que se proponen en el libro *El camino del artista*, de Julia Cameron, quien describe un proceso de seis semanas que les ayudará a conectar con su AC y su expresión creativa.

Si estas personas ya están «en el escenario», es importante que observen qué tan adictas son al aplauso. ¿Están mostrando aquello que quieren o lo que los demás desean ver?

Ascendente en Virgo: «Ordénate, cuida de ti mismo y aprende a servir a otros»

Francisco tiene Ascendente en Virgo y siempre ha tenido una batalla en contra del orden. Desde pequeño sus padres lo obligaban a hacer su cama, tener hábitos, organizarse con sus responsabilidades y horarios... pero Francisco siempre se negó y se resistió.

Las limitaciones lo fueron persiguiendo, el tiempo no le alcazaba para hacer los proyectos de la escuela. Le encantaba dibujar, pero sus trabajos le quedaban sucios porque no era cuidadoso con el orden. Vivía soñando con que todo iba a ser fácil y fluido, pero entre más anhelaba esta realidad, más se trababan las cosas. De adulto, por no despertarse temprano, perdió muchas oportunidades... generalmente porque se quedaba hasta muy tarde despierto. Ni hablar del dinero, que tampoco le alcanzaba, pues se le iba demasiado rápido.

Su falta de hábitos y su mala alimentación terminaron generándole problemas de salud... tuvo una enfermedad complicada. Esto terminó convirtiéndose en una gran oportunidad, pues comenzó a hacer terapias de sanación que le permitieron analizarse y mirar cómo estaba funcionando. Cambió su dieta, empezó a practicar deporte, a despertarse más temprano y a meditar. Esto lo ha ayudado mucho para ordenar su vida y que haya más fluidez.

ESTA PERSONA ESTÁ DESTINADA A INCORPORAR:

✧ Orden, planificación y pensamiento lógico para organizar su vida.

- ✺ Pensar antes de actuar.
- ✺ Estar con los «pies en la tierra».
- ✺ Disciplina personal y hábitos saludables.
- ✺ Humildad.
- ✺ Dosificar la energía antes de iniciar algo.
- ✺ Servicio hacia otros.
- ✺ Autocuidado y buenos hábitos de salud.

Virgo es un signo de Tierra cuya expresión pide que las personas sean capaces de analizar, medir y planificar. Entonces, cuando aquellos que tienen este signo en el Ascendente toman una decisión y quieren ir hacia algún objetivo, lo pensarán y se organizarán para encontrar la mejor forma de hacerlo. ¿Por qué? Porque Virgo se relaciona con la mente lógica y racional, aquella que está diseñada para mejorar y optimizar las cosas para que puedan funcionar en la Tierra, que es su elemento. Por eso, cuando las personas con este Ascendente salen al mundo, tienen que hacerlo con los pies bien puestos en él. No actuarán de manera impulsiva e impaciente, tienen que contar hasta tres y sentarse a planificar y organizar lo que quieren hacer, porque es la única forma en la que les pueden resultar las cosas, si no lo hacen chocarán con la realidad. Diseñar su vida y proyectos en etapas, paso a paso, previendo qué es lo que van a necesitar en cada una de ellas es el modo como vivirán.

Tampoco tienen que salir al mundo idealizando y fantaseando con cómo «deberían» ser las cosas. Como todo signo de Tierra en el AC, la vida pedirá realismo, calma y paciencia antes de moverse afuera.

Otro aprendizaje asociado a esta energía es la gestión del tiempo. Estas personas tienen que hacerse amigas del calendario y de la agenda. De igual forma, es preciso ser muy organizadas y ordenadas en su vida, es decir, en su hogar, con sus cosas, trabajo, información, proyectos, etcétera.

Este es uno de los AC más complejos, pues la vida les demandará mesura, humildad y pragmatismo a la hora de salir a actuar. Todo esto se puede sentir bastante limitante y restrictivo en general. Recordemos que esta energía ya es parte de las personas con Ascendente en Virgo, por lo tanto tienen que permitir que su lado analítico, ordenado y planificador surja.

Es vital que también dediquen parte de su tiempo semanal a practicar hábitos saludables. El autocuidado es la clave, así como la salud. Aquí no solo hablamos de salud física, sino mental, emocional y espiritual. Meditar, cuidar su alimentación, hacer deporte, mirar sus emociones, tener tiempo de silencio y conexión con su alma es esencial. Entre más se ordenen por dentro, más se ordenará su vida por fuera y más fluirán con sus procesos.

Un último factor que están destinadas a aprender está asociado con la humildad y el servicio. Humildad para entender que tienen que adaptarse a la vida y a las circunstancias, y no pretender que sea la vida la que se adapte a ellas. Tienen que aprender a dedicar tiempo a ayudar y a acompañar a otras personas, a través de actos de servicio. Es necesario mantener una actitud de entrega desinteresada desde el corazón, ya que servir a quienes lo necesiten es fundamental en su camino evolutivo. Este Ascendente les pide a las personas que se pongan en un segundo plano, que se abran a lo que necesitan los demás, que cultiven el amor y la compasión por todos los otros seres, a través del desarrollo de una mirada sistémica y holística. Tampoco se trata de caer en extremos al punto de postergarse excesivamente, porque Virgo se expresa en un mayor nivel de conciencia cuando dedica tiempo también para autocuidarse, además de preocuparse por los otros.

NO SE ACTIVA EL ASCENDENTE SI...

Las personas con este Ascendente no quieren organizarse y ordenarse, si se niegan a tener una agenda, llevar un calendario y planificar su vida en etapas, considerando tiempos y procesos. Si salen de forma impulsiva al mundo, sin dedicar tiempo a pensar cómo pueden hacer para que las cosas resulten. Si se niegan a adaptarse a la realidad, insistiendo en que sus anhelos y fantasías se cumplan. De hecho, muchas personas con este AC suelen ser muy idealistas y soñadoras, no muy conectadas con la realidad y la Tierra. Cuando actúan, no piensan en cómo gestionar los procesos, sino que idealizan que todo debería fluir con facilidad.

En el inconsciente de estas personas hay mucha energía de Fuego, es decir, una necesidad de sentirse especiales y creer que la vida debería «moldearse» a ellas. Un ego fuerte que las lleva a desear hacer siempre lo que quieren. Todos deseamos que la realidad se abra a nuestros pies, pero eso no les ocurrirá a quienes tienen Ascendente en Virgo porque este signo tiene que ver con la postergación del disfrute personal por un servicio, entrega y aprendizaje de algo mayor. Aquí tendrán un enorme trabajo con la humildad, pues se darán cuenta de que el mundo funciona independientemente de lo que quieran. La vida tiene sus propios códigos, reglas, ritmos y movimientos, frente a los cuales no queda más que rendirse con respeto. El Fuego también genera un impulso interno muy grande, que lleva a las personas a acelerarse y a lanzarse sin pensar o evaluar. Todo esto produce una frustración muy grande con la vida y mucho enojo, el cual pueden terminar somatizando, pues cuando este AC no cuida de su salud y emociones puede terminar expresando problemas físicos y enfermedades con aquello que no procesan.

Las personas tampoco se conectan con su AC si no destinan espacio para el autocuidado, si no hay hábitos y rutinas saludables, si viven en el caos. Lo mismo si no dedican tiempo de su vida a servir o ayudar a otras personas.

QUÉ TIPO DE SITUACIONES LES PONDRÁ LA VIDA POR DELANTE

¿Qué les ocurrirá a las personas si no internalizan que es apropiado planificar, ser medidas e ir paso a paso? Es muy probable que vivan constantes restricciones, frustraciones y limitaciones. Sentirán que la vida les hace todo difícil, les pone obstáculos para que no funcione aquello que quieren, como si recorrieran una carretera llena de carteles que dijeran: «Atención», «detente», «cuidado». Cada vez que estén «en las nubes» o «queriendo todo ¡ya!» se encontrarán con la Tierra. Con Ascendente en Virgo, el mundo es como un pequeño laberinto, se necesita tiempo para recorrerlo.

La vida les dará lecciones de humildad potentes. Quizá desde pequeñas hayan sentido que algún tipo de escasez o limitaciones las obligaba a ordenarse y planificar, optimizando de la mejor forma posible su tiempo, dinero y recursos. O tuvieron padres y educadores que insistían en la importancia de organizarse y tener hábitos saludables.

La enfermedad también puede estar presente en su vida, ya sea que ellas mismas se enfermen o estén a cargo de cuidar a otras personas enfermas. La vida les pedirá adentrarse en un profundo sentido del autocuidado y la sanación, y al mismo tiempo poner en práctica su sentido del servicio y altruismo. Incluso pueden sentir que la vida no les permite hacer lo que quieren, pues tienen que dedicar su energía hacia los demás.

ASCENDENTE EN VIRGO EVOLUCIONADO

Las personas que ya integraron su Ascendente en Virgo tienen una conciencia sistémica muy desarrollada, saben que si cada parte opera como es debido, el sistema en general funcionará bien. Por eso se esfuerzan en hacer las cosas correctamente, siendo detallistas y meticulosas, eficientes y eficaces en el uso de sus recursos. Planifican antes de actuar, siguiendo métodos que acompañan sus procesos. No obstante, su actitud en el mundo es humilde y servicial, ya que comprenden que las reglas de la realidad son válidas para todos. Son verdaderamente altruistas y dedican tiempo y esfuerzo en ayudar a otros a estar bien, pero sin dejarse de lado, ya que entienden el valor de cuidar su vida y su salud.

CONSEJOS

Las personas con Ascendente en Virgo se preguntarán por sus hábitos y rutinas, ¿los tienen?, ¿son muy rígidas o les cuesta cumplirlas y viven de manera desordenada? Es importante que tengan una rutina de autocuidado semanal y que se den el tiempo para aquello que necesitan y les hace bien. Es clave que lleven una agenda y un calendario; tienen que recordar que si no lo ponen en su agenda no es real. Si les cuesta organizar su tiempo y proyectos pueden recurrir a las muchas herramientas digitales que nos ayudan en esto. También está la posibilidad de contratar a un *coach* de planificación y orden que les ayude a organizarse.

Si no dedican tiempo de su semana al servicio, sería bueno que se dieran un par de horas para ayudar a otros de forma concreta, ya sea a través de un voluntariado en algún tipo de ONG o trabajando en el jardín. Lo importante es hacer cosas por algo que trascienda la propia identidad.

Ascendente en Libra: «Vive la vida como una danza de a dos»

Josefina tiene Ascendente en Libra y toda la vida se le ha hecho fácil vincularse y relacionarse con otros. Tiene un don natural para caer bien y sentirse aceptada por los demás. Pero en el fondo de su ser, ella prefiere moverse de forma solitaria, haciendo lo que quiere. No le gusta tener que llegar a acuerdos, mucho menos ceder en sus ideas de cómo deberían ser las cosas. Se considera un poco rígida y siente que funciona mucho mejor sola... cree que los demás no hacen las cosas tan bien como ella.

El problema está en que siempre aparece otra persona en su vida que le impide hacer lo que quiere. Por ejemplo, en su proyecto de titulación, el cual debía elaborar en solitario, el profesor decidió que el tema era tan interesante, pero a la vez demandante, que era un trabajo para dos. Así que tuvo que hacer su tesis con Fermín, llegar a acuerdos con él y ceder... ¡qué molestia!

ESTA PERSONA ESTÁ DESTINADA A INCORPORAR:

- ☼ Compartir y actuar de a dos.
- ☼ Considerar al otro en el camino personal.
- ☼ Pensar en el otro antes de actuar.
- ☼ Dialogar, negociar y llegar a acuerdos.
- ☼ Tener relaciones equilibradas en pareja o con socios.
- ☼ Ser alguien que armonice, concilie y solucione conflictos.
- ☼ Ser alguien estético, que se conecte con su belleza.
- ☼ Alguien que se sienta atraído por el arte y lo bello del mundo.
- ☼ Aprender a moverse de forma equilibrada y balanceada.

Los seis primeros Ascendentes se vinculan de manera directa con el comportamiento individual, pero cuando llegamos a Libra necesitamos incluir al otro. Esto básicamente quiere decir que las personas con este Ascendente tienen que aprender a salir al mundo en compañía de alguien más, pues están destinadas a actuar de a dos, a compartir, conciliar y llegar a acuerdos para lograr armonía entre el «tú» y el «yo».

Esto significa no salir al mundo en solitario, ni totalmente centradas en sí mismas. El camino individual va tomado de la mano de otra persona. Esto puede sonar contradictorio, pues cuando hablamos del AC nos referimos a movernos en la vida por lo que queremos. Pero este AC presenta dicha contradicción, que es justamente parte de lo que vienen a aprender: conciliar los opuestos y equilibrarlos.

Este es un signo de Aire, lo cual implica que tiene un carácter mental, así que, desde este atributo, se debe armonizar el vínculo, evitar los conflictos y mediar para que ninguna de las partes tome más que la otra. Entonces, cuando las personas tienen Ascendente en Libra, es muy importante que piensen en el otro al tomar decisiones: ¿de qué manera lo que hacen afecta a quien tienen enfrente? El trabajo en equipo será un gran escenario de aprendizaje, porque obligará a estas personas a salir de sí mismas y abrir el espacio para que el otro intervenga. Por supuesto que las relaciones de pareja o con socios también serán fundamentales porque será clave que aprendan a dar y recibir.

Otro tema en la misma línea es aprender a escuchar el punto de vista del otro y no caer en la tentación de asumir que se tiene la razón siempre. Llegar a un acuerdo es fruto del aprendizaje que nos ofrece este signo, porque Libra es como una especie de puente que une la energía de un polo con otro. Se trata de mantener una actitud desapegada para ser capaces de ver los dos lados de una misma moneda; de hecho, las personas que tienen mucha energía de este signo en sus cartas natales suelen ser muy inteligentes cuando se trata de entender cómo funciona el otro y, a partir de ello, encontrar una salida que sea buena para todos. Libra es una suerte de «relacionador público», un negociador natural, y ese es uno de sus grandes talentos.

Cuando este signo está sobre el Ascendente, las personas tienen que salir al mundo como seres «armónicos». Veamos de qué se trata esto. En primer lugar es importante preocuparse por su apariencia, verse bien y cuidar su imagen. Venus es un planeta que se relaciona con la capacidad de atraer, y las personas regidas por él tienen ese don. Si quienes poseen este signo en el Ascendente no se preocupan por cómo se ven, entonces no están vibrando con la energía del signo. En un segundo nivel, estas personas son generadoras de belleza, por ende, resulta indispensable salir al mundo intentando embellecerlo de alguna manera, conectando con el artista que llevan dentro.

También es imprescindible aprender a conciliar y generar armonía. Ser encantadoras, simpáticas, agradables y pacíficas son herramientas que estas personas tienen para ayudar a resolver los conflictos, desequilibrios y excesos que vean a su alrededor. Su capacidad de generar diálogos y observar las injusticias les ayudará a mediar y resolver los conflictos externos que vean en el mundo.

A un nivel personal es importante aprender a trabajar con los propios desequilibrios. Cuando una polaridad se dispara en desmedro de otra aparece la disarmonía interna. Por ejemplo, si son personas muy mentales y poco emocionales, o al revés, demasiado emocionales y nada mentales; o si están tan obsesionadas con el trabajo que nunca tienen espacio para sí mismas o se dedican solo a aquello que les gusta, pero que no aporta en nada a la sociedad, existe un desbalance en sus energías internas, del cual tienen que hacerse cargo.

Quiero hacer una nota especial para aquellas personas que tengan conocimientos de astrología. Este aprendizaje de equilibrar los polos opuestos es tan marcado en su experiencia-destino que veremos que, en la mayoría de las personas con este AC, el signo que rige cada casa representa la polaridad opuesta natural. Es decir, Casa I regida por Libra, Casa II por Tauro, Casa III por Sagitario y así sucesivamente. Esto es en su experiencia vital, y a todos lados donde vayan encontrarán dos polaridades opuestas conviviendo al mismo tiempo.

Tal como muestra el símbolo de la balanza, la clave para este Ascendente es ver por lo menos dos posibilidades. Si bien esto puede traer dudas —cualquier planeta en Libra duda—, lo importante será darse cuenta de que frente a cualquier situación hay al menos dos alternativas. Encontrar la forma de implicarlas y balancearlas será su principal tarea.

NO SE ACTIVA EL ASCENDENTE SI...

Quieren estar la mayor del tiempo a solas, sin compartir ni sociabilizar con otros. Si las personas no saben vincularse con otras. Si cuando salen al mundo lo hacen de manera solitaria, individualista y en libertad total, centradas solamente en sus necesidades y deseos personales, sin contemplar a un compañero, socio, amigo o pareja.

Las personas con este AC suelen sentirse más conectadas con ellas mismas, con su deseo y, a menudo, no están muy dispuestas a negociar, de modo que los conflictos surgen. No les gusta escuchar las opiniones de los demás, mucho menos llegar a acuerdos donde no se cumpla lo que quieren. Claro que, este tipo de conducta es prácticamente opuesta a lo que les pide este signo, pero también lo es sobreadaptarse a las necesidades del otro, dejando las propias de lado. Libra se trata de equilibrio.

A nivel inconsciente existe un anhelo de ser autosuficientes, de no depender de otros y aislarse para actuar. Asimismo, tienen una mente más rígida con respecto a «cómo deberían ser las cosas». Esta inflexibilidad les dificulta llegar a acuerdos, escuchar las opiniones de otros y conciliar, pues creen que su forma es la adecuada y la de otros, equivocada.

Si actúan como alguien que genera los conflictos o los alimentan, si se mueven de forma problemática, prepotente y poco armónica, entonces están lejos del desafío que presenta este Ascendente.

Tampoco se activará si no se conectan con la belleza ni se preocupan de su imagen personal, descuidándose. O si no les interesa ningún tipo de creación artística, ni embellecer el mundo.

QUÉ TIPO DE SITUACIONES LES PONDRÁ LA VIDA POR DELANTE

Situaciones donde tengan que armonizar y generar equilibrio. La vida las pondrá en contextos donde sus dones para llegar a acuerdos, encantar y conciliar serán necesarios y demandados.

Desde jóvenes se rodearán de personas o ambientes donde lo social y protocolar será muy importante, donde las formas importan. Pueden criarse en familias con muchos encuentros sociales, reuniones y cele-braciones; sin embargo, será muy común que rechacen la actividad so-cial y quieran permanecer solas, lo cual les traerá conflictos. El arte y lo estético también pueden estar muy presentes en su vida.

Cada vez que quieran salir solas a actuar la vida les pondrá algún tipo de bloqueo o hará que aparezca alguien más, con el que tendrán que negociar y llegar a acuerdos.

ASCENDENTE EN LIBRA EVOLUCIONADO

Las personas que expresan de forma consciente su Ascendente en Li-bra tienen un enorme talento para las relaciones humanas. Su empatía, su calidez y la capacidad que poseen para entender el punto de vista del otro las convierte en negociadoras natas, que llegan a acuerdos justos y equilibrados para todas las partes. Tienen la habilidad de ver «ambos lados de la moneda», por lo que sus opiniones son pondera-das y no caen en extremos. Están muy conectadas con la belleza y pueden tener un don artístico, un sentido estético muy desarrollado o bien promover en otros la capacidad de crearla.

CONSEJOS

Para las personas con Ascendente en Libra será muy bueno practicar algún tipo de deporte o actividad física relacionada con el equilibro y el balance, como el yoga, la danza o el taichí. Lograr balancear y equilibrar su cuerpo físico les ayudará con los desequilibrios internos. Si no prac-tican ningún tipo de expresión artística es recomendable que lo hagan, pues tienen un gran potencial creativo que descubrir dentro de sí.

También será fundamental plantearse qué tanto consideran el punto de vista del otro en sus decisiones. Asimismo, fortalecer la capacidad de «ponerse en sus zapatos» será muy útil. A nivel terapéutico, las técnicas como los juegos de roles o la terapia Gestalt de «sillas vacías» pueden servirles mucho en este sentido, pues les permitirá conocer el punto de vista del otro.

Ascendente en Escorpio:
«Muere, transfórmate, renace»

Sofía tiene Ascendente en Escorpio y siempre se ha sentido atacada y violentada por otros. Su madre era una mujer muy posesiva y controladora, incluso violenta y abusiva. Sufrió muchas agresiones a nivel psicológico mientras estuvo en su hogar. En la escuela le hacían mucho bullying, sus compañeras la molestaban, pues le decían Merlina (la hija de Morticia en Los locos Addams) *por su apariencia. También la agredieron y la traicionaron muchísimo.*

Lo único que quiere Sofía es que la dejen en paz, no quiere tener conflictos con nadie, pero entre más intenta evitar discusiones, las personas más locas o los accidentes llegan a su vida, trayendo drama. Sus jefes suelen abusar de ella y le cuesta mucho poner límites. Ni hablar de todas las muertes que ha habido en su vida.

Ella sabe que en el fondo de su ser existe una energía poderosa y destructiva. Desde pequeña ha sentido mucha energía sexual y furia, pero siempre la ha reprimido, pues tiene miedo a descontrolarse y a ser mala persona; no soportaría la idea de ser parecida a su madre. Además, sabe que tiene una enorme intuición, que la alerta de las personas y los lugares difíciles, aunque no confía en ella; sin embargo, por no escuchar esa voz interna la vida se le ha complicado muchísimas veces.

ESTA PERSONA ESTÁ DESTINADA A INCORPORAR:

- La conexión con el poder personal.
- La potencia y el valor para enfrentar cualquier tipo de experiencia.
- Procesos de muerte y transformación personal.
- La intensidad y la pasión en la vida.
- La conexión con el deseo y la propia energía sexual.
- Su sombra personal y la sombra del mundo.
- Reconocer que todos manipulamos.
- La experiencia que surge del conflicto.
- El ser descarado.
- La intuición y habilidades psíquicas.

Hablar de este signo no es tarea fácil porque todo aquello que se relaciona con él tiene que ver con cosas que habitualmente no queremos ver y forman parte de lo que en psicología se llama «sombra». Es decir, las experiencias de trauma, muerte, intensidad, sexualidad, manipulación y descontrol, que tendemos a negar tanto en nosotros mismos como en el mundo externo.

Lo primero es entender que estamos ante un signo de Agua, el cual nos llevará al terreno de los sentimientos. Las personas con este Ascendente vienen a conectar con sus emociones y, por lo tanto, si son muy mentales o rígidas será difícil su integración. Ahora bien, el mundo emocional de Escorpio no se relaciona con el amor y la compasión, sino con las pasiones, el deseo, el resentimiento, el odio, la manipulación, el control, el perdón, etc., es decir, con emociones poderosas y transformadoras que los seres humanos experimentamos. Para la mayoría de nosotros es complicado conectar con ellas, pero para quienes tienen Ascendente en Escorpio aún más, pues tenderán a rechazarlas.

Las personas con este AC tendrán que aprender a reconocer y mirar esas emociones tan potentes que habitan dentro de sí, para darse permiso de expresarlas creativa y conscientemente, pues si no lo hacen e incluso las niegan llegarán a su vida situaciones y personas en extremo «plutonianas», quienes encarnarán esta energía de destrucción, intensidad, violencia y descontrol, atacándolas y alterando su realidad. No solo tendrán que reconocerlas dentro de sí, sino atreverse a ir a espacios y lugares «tabú», donde lo sexual, lo grotesco, lo intenso, lo «oscuro» y lo que la mayoría de la gente desprecia y evita sea parte natural de su camino. Es decir, estas personas reconocerán que tienen una enorme capacidad para sostener estados emocionales intensos y dolorosos, y que pueden sortear situaciones muy potentes que gran parte de la gente evitaría.

Vienen a descubrir que son agentes de muerte y transformación, es decir, personas diseñadas para «destruir» lo que ya no sirva. Esto significa que están hechas para el conflicto y para arrasar con aquello que ya ha cumplido su ciclo de vida. Pueden hacer esto gracias al enorme poder que existe dentro de ellas, que no teme «cortar cabezas». No obstante, esto es justo lo que más querrán evitar, ya que odian entrar en confrontaciones abiertas y se niegan a mostrar esta faceta destructiva, apasionada y creativa de sí mismas. En el nivel más elevado, dicha capacidad de transmutación estará alineada con su corazón y alma, y no puede ser usada de manera egocéntrica o destructiva según sus deseos.

Además, están destinadas a descubrir su enorme poder personal, que es capaz de sostener cualquier tipo de experiencia, no importa lo intensa y dolorosa que sea. Se darán cuenta de que tienen un enorme valor para hacerle frente a cualquier tipo de persona o situación. Con este coraje es clave salir al mundo, siguiendo el instinto y la pasión que las moviliza y guía. Sin miedo a lo que se puedan encontrar en el camino, aunque sea doloroso y complejo, pues aunque la experiencia las «destruya», siempre tendrán la capacidad de renacer. De hecho, ellas mismas están diseñadas para vivir procesos de transformación radical en su vida, como un ave fénix que muere y renace, o como una serpiente que cambia de piel. Es muy probable que vivan grandes crisis de transformación, que las cambiarán, tanto física como psicológicamente, y en su realidad externa.

Escorpio es un signo que nos habla de la fusión, de fundir las polaridades opuestas y de fundirse con otro. Libra, el signo anterior, está relacionado con buscar el equilibro entre los polos opuestos, generando una relación armónica entre estos. Por eso las personas de Libra quieren que todo el mundo se lleve bien y no haya conflictos. Escorpio desea algo distinto, quiere que esos dos polos se junten y se fusionen formando una nueva unidad, y eso implica que ambas partes dejen de existir como tales para unirse, al punto de dar vida a algo mayor. Y para esto se necesita mucha energía, la cual ocasionará fricción, resistencias, chispas y mucha, mucha intensidad.

¿Qué significa esto para las personas con AC en Escorpio? En primer lugar nos habla de una enorme potencia sexual que las moviliza con pasión a fundirse con otros. Esta dimensión de la vida va a ser clave para reconocer e integrar creativamente, mediante el tantra o la sexualidad consciente.

En segundo lugar nos habla de permitirse vivir experiencias de total intensidad y fusión con algún objeto de deseo o cualquier actividad que les atraiga con pasión. Esto significa, por ejemplo, que si les gusta la danza se entreguen por completo a esta y se permitan unirse con ella, dejando que la misma experiencia las vaya transformando y destruya a la persona que solían ser para que surja una nueva. Entregarse con «todo» a aquello que les apasiona es fundamental en el proceso evolutivo de este AC.

En tercer lugar las dos polaridades que será necesario integrar son las del *angelito bueno* y el *angelito malo* interior. En más de una ocasión hemos visto en los dibujos animados la siguiente situación: el personaje tiene que tomar una decisión; sobre su hombro derecho aparece de repente un angelito que le señala comportarse bien y actuar de manera amorosa y compasiva con todo el mundo; y luego, sobre su hombro izquierdo aparece un diablito que lo tienta y le aconseja todo lo contrario. De alguna forma, la vida quiere que estas personas no sean ni buenas ni malas, sino que integren en sí ambas cosas. No se trata de ser personas superbuenas que no sean capaces de defenderse, que le tengan miedo al conflicto y se sientan muy inseguras; pero tampoco ser personas demasiado egocéntricas, tóxicas o destructivas, que arrasen con lo que tienen al frente sin ningún grado de consideración hacia los demás. El personaje de Maléfica —en la película del mismo nombre— muestra a la perfección cómo se pueden integrar ambas energías. Empieza con una Maléfica niña que es un hada extremadamente buena que luego experimenta una gran traición amorosa, y a partir de ese momento se convierte en un personaje malvado que solo busca venganza. A medida que transcurre la película, ella va evolucionando y ya no es totalmente mala ni totalmente buena, más bien es capaz de convertirse en un personaje mucho más rico, con muchos más matices que al final reúne en sí ambas potencialidades. Puede ser compasiva y amorosa, y también potente y destructiva. De cierta forma, este es el viaje evolutivo de alguien con este AC. Por lo tanto, profundizar en su propia sombra y oscuridad será clave para ellas.

Las personas con Ascendente en Escorpio tienen que aprender a decir lo que sienten, lo que en realidad les pasa, hablar de lo bonito y lo feo sin temor al conflicto porque este es parte de la vida. En la naturaleza no todo son árboles y flores, también existen los volcanes, los terremotos y los tsunamis. Y detrás de estas catástrofes aparece una naturaleza transformadora, que tiene un poder interno gigantesco. Las personas con Ascendente en Escorpio que no pueden conectar con ese poder y tienen pánico de destruir tienen que dejar atrás el miedo de sentir, evitar ser rígidas y contenidas, y no pensar tanto ni dar tantas vueltas a las cosas, en particular a esperar que todo sea armónico y lindo en la vida. Es importante aceptar que no todo es blanco o negro, que también existe el gris y que, para ser gris, es necesario conectarse con el poder personal, con la sexualidad, con la propia capacidad de ser compasivas consigo mismas y con aquella parte que no les gusta. Quienes tienen Ascendente en Escorpio pueden trascender el juego de las polaridades, ser personas potentes y compasivas al mismo tiempo, seres con una gran fuerza interior capaz de transformarse y transformar a los demás, aceptando todos los colores que trae la vida consigo.

NO SE ACTIVA EL ASCENDENTE SI...

Las personas no reconocen la parte más oscura de sí mismas, es decir, su sombra. Si tienen miedo a su lado potente, destructivo y sexual, aquel que se resiente, que odia, que es intenso y que se expresa con mucha fuerza. Muchas de estas personas reprimen y controlan sus emociones por miedo a desbordarse o mostrarse «malas». Otras tienden a victimizarse en exceso, usando la manipulación como una forma de lograr lo que quieren, sin salir directamente al mundo para hacerlo.

Si no se conectan con su poder personal y tienen miedo a enfrentar situaciones o personas intensas, complejas o violentas, tendrán dificultades para lidiar con la realidad que les traerá este tipo de experiencias de vuelta. Muchas sufren un gran miedo a salir al mundo, sienten la necesidad de esconderse y protegerse. La gran mayoría no se muestra hacia afuera como en realidad es, expone una máscara que oculta quién es o su verdadera intención. Todo esto bajo la necesidad de protegerse y no ser heridas, traicionadas o abusadas.

Tampoco se conectan con su AC si le tienen miedo al drama, al conflicto, a las situaciones tabú o donde haya «sangre». En su inconsciente hay una resistencia enorme a sentir y sostener emociones intensas, así que tienden a «desconectarse» cuando están sintiendo mucho. Además suelen negar la parte más primitiva, básica e instintiva de las emociones escorpionanas que habitan dentro de sí, y pueden juzgarse duramente por tenerlas. Sienten un enorme anhelo de armonía, de paz, de «humanidad evolucionada», que se niega a ver la sombra y vivir conflictos. Además de un deseo de separación individual, el cual se resiste contra el impulso de fusión con experiencias y personas, bloqueando y reprimiendo el deseo personal de conexión total.

Algunas veces pueden actuar de manera muy destructiva y tóxica, hacerse daño a sí mismas o a los demás. Pueden enfermarse, pues la energía de la destrucción retenida se dirigirá contra ellas. Asimismo, suelen boicotear sus propósitos porque dejan que sus emociones profundas no trabajadas emerjan de forma volcánica, o bien, se aferran o apegan demasiado a algo, al punto de volverse manipuladoras y dominantes en extremo.

Cuando esto ocurre, es porque salen de la polaridad de la negación y se van para el otro extremo. Se vuelven la «oscuridad», sus deseos, obsesiones, necesidad de venganza, de manipular y controlar las posee; pueden descontrolarse y «destruir» a otros. Hacen cualquier cosa con tal de obtener lo que quieren, pues están obsesionadas con controlar su vida, para así no sufrir experiencias de dolor. Este nivel también limita el potencial de este AC, básicamente por dos motivos. En primer lugar, como ya expliqué, porque el camino evolutivo implica la integración de la luz y la sombra, es decir, expresar una vibración más gris, compasiva, pero al mismo tiempo implacable. En segundo lugar, la necesidad de control bloquea el don de transmutación, muerte y regeneración de sí mismas y de otros. Este don está al servicio de algo mayor que el Yo; sin embargo, si se usa desde el egoísmo, se transforma en ego y las personas no actúan desde lo que la vida realmente les está pidiendo. Lo anterior implica que aún tienen miedo a entregarse a la existencia misma, con sus crisis, por ello no pueden confiar y comprender lo que son capaces de sostener. Su poder personal no debe estar al servicio de su ego, sino de su alma, la cual las empujará a avanzar, transformarse y transformar a otros.

QUÉ TIPO DE SITUACIONES LES PONDRÁ LA VIDA POR DELANTE

Uno de los caminos de aprendizaje para las personas con este signo en el Ascendente es conocer la realidad del dolor y el sufrimiento. Por eso es muy común que en su vida haya situaciones de alta intensidad emocional, crisis, pérdidas y experiencias que sean conflictivas, traumáticas o dolorosas. Entre más repriman su lado destructivo y su sombra, más posibilidades habrá de que lleguen personas violentas a su vida. La experiencia de sentirse «violentadas» es tan potente que se puede ver desde el parto, el cual suele ser un instante muy traumático, donde el bebé se sintió agredido por la vida. Desde ese momento la sensación de que alguien las puede atacar, abusar de ellas o, peor aún, destruir, puede haber quedado instalada en su interior y es fundamental que profundicen en estas emociones. Este es el principal motivo por el cual tienen tanto miedo a ser agredidas o destruidas, y es la causa que genera su fuerte necesidad de control.

También pueden haber vivido muchas experiencias de muerte, donde hubo personas queridas que fallecieron o donde la vida que tenían fue «destruida».

Probablemente la relación con mamá o con alguien del hogar es muy dramática e intensa. Desde pequeñas, las personas con Ascendente en Escorpio se han sentido manipuladas por sus más cercanos y otros. Sin embargo, vienen a descubrir que todos manipulamos en un nivel u otro y que esto no es necesariamente malo, que es parte normal del ser humano. Ahora, existen dos extremos en los que estas personas pueden caer: por un lado, sentirse víctimas de las manipulaciones de los demás sin poner límites por la culpa o porque piensan que no tienen el poder para hacerlo; o por otro lado, convertirse en personas en exceso manipuladoras para lograr lo que quieren. Ninguna de los dos opciones integra el lado luminoso con el oscuro.

ASCENDENTE EN ESCORPIO EVOLUCIONADO

Las personas con Ascendente en Escorpio integrado son grandes alquimistas, son quienes convierten el plomo en oro. Poseen el don de transmutar porque no le rehúyen a ninguna experiencia que les trae la vida; por el contrario, ven e intuyen sin tapujos las vivencias, tal cual son. Ello les permite comprender los procesos de vida, muerte y regeneración que están presentes en toda la naturaleza sin oponer resistencia porque están en contacto con su propio poder personal, el cual las ayuda a renacer cuando es necesario. Pueden ser muy efectivas durante las crisis, ya que en su corazón acogen a «los buenos» y «los malos», esto porque ya no juzgan a los demás, sino que comprenden que la naturaleza de la vida es como el yin y el yang: donde hay luz, hay oscuridad, y donde hay oscuridad, siempre hay luz.

CONSEJOS

Lo primero que se les puede recomendar a las personas con Ascendente en Escorpio es que reparen la experiencia del parto y las memorias tempranas de abuso. Para ello pueden usar la técnica de reparación perinatal intrauterina o terapias como Rebirthing (Renacimiento) o respiración holotrópica. También es recomendable que tomen terapias para mirar y sanar traumas, por ejemplo, la experiencia somática, así como aquellas que se orientan a la liberación emocional, como la bioenergética, pues les pueden permitir expresar las intensas emociones que están contenidas dentro de ellas, y así descubrir un camino para mostrar el dolor y el resentimiento interno. De igual modo, es importante que profundicen sobre la sombra, es decir, todo aquello que tienen dentro y que les aterra porque sienten que las puede destruir. En este sentido, terapias de trabajo de la sombra como la Gestalt son recomendables. El Diamond Logos es una terapia más avanzada que les puede ayudar a mirar el miedo a ser «destruidas», esa sensación que tanto les aterra.

Las personas con Ascendente en Escorpio pueden ir a lugares donde el dolor esté presente o a lugares relacionados con la muerte o cualquier tema que nuestra sociedad considere tabú para experimentar cómo se sienten y qué resistencias se les activan. Además, tienen un gran don para acompañar a la gente que sufre, estar ahí y sostener esas emociones sin miedo.

Ascendente en Sagitario: «Explora el mundo y descubre tu propia verdad»

Sebastián tiene Ascendente en Sagitario y toda la vida ha tenido mucha suerte. Parece que el destino siempre lo salva cuando está en una situación compleja o necesita ayuda. También suele caerles bien a los demás, quienes lo ven como una persona buena onda y sonriente.

Desde pequeño los viajes y las aventuras fueron parte de su realidad. Sus padres lo llevaban en largas vacaciones en una caravana a recorrer Sudamérica. Estos eran muy fanáticos de una religión en la cual él nunca se sintió cómodo, lo que lo llevó a estudiar distintas filosofías y escuelas de pensamiento, hasta encontrar una creencia que le hiciera sentido.

De adulto tenía muchas ganas de viajar y explorar, pero en vez de hacerlo se quedó atrapado en un trabajo seguro y en una relación bastante compleja, que con el tiempo terminó siendo bastante dramática y conflictiva. La vida siempre parece abrirle las puertas para moverse, pero algo en él lo detiene a lanzarse a la aventura y a dejar las relaciones que le hacen mal.

ESTA PERSONA ESTÁ DESTINADA A INCORPORAR:

- Dejar el drama y el conflicto.
- La confianza y la fe en la vida.
- La libertad para lanzarse a vivir aventuras.
- Salir de los espacios conocidos, familiares y seguros para explorar.
- Ampliar las experiencias vitales.
- El no rechazar o excluir experiencias.
- Profundizar en alguna visión filosófica, religiosa o de estudio superior.
- Descubrir cuál es el sentido personal de esta vida.
- Llegar a síntesis y verdades personales.
- Ser una maestra que transmita con inspiración a otros su verdad.
- Motivar a otros para que descubran su propia verdad.

Vamos a recorrer ahora los últimos cuatro signos del zodiaco. Todos ellos tienen un carácter más colectivo y nos irán conectando con un nivel más amplio de la realidad. Representan y piden una expresión más elevada y consciente del elemento al que pertenecen, así como una trascendencia de la propia individualidad y el ego, para conectarnos con algo mayor que nuestro propio sentido de importancia, llevándonos a lo colectivo y trascendental. Todo esto será parte del aprendizaje y de lo que la vida les pedirá incorporar a las personas con este AC.

El signo de Sagitario invita a lanzarse a la aventura. Un gran semáforo en «verde» que les dice: «Tú confía y avanza, que todo estará bien, pues todo lo que pueda ocurrir será perfecto para ti». Todos aquellos con Ascendente en Sagitario vienen a aprender a desarrollar optimismo, fe, confianza, a experimentar la expansión de su vida, ir hacia lo nuevo e inexplorado. A moverse sin dudar, sin pensarlo o cuestionarlo. Estas personas necesitan volverse aquellas que digan «sí», que acepten lo que la vida les ofrezca, pues confían en que algo trascendental las acompaña y apoya. Esto debido a que Sagitario representa la energía del máximo valor, o digámoslo de otra forma, de la ausencia del miedo, la confianza total que es necesaria para salir hacia lo desconocido e inexplorado. Por eso Sagitario es un signo asociado al arquetipo del explorador. Las personas bajo este signo comienzan una aventura motivadas por sus ganas de expandir su vida y entrar a terrenos donde la mayoría de la gente no entra. Como ese explorador que se aventuró al Amazonas en el pasado, no para obtener oro, ni fama, ni fortuna, sino por el deseo de llegar a donde nadie había ido, ver qué había ahí y encontrar respuestas a este misterio. Sin ese valor sagitariano no nos aventuraríamos, pues si pensáramos en todas las dificultades y conflictos no nos moveríamos.

Para lograr todo esto la libertad será clave. Las personas con este Ascendente necesitarán espacio para moverse, para seguir el impulso individual, para dejar las amarras y lo conocido. A ellas se les pedirá que se lancen a las aventuras y propuestas que la vida les irá presentando, sin planificar, sin dudar, sin demorar, soltando las restricciones que frenan a la mayoría de las personas. Que viajen, que dejen los espacios conocidos y seguros, familia, ciudad de origen, cultura... su objetivo es abrirse y expandir la vida. Para ello necesitarán mucho optimismo, confianza, fe, cosas que ya tienen de sobra dentro de sí.

Este Ascendente suele dar suerte, es como si la vida los salvara y ayudara justo cuando más lo necesitan, porque ese es su aprendizaje en esta encarnación: avanzar y sonreírle a la vida, experimentando la energía de la expansión.

Es importante comprender que tener este Ascendente no significa que estén sonriendo todo el tiempo y no se preocupen por nada. Estas personas tienen que recordar que, astrológicamente, este signo viene después de Escorpio, un momento del espacio zodiacal donde lo bueno y lo malo se miraron, se reconocieron, se enfrentaron y se integraron. Sagitario implica ir un paso más allá, consiste en trascender el conflicto y las dificultades sin rechazarlas, incluyendo en esa aceptación todas las posibilidades de lo que pueda ocurrir, para encontrar un sentido a la experiencia. La confianza real y la fe no se viven huyendo de los problemas o «abortando» la aventura cuando esta se complica. Las personas con Ascendente en Sagitario tienen la tarea de dejar atrás el no actuar si algo se ve complicado o difícil. En cambio es preciso decir que «sí», dando un paso adelante, con fe, confiando en lo que la vida les depara, porque para este signo tanto lo bueno como lo malo son parte de la aventura. Incluso para que finalmente puedan descubrir y enseñarnos el sentido y la verdad que se esconde detrás de los dramas y problemas de la vida tienen que atravesar y comprender las experiencias difíciles.

El signo de Sagitario representa al elemento Fuego en su máxima expresión. El Fuego de Aries y Leo tiene un carácter más personal, se centra más en la individualidad, en lo que «cada quien quiere». Se trata de un impulso personal, de sus ganas de ganar, de moverse por lo que quiere, una individualidad que no mira a su alrededor. En Sagitario el Fuego se refina, el Yo mira hacia el cielo y se pregunta: «¿Para qué estoy yo aquí en la Tierra?, ¿cuál es mi propósito dentro del plan mayor y los misterios que representa la vida?». En este caso, el Fuego está al servicio de una búsqueda más trascendental hacia aquello que constituye «la verdad», su propósito.

Lo anterior nos permite ir entendiendo qué es lo que las personas con Ascendente en Sagitario vienen a incorporar: serán buscadoras de respuestas trascendentales y se cuestionarán el sentido de su propia vida y existencia, el porqué están aquí, qué es lo que el «misterio» les pide que vivan. Es decir, su aprendizaje estará en buscar una verdad personal y conectar con los misterios trascendentales, así como desarrollar la fe en sí mismas, en alguna filosofía de vida, en un camino espiritual o una perspectiva de sentido. Una fe que nazca de la propia búsqueda, de un recorrido para encontrar respuestas a las preguntas fundamentales como: «¿quién soy yo?, ¿cuál es el sentido de la vida?, ¿por qué estamos vivos?».

Las personas con este Ascendente expandirán su vida estudiando religiones, filosofías, conocimientos esotéricos y cualquier «verdad» que dé respuestas, haga crecer la visión de la vida y ayude a hallar un sentido personal. Eso sí, el aprendizaje de Sagitario no se encontrará exclusivamente en los libros. Será necesario que se vivan experiencias personales y esa será la gran maestría. Si quieren aprender budismo, irán con los monjes; si quieren vivir el chamanismo, acudirán a una experiencia trascendental a la selva, etc. En Sagitario se une la teoría con la práctica.

Todo esto llevará a los AC en Sagitario a buscar las verdades de la vida. Las respuestas se pueden tomar prestadas de otros, al menos por un tiempo, pero este Ascendente pedirá la elaboración de una verdad propia y personal, es decir, que las personas se cuestionen qué les hace sentido a ellas de las visiones, las religiones y las creencias de otros. Quienes tienen este AC tienen que encontrar «su verdad», una que sea propia y que les haga sentido a ellas, no fanatizarse con las verdades de otros.

Y en un nivel más alto, parte del proceso también será comunicar a otros su verdad, su visión, su creencia, su método, su síntesis, entendiendo que eso es solo «su verdad», no la Verdad con mayúscula. El objetivo será inspirar a otros a conectarse con ellos mismos y así comenzar su propio viaje de búsqueda personal para convertirse en maestras que inspiren y motiven a otros a su vez. La idea es que puedan conectar con su lado interno expansivo y sostener desde ahí la comprensión intuitiva de ciertos fenómenos; luego, enseñar y comunicar sus descubrimientos. Por eso se dice que este es un signo asociado a la filosofía y a la maestría en inspirar a otros.

Un último consejo y tema clave: las verdades van cambiando con el tiempo… no hay una única verdad. Así como nosotros vamos cambiando, nuestras creencias también. Las personas con este Ascendente serán adaptables y permitirán que sus verdades y creencias lo sean también, como ellas mismas lo hacen, pues es innegable que no son siempre iguales. Es decir, no tienen que volverse rígidas ni fanáticas de sus propias creencias, más bien habrá coherencia entre lo que las personas son en ese momento y lo que creen, aunque ello les vaya generando crisis de identidad, de sentido y de fe en ciertos momentos de la vida.

NO SE ACTIVA EL ASCENDENTE SI...

Son personas demasiado rígidas, lógicas, negativas o racionales y no confían en su instinto e intuición. O si son tan controladoras que se cuidan mucho de planificar su futuro y no quieren correr demasiados riesgos, por ejemplo, si al viajar buscan tenerlo todo organizado y no se dan espacio para la improvisación y para que la vida las sorprenda. O si, cuando quieren hacer algo, se frenan porque no se sienten listas y tienen miedo a equivocarse o a lo que pueda pasar. Desde Sagitario no pueden dudar, tienen que aventurarse, creer en sí mismas y acoplarse a lo que la vida les vaya presentando.

A algunas personas con este Ascendente les cuesta mucho salir de sus espacios de seguridad: quieren estar cerca de su hogar, de sus seres queridos, de su refugio, y les es muy difícil abrirse a experiencias nuevas.

A nivel inconsciente pueden desear que su vida se quede en el drama y en los conflictos. Sin darse cuenta limitan su expansión y libertad por permanecer en situaciones o relaciones dramáticas donde se estancan. Quieren controlar sus vínculos, transformar a otros y obtener lo que «desean» en lugares o situaciones que más bien deberían soltar. Una parte de sí mismas querrá experimentar la confianza y otra parte las frenará sin cesar. Es como si inconscientemente estuvieran apegadas al dolor y al sufrimiento, mientras que en el día a día desean que todo sea luz, alegría y buena onda.

También suele haber un anhelo inconsciente de que todo sea solo disfrute, sin dificultades, sumado a una tendencia a sobreidealizar. Estas personas se asustan y huyen de lo difícil que se les pueda presentar, pero evitar la aventura cuando todo se complica es alejarse de su Ascendente.

Si bien es normal que se muestren sonrientes, hacerlo todo el tiempo como forma de evitar los conflictos no es activar este Ascendente en su máxima expresión. Tampoco lo es el volverse fanáticas de sus creencias o ser personas demasiado intolerantes ni tomar las verdades de otros sin antes adaptarlas a la propia individualidad.

QUÉ TIPO DE SITUACIONES LES PONDRÁ LA VIDA POR DELANTE

Las experiencias-destino que llegan a la vida de estas personas suelen ser bastante agradables y expansivas. Desde que son pequeñas aparecen los viajes, las aventuras, la confianza y la expansión. Puede ser que en su familia el explorar y estar interesados en otros países o culturas sea algo común. Asimismo, es posible que hayan crecido en un hogar o en ambientes donde hubiera optimismo, confianza, o donde se tendiera a celebrar y a evitar lo conflictivo o difícil de la vida.

También pueden estar rodeadas de fanatismo, ideologías y creencias potentes. Estas personas se suelen encontrar con maestras o maestros, guías o gurús. Experimentar una relación de discípulo-maestro es parte de su recorrido y es bueno que la tengan y vivencien, que exploren y profundicen, pero no al punto de ser fanáticas militantes y no aceptar otras posibles miradas.

ASCENDENTE EN SAGITARIO EVOLUCIONADO

Las personas con la energía del Ascendente en Sagitario expresada a conciencia son grandes exploradoras, tanto de espacios físicos como mentales y espirituales. La clave de su camino es hacer el recorrido, no el final de este. El viaje, en el sentido literal y metafórico, es el propósito de su vida. Son personas que se atreven a ir más allá de sus límites porque confían y saben que estar en contacto con lo diferente abre las puertas de su percepción. Otros países, otras culturas, otros idiomas pueden ser parte de su itinerario vital, así como otras creencias y visiones de mundo. Cada que vez se expanden, su conciencia se amplía y su mirada y comprensión de la vida se hace más profunda. Son personas que convierten en práctica sus valores y creencias, y que son capaces de inspirar a otros hacia sus propias búsquedas.

CONSEJOS

Lo primero que tienen que hacer las personas con AC en Sagitario es salir de su zona de confort y expandirse. Viajar, conocer gente de diferentes partes y culturas les ayudará a abrir su universo. Si tienen ganas de vivir en otro país, qué esperan, láncense y confíen.

Si se sienten atrapadas en una situación o relación compleja miren dentro de sí y en su inconsciente. ¿Qué es lo que está detrás de esa situación?, ¿cuál es el apego que sienten por el drama y el conflicto que no son capaces de ver?, ¿por qué se identifican como personas positivas que quieren estar bien? Pueden mirar en su inconsciente mediante terapias o constelaciones familiares para detectar los patrones antiguos de su linaje que las están condicionando. Es importante recordar que es primordial mirar su tendencia a la ansiedad, ya que esta puede dar las respuestas que les permitan expandir su vida. Huir y evitarla no será de mucha ayuda.

Estas personas tienen un gran don para inspirar a otros, ¿lo han descubierto? Es clave que se atrevan a enseñar a otros, especialmente aquello que más las motive; mejor aún si es un método, sistema o verdad que hayan desarrollado ellas mismas.

Ascendente en Capricornio: «Conviértete en maestro de la realidad»

Pablo tiene Ascendente en Capricornio y toda la vida ha sentido que la realidad es una gran prueba muy exigente. Desde pequeño se sintió muy demandado por su madre, que era muy estricta con sus calificaciones y le importaba mucho que obtuviera muy buenos resultados en la escuela. Su padre estaba casi todo el día ausente de la casa, dedicaba casi todo su tiempo a trabajar, por lo que Pablo se sintió muy desconectado de él.

Desde pequeño se sentía inseguro y observado por los demás, siempre pensaba que lo criticaban y lo rechazaban. Sus profesores eran muy duros con él, le exigían más que a otros alumnos. Sin darse cuenta construyó una máscara de seriedad para protegerse de los demás, pero estos confundieron su protección con arrogancia.

De adulto, la realidad siempre lo pone a prueba, cada vez que quiere realizar un proyecto surgen muchas dificultades, limitaciones burocráticas y desafíos que detienen el proyecto, obligándolo a replantearlo, aprender nuevas habilidades y tener que enfrentar sus miedos. Pablo detesta esto, encuentra que la vida es demasiado injusta y que las cosas deberían ser mucho más fáciles. Cada vez que ha evitado una responsabilidad, esperando que otra persona haga algo por él, todo termina resultando mucho más difícil y complicado.

ESTA PERSONA ESTÁ DESTINADA A INCORPORAR:

- Las reglas, tiempos y límites de la realidad.
- Aprender a cumplir metas y objetivos alineados con su esencia.
- Madurez para autosostenerse en el mundo, sin depender de otros.
- Ser alguien realista, pragmático y presente.
- La responsabilidad y el hacerse cargo.
- Lograr la excelencia en la Tierra.
- Ser un pilar que sostenga a otros.
- Ser líder.
- Ser un maestro que les enseñe a otros a funcionar en la realidad.
- Sanar la relación con el padre.

Este es un Ascendente con un alto nivel de dificultad, pues les pide a las personas que lo tienen convertirse en maestras de la realidad, y ello implica aprender a hacerse cargo de sí mismas, madurar, enfrentar sus miedos, ser responsables y crecer. Asimismo, ser capaces de alcanzar, construir y materializar las metas que se propongan, siempre alineadas con su corazón. Este Ascendente quiere que quienes lo tienen construyan en el mundo una realidad coherente con lo que su esencia les pide.

Al igual que como ocurre con los otros signos de Tierra, Capricornio obliga a las personas a aceptar que viven en una realidad que les marca límites, formas y tiempos, que las cosas no son mágicas ni dependen de la buena suerte, ni se amoldan a lo que quieren. Es justamente esta dimensión la que deben entender, conocer y dominar. Cada vez que las personas con este Ascendente quieran salir al mundo sin prever, ¿con quién se toparán? Con la realidad, con el límite. Esta les dirá: «Si no eres realista, si no lo planificas bien, si no te pones en todos los escenarios, si no te haces cargo de la situación, aparecerán las dificultades que entramparán y harán más lento el proceso». Si el Ascendente en Sagitario era un gran semáforo en verde a la hora de salir a actuar, el Ascendente en Capricornio es un semáforo que dice: «No salgas a actuar si no tienes en consideración todo lo que puede ocurrir y si no asumes la responsabilidad que esta experiencia te pide».

Sin embargo, el aprendizaje de este Ascendente no está solo en comprender cómo funciona la realidad en sí misma, sino que constituye una maestría del «sistema humano»: la realidad burocrática y de procesos que gobiernan nuestro mundo. Este es un sistema imposible de evitar si queremos funcionar en el presente y en la realidad. Claro, a menos que nos vayamos a vivir a una isla desierta y estemos totalmente fuera del sistema. El problema está en que, a quienes tienen Ascendente en Capricornio, el límite, la burocracia y la responsabilidad les aparecerán dondequiera que estén, aún más si huyen de ellas. Las personas con Ascendente en Capricornio tienen que desarrollar una maestría tanto de la realidad «terrestre» como de la «humana».

Imaginemos que estas personas son como un pajarito que está dentro del nido. Mientras están ahí, «mamá y papá» pájaros les traen los alimentos y se preocupan por ellas. Afuera del nido está la realidad y para funcionar en ella hay que «trabajar», entender cómo funciona el mundo externo, desarrollar dones, herramientas y autonomía para poder arreglárselas por sí mismas. Las personas con este Ascendente vienen a aprender a hacerse maestras desde ese «mundo de allá afuera», sin depender de otros... esto es madurar. Para ello será fundamental trabajar con los temores, las inseguridades, ser realistas y perseverantes, sobre todo a la hora de alcanzar metas y objetivos. Y no solo eso, la vida les pide que no simplemente «sobrevivan» en el mundo externo, sino que sean capaces de alcanzar grandes metas, cosas hechas con excelencia, que perduren y sean un aporte para los demás.

Todo esto genera que experimenten una gran sensación de soledad, como si nadie las pudiera ayudar. Tengamos claro algo: las personas con este Ascendente sí pueden pedir ayuda a otros, pero hay responsabilidades, desafíos y aprendizajes que solo ellas pueden asumir. El problema está cuando esperan que sean otros quienes les resuelvan los problemas para así evitar su responsabilidad y lo que tienen que hacer, entonces ahí aparecerá de nuevo el límite y la traba. Lidiar con el hecho de que se las tienen que arreglar «solas» para lograr muchas cosas, con la sensación de vulnerabilidad y abandono, «del pajarillo fuera del nido», será clave en la maduración de este Ascendente, el cual les pedirá mucha valentía para funcionar en el mundo externo.

Lo anterior nos conecta con otro gran aprendizaje: el de la responsabilidad. Es muy frecuente que estas personas, desde muy pequeñas, hayan tenido que hacerse cargo de deberes, de hermanos, de sus padres, etc., además de su propia vida. La responsabilidad que quita libertad, pues hay «cosas que tienen que hacerse y no se pueden evitar», será parte de lo que vienen a incorporar. La responsabilidad de tener que hacer lo que los demás evitan, pero que es necesario llevar a cabo si quieren que algo funcione. Este aprendizaje también se encuentra asociado a convertirse en autoridades, a mandar, a tener personas a su cargo, pues quienes poseen Ascendente en Capricornio vienen a aprender a liderar asumiendo la responsabilidad de lo que esto implica y sabiendo qué es lo que tienen que hacer y qué cosas sí pueden delegar.

Además, Capricornio está relacionado con la energía paterna, que se asocia, a su vez, con «hacerse cargo». La misión de estas personas es ser «padres» de sí mismas y de los demás. Un padre es quien, arquetípicamente, se responsabiliza de las cosas, a quien recurrimos cuando tenemos un problema porque él toma las riendas, y reparar por tanto, la función paterna, sin importar si son hombres o mujeres. Generalmente, y por el motivo que sea, para las personas con este Ascendente es el padre quien les enseña a moverse en el mundo, y puede haber estado ausente, ya fuera porque trabajaba mucho o porque se fue, o por haber sido muy exigente, rígido, frío o difícil de complacer.

Para hacerse cargo y desarrollar la posibilidad de expresar al padre interior, estas personas tienen que asumir que no pueden delegar ni evitar ciertas responsabilidades. Hay que enfrentar los miedos, dejar de quejarse, porque el don de este signo es construir la realidad no desde la fantasía, sino desde lo concreto. Capricornio es el signo social de Tierra, por lo tanto, la capacidad de ser padre también implica un rol que cumplir para los demás. Estas personas tienen las herramientas y habilidades para gestionar cualquier situación, aunque les dé miedo. La clave está en poner los pies en la tierra.

Desde el nacimiento, la realidad estará mostrándoles los límites, los problemas y los desafíos, no porque quiera castigar a las personas, sino porque ellas tienen la capacidad de entender y dominar todo lo que hay que hacer en el mundo externo para alcanzar las metas. Mientras lo eviten, la realidad no las dejará en paz. Si en cambio aprenden de esta, asimilan cómo se logra que algo funcione, entienden la burocracia y los procesos de los sistemas, se hacen cargo de los tiempos y de la organización, entonces la vida ya no tendrá que presionar, pues será ella misma la que esté encarnando la energía del Ascendente en Capricornio. Metafóricamente, se trata de aprender a subir «montañas» solo, volverse alguien sabio que entiende los procesos de la vida, que ha logrado alcanzar sus sueños, materializándolos. Al igual que el Ascendente en Virgo, tener Ascendente en Capricornio es una lección de humildad, implica entender que el deseo individual no es más importante que el del otro y que por más especiales que las personas se sientan, las cosas no necesariamente serán más fáciles. Su potencial y don, es vital tenerlo claro, es convertirse en maestras de la realidad que trabajen con dedicación y excelencia, con humildad y grandeza.

Un último punto que debemos aclarar es que estas personas vienen a aprender a asumir y lograr las metas y objetivos que estén en concordancia con su alma, no con lo que la familia y la sociedad les pida, sino con lo que su corazón añora. La maestría de la realidad les ayudará a concretar esos anhelos, teniendo en claro que muchas veces lo idealizado no ocurrirá de esa manera. A medida que estas personas vayan madurando y conociéndose más, se irán dando cuenta de que sus sueños y metas sí implicarán responsabilidades y deberes, pero estos resuenan con su esencia... no son exigencias y expectativas impuestas desde afuera por otros.

NO SE ACTIVA EL ASCENDENTE SI...

Las personas no quieren madurar ni ser responsables, si esperan que otros resuelvan sus problemas. Si anhelan que aparezca otro que se haga cargo de sus asuntos y asuma la responsabilidad, alguien que realice «el trabajo complejo». Esto es algo muy potente para las personas con Ascendente en Capricornio, ya que en el fondo de su ser siempre estarán buscando un salvador que les ayude.

Tampoco se conectarán con su AC si quieren que todo sea fácil y sencillo, si buscan salir rápida e impulsivamente a actuar en el mundo. Si no quieren entender la realidad, sus tiempos, limitaciones y formas. Si las personas están desconectadas de la «Tierra», si no habitan en el presente y se refugian en mundos de fantasía. Si actúan sin planificar, con exceso de optimismo y creyendo que todo fluirá sin problemas. En el inconsciente tienen un gran anhelo de que todo suceda rápido y fácil, se niegan a ver las dificultades y la realidad tal cual es. Este apego a que todo sea «maravilloso» es la causa de muchos de sus problemas, así como de que con frecuencia caigan en el victimismo y sientan que la vida es injusta y que las castiga.

Podemos decir que hay dos tipos de personas con este Ascendente:

1. Las que evitan la realidad, son muy inmaduras, no alcanzan las metas que se proponen, incluso les cuesta terminar sus objetivos, ya sean profesionales, de estudio o de otra índole. Pueden tener problemas económicos y dificultades para autosostenerse en el mundo. Sus miedos, inseguridades y la sensación de que la realidad está en su contra las domina. Sus impulsos se desvanecen rápido en el tiempo y no sostienen el esfuerzo ni las responsabilidades; los deberes son vividos como una carga.

2. Las megaexigentes, aquellas dominadas por su necesidad de alcanzar metas y logros. Suelen trabajar y esforzarse mucho, terminan todo lo que se proponen, no importa cuánto sea el esfuerzo. Suelen volverse rígidas, controladoras, orientadas solo a conseguir logros materiales que las hagan sentirse apreciadas socialmente. Sin embargo, estas personas no están cumpliendo las metas que su alma anhela ni asumiendo las responsabilidades que realmente tienen que aceptar, sino que están haciendo lo que el sistema, sus padres y la sociedad esperan que consigan, metas de otros, no propias. Por ello su Ascendente en Capricornio no está expresándose como su potencial real. No importa cuántos objetivos alcancen, se sentirán vacías y no tendrán la vida que quieren.

QUÉ TIPO DE SITUACIONES LES PONDRÁ LA VIDA POR DELANTE

El límite y el desafío están presentes desde el inicio de su vida. Pudieron haber tenido un parto difícil, en el cual la mamá sintió mucho miedo, hubo problemas y se quedó con una sensación de «fracaso». En su infancia, las personas con Ascendente en Capricornio se pudieron haber sentido muy exigidas y criticadas por sus padres y por todo tipo de figuras de autoridad, que siempre les pedían más o esperaban madurez y responsabilidad. De niños quizá sintieron que no eran capaces de lograr todo lo que se esperaba de ellos, se percibían como fracasados o sentían que todo era muy complejo. Esto puede predisponerlas al negativismo, a pensar que no son lo suficientemente buenas o capaces. Tal vez crean que todo el tiempo tienen que demostrar su capacidad para alcanzar metas, y así sentirse queridas y valiosas.

La vida se les presenta como un escenario lleno de deberes y responsabilidades, a veces injustos o difíciles, verdaderas montañas que hay que subir, aunque no se sientan preparadas para ello. Les pondrá una y otra vez «muros» que no permitirán que las cosas fluyan y sean fáciles, de hecho, el solucionar los problemas suele tomarles tiempo y requerir mucho esfuerzo. Sin embargo, esto no será así para toda su vida; cuando encarnen las características «capricornianas» de madurez, responsabilidad, excelencia, realismo y hayan desarrollado las herramientas necesarias para funcionar en la realidad, ahí la vida no tendrá ninguna necesidad de seguir presionándolas.

Otra experiencia que estas personas suelen vivir es la de siempre sentirse juzgadas por otros e incluso rechazadas por su forma de ser. Ya hablamos de los padres y de las figuras de autoridad; pero esto también lo sienten de parte de sus pares en la infancia. De ahí proviene la sensación de que hay jueces externos, que están siempre evaluando su comportamiento. Por eso a veces se muestran serias, duras y frías; es simplemente una manera de protegerse y poner distancia con los demás. Detrás de esa máscara hay una gran sensación de inseguridad, baja autoestima y miedo a sentirse siempre juzgadas. Pero lo cierto es que los jueces son internos, son ellas mismas las que se critican duramente, por ello es necesario aprender a liberarse de esa exigencia, porque nadie las está calificando, más bien ellas mismas se están limitando.

La experiencia con el padre suele ser muy compleja. Básicamente, estas personas tienen la sensación de que nadie les «enseñó a volar y arreglárselas fuera del nido». Falló esa figura que las tenía que instruir acerca de cómo funcionar en el mundo real. Algunas veces el padre es muy crítico, exigente y riguroso, no enseña, sino que reta y limita, generando más inseguridades que capacidades. Otras veces este puede ser débil e inseguro, incapaz de enseñarle a su hija o hijo lo que no sabe hacer. Incluso puede ser una figura ausente, que se sintió que no estuvo y no dio ningún apoyo.

ASCENDENTE EN CAPRICORNIO EVOLUCIONADO

Las personas que ya integraron su Ascendente en Capricornio con conciencia trabajan en sintonía con la realidad, aquello que propone su corazón lo consiguen porque conocen las reglas que gobiernan nuestro mundo. Tienen un profundo sentido social y han conseguido levantar un legado a través de sus obras, del cual muchas personas se benefician. Son líderes con un sólido sentido de la autoridad, el cual se basa en su capacidad para hacerse cargo con responsabilidad, pero también con empatía. Son personas disciplinadas, perseverantes, con una fuerte orientación a conseguir metas y logros alienadas con su ser; no obstante, actúan con calidez y confianza, inspirando a otros a hacer su mejor trabajo.

CONSEJOS

Las personas con este Ascendente serán conscientes de si están haciéndose cargo de su vida o si viven soñando con que otro lo hará por ellas. La relación que tengan con la realidad les dará muchas pautas de qué tan integrada está la energía. Si sienten frustración a menudo, que la vida no es como quieren o que las cosas son difíciles, entonces será importante reexaminar desde dónde se están relacionando con ella. No forzarán las cosas para que sean de cierta manera, más bien al revés: tendrán que detenerse, ser lo más realistas posible, mirar qué están haciendo de forma incorrecta y qué responsabilidad están evitando.

Es vital que evalúen si tienen las herramientas necesarias para funcionar en la realidad. Quizá deban organizarse, estar más presentes en la Tierra. Es muy importante que estudien y pidan ayuda a otros para que les enseñen las herramientas necesarias... no para que hagan las cosas por ellos. Un *coach* o cursos de planificación y de metodologías para alcanzar metas serán clave.

También observarán cómo es el vínculo con su padre. ¿Es bueno?, ¿malo?, ¿cuál es la historia con él?, ¿se sienten abandonadas por él?, ¿sienten que no las valora o las menosprecia?, ¿están repitiendo patrones de él? Si hay temas no resueltos en la relación, necesitan trabajarlos con algún tipo de terapia que permita enfrentarlos y sanarlos, pues al tomar a su padre, toman la energía yang capricorniana relacionada con el autosostén y la posibilidad de alcanzar lo que quieran en el mundo.

Por último, será esencial tomar terapia para sanar los miedos, pesimismos y traumas que quedaron en el inconsciente en el momento del parto, pues estos condicionan y limitan su forma de actuar, iniciar y de moverse en el mundo. Rebirthing (Renacimiento), respiración holotrópica, hipnosis y terapias de reparación de parto y perinatal serán fundamentales.

Ascendente en Acuario:
«Sé protagonista del cambio»

Clarisa tiene Ascendente en Acuario y toda la vida ha sentido que su realidad ha sido una serie de inestabilidades y cambios. Nunca ha logrado percibir que las cosas permanezcan seguras y estables por mucho tiempo. Tuvo dolorosos traslados de casa e inestabilidades muy fuertes dentro de su hogar.

Además, siempre se ha sentido muy diferente a los demás, como que no calza realmente en ninguna parte… ni en su familia, ni con sus compañeros de escuela, ni en el trabajo. Esto ha hecho que se sienta muy sola. Anhela encontrar un grupo de gente que sea como ella, donde pueda sentir que en verdad pertenece.

En este momento de su vida su gran drama es que las cosas nunca ocurren como las planifica. Cuando tiene un plan o ganas de hacer algo siempre surge un imprevisto que lo cambia todo.

ESTA PERSONA ESTÁ DESTINADA A INCORPORAR:

- Desapego, libertad y flexibilidad.
- Confianza en la creatividad de la vida.
- Ser una persona espontánea y dejarse sorprender por los cambios.
- Objetividad.
- Ser original, auténtica y mostrarse diferente.
- Aceptar que es única.
- Abrazar su sensación de soledad para sentirse parte de la humanidad.
- Sentirse «hija» del planeta.
- Rebeldía y vanguardismo.
- Conectar con causas globales que impacten positivamente en el mundo.
- Ser alguien que genere cambios en la sociedad.
- Aprender a estar en equipo y generar comunidad.

A medida que avanzamos por el zodiaco es más difícil interpretar la energía de los signos desde lo personal, pues la expresión individual del Ascendente se une a la de signos colectivos y transpersonales. Acuario es un signo de Aire, asociado a los vínculos y relaciones grupales. Uno de los aprendizajes más importantes y elevados de este Ascendente es salir al mundo actuando por intereses y causas que van más allá de su propia individualidad. Causas que tengan impacto social, ayuden a la humanidad, a la sociedad, a los marginados, a la Tierra y a la naturaleza. Este factor social del elemento Aire se manifiesta en el hecho de que dichas personas también aprenderán a moverse en grupo, sociabilizando, generando comunidad, es decir, resolviendo los conflictos y diferencias que separan a los humanos, buscando puntos de acuerdo y causas que unan a todos.

Por ello, la objetividad y el desapego son elementos básicos a incorporar para estas personas. Esto les permitirá «no tomarse tan en serio a sí mismas», para mirar las situaciones con mayor claridad y perspectiva, saliendo de sus propias emociones para entender el contexto general de las situaciones y los vínculos. Así no se tomarán todo de manera tan personal y lograrán calzar en la «banda de música», poniendo su individualidad y creatividad al servicio del grupo y la comunidad. Pueden sentirse parte de la humanidad, «hijas de la Tierra», a pesar de estar en un planeta tan extraño, al que incluso pueden sentir que no pertenecen o que fue un error haber nacido aquí.

Es vital saber que la energía de Acuario tenga que ver con la libertad, el cambio, lo nuevo, la rebeldía y el desapego. Estos son los conceptos que integrarán, la vida se encargará de que lo hagan. Lo primero que harán es tener claro que su camino personal es de cambio, de improvisación, de armar y desarmar los planes. La energía de Acuario pide gran espontaneidad y estas personas tendrán claro que sus planes se modificarán, que ocurrirán imprevistos y situaciones que nunca pudieron prever, pues su camino es el de la creatividad, originalidad, el de permitir que la vida les sorprenda y vaya trayendo constantemente experiencias nuevas. Entre más traten de controlar su destino y lo que quieren vivir, más cambios y situaciones azarosas vivirán. «Espera lo inesperado, diviértete en ese camino y confía en la creatividad de la vida» debería ser el lema de estas personas. Esto no significa que no puedan planificar en su vida, simplemente es entender que con seguridad las cosas cambiarán y pueden terminar en algo que nunca esperaron. La vibración propia de Acuario tiene que ver con los saltos y movimientos inesperados, y si está en el Ascendente, entonces las personas aprenderán a vivir con la incertidumbre frente a lo que pueda pasar.

Incorporar la libertad en sus distintos niveles y en una expresión más consciente es parte de su proceso evolutivo. Ya hablé de la libertad para armar planes y después cambiarlos, pero la libertad también tiene que ver con reconocer que nacieron para ser almas libres. En primer lugar, no dejarse atrapar por mandatos sociales o familiares ni por las expectativas de cómo deberían ser y qué deberían alcanzar. Es fundamental incorporar la libertad para vivir la vida de forma única y diferente, rupturista con lo que los demás consideran normal; ser rebeldes y romper con lo viejo, lo antiguo y lo que ya no sirva en el presente. También es clave desarrollar la libertad para probar cosas nuevas, soltar las situaciones limitantes y restrictivas. Si las personas con este Ascendente se empiezan a quedar pegadas o sienten que su vida se vuelve monótona, tendrán que reflexionar por qué les está pasando esto, cuáles son los miedos que no quieren soltar, porque si no lo hacen la vida se encargará de ello trayéndoles un cambio inesperado.

Están destinadas a incorporar la libertad para diferenciarse, mostrando lo que las hace únicas y especiales. Las personas con Ascendente en Acuario poseen la libertad para salir al mundo como les dé la gana, sin preocuparse de lo que los demás opinen. Es importante que aprendan a expresarse de forma diferente, original, auténtica respecto a su propia imagen y vida. Es clave que dejen atrás la necesidad de pertenencia, de parecerse a los demás vistiéndose y comportándose igual que el resto de la gente; por el contrario, su misión es la opuesta: encontrar un estilo propio, personal y único que las diferencie de los demás. Son personas que no pueden ser definidas de una sola manera porque siempre están cambiando, y si no lo hacen ellas mismas, será la vida quien las sacará de su zona de confort. Hay que comprender que ellas mismas son el cambio.

En este movimiento es relevante ejercitar el desapego para poder soltar situaciones, vínculos, lugares, creaciones e ideas. Este es el gran aprendizaje de su vida. Necesitan relacionarse con espacio para la libertad individualidad y la de los otros. Esto no significa que tengan que ser superdesapegadas, que no tengan emociones, no asuman compromisos en sus relaciones o no se hagan cargo de sus responsabilidades. No, no se trata de eso. Esta libertad es más profunda: «vive lo que quieras, siente lo que quieras, desea lo que quieras, pero no te apegues a ello, porque lo tendrás que soltar en algún momento para probar algo nuevo». En el nivel más alto, este desapego incluso tiene que ser al «apego a la libertad». Las personas se permitirán vivir cualquier tipo de experiencia porque la vida siempre las sorprenderá. Hay que romper con los condicionamientos, apegos y limitaciones de cualquier índole y que no les permitan vivir las experiencias.

Hay un aspecto que suele ser complejo en la vida de estas personas. Muchas de ellas sintieron desde pequeñas que no pertenecían a los grupos, la familia, el país o la cultura donde nacieron y se sienten distintas, como si no lograran calzar. Como dice el astrólogo Eugenio Carutti, «un patito feo» que se puede percibir como alguien excluido, diferente y discriminado por los demás. Entendamos por qué experimentan esto, ya que no es un castigo. Acuario es un signo que nos habla de la humanidad, de poder relacionarse con todo tipo de personas en el colectivo, no solo con las que son «como uno». Quienes poseen este Ascendente tienen esta experiencia-destino, la de no poder pertenecer ni calzar en ningún grupo en particular, porque realmente vienen a relacionarse con toda clase de personas, para crear grupos que integren, justamente, a gente diferente. Si las personas sienten que pertenecen a una comunidad, entonces ya no se relacionan con las otras. Por eso Acuario nunca pertenece a ningún grupo en particular o sus grupos son de gente muy diferente entre sí.

Sin embargo, la falta de pertenencia se traduce en que casi nunca se sientan completamente parte de algo y que, a la vez, se sientan muy solas. El problema es que se niegan a esta experiencia: anhelan identificarse con un grupo, desean encontrar una tribu que sientan como la suya y, al no hallarla, se sienten muy frustradas y solas. No obstante, como Acuario es un signo colectivo, quienes lo tienen como Ascendente tienen que aprender a relacionarse con todo tipo de gente: conservadora, liberal, católica, judía, de derecha, izquierda, etc., quien venga. Por eso no pueden pertenecer a ningún grupo. Este es justamente su don: como no forman parte de nada, tienen la libertad de hacer los cambios necesarios. Si buscan un lugar donde hacer un nido y desean tener una vida lo más estable posible porque tienen miedo de revivir esas experiencias de desapego que experimentaron cuando eran niñas, no conectarán con la energía de este AC. De hecho, a este tipo de personas puede resultarle complicada la energía de este signo. Su misión no es calzar en la sociedad, sino sentirse orgullosas de su diferencia y de que nadie las pueda definir y encasillar. Esa es la clave, porque mientras más estructuras levanten para sentirse seguras, más la vida se encargará de derribarlas.

NO SE ACTIVA EL ASCENDENTE SI...

Se niegan al cambio, si quieren quedarse en situaciones fijas, en el pasado, en lo conocido y familiar. Si las personas son demasiado controladoras, obsesivas e inflexibles, o si sufren cuando los planes y las «cosas» no salen exactamente como deseaban. Ni hablar si son demasiado apegadas a las personas, lugares o situaciones.

Si quieren calzar en algún modelo o rol de la sociedad y del sistema, intentando seguir un camino tradicional de éxito. O si buscan construir estructuras y refugios en su vida para sentirse seguras, creyendo que, al alcanzarlas, tendrán por fin la gran estabilidad que anhelan. Es más, ser un buscador de estabilidad las puede hacer sufrir bastante. Asimismo, si intentan no diferenciarse y, en cambio, se muestran lo más «comunes» posible, sintiéndose incómodas cuando los demás señalan lo «raras» y únicas que son. Esto suele estar unido a la necesidad de querer pertenecer a algún colectivo o grupo. Por ello muchas veces se obligan a adaptarse y a negar su originalidad, para que no se noten las diferencias y así puedan encajar. Este Ascendente pide aceptar la diversidad propia y la de los demás, la clave está en poder sentirse cómodas con todo tipo de gente, aunque no sea como ellas. Si estas personas viajan y se mueven por el mundo, buscando encontrar «su lugar» y «su tribu», se frustrarán porque para ellas ese lugar no existe, más bien están diseñadas para estar en todos lados y pertenecer a todos los lugares, sin realmente formar parte, solo siendo libres de cambiar.

Todo esto puede ocurrir porque inconscientemente tienen un gran anhelo de estabilidad, forma, orden y estructura. De calzar en algún rol de la sociedad y alcanzar las expectativas y lo que se considera el éxito. Asimismo, si desarrollan una necesidad de tener una base firme, estable y que no cambie.

Hay otro grupo de personas con el Ascendente en Acuario que puede mostrar las características de este signo de manera muy radical y extrema, expresando un desbalance y un estancamiento de esta energía. Se vuelven excéntricas y locas, llaman mucho la atención porque se ven muy diferentes, quieren ser originales y únicas y están muy atrapadas en eso. Se identifican con el «personaje diferente», lo cual también les quita la libertad para ser como en realidad quieren en un determinado momento.

Algunas se apegan demasiado al cambio y son incapaces de comprometerse, de rentar una casa, tener un trabajo estable o casarse, porque sienten que todo esto les quita libertad. Sin embargo, el aprendizaje del Ascendente en Acuario no es este. El desapego también consiste en soltar la necesidad de cambio constante. A un perro le podemos tirar la pelota mil veces, pero cada vez que vaya por ella, lo hará feliz porque está libre de prejuicios y tan solo responde a un estímulo. Por tanto, estas personas tienen que observarse agudamente a sí mismas, reflexionar acerca de sus limitaciones, de las cosas que las frenan para poder cambiarlas.

También hay quienes se fanatizan con sus posturas filosóficas, ideológicas y causas sociales; y se vuelven intolerantes con quienes piensen diferente. Esto genera separación, que es lo contrario de lo que la energía elevada de este Ascendente pide. Pueden caer en una actitud rígida y dogmática en este aspecto. Todos somos humanos, somos diferentes, pero tenemos los mismos derechos. Si el Ascendente en Acuario demanda libertad, también acepta que el otro la tiene. De esta manera podrán encarnar la energía de este signo lejos de las ataduras y los fanatismos, y realmente ser propiciadoras de los cambios que necesita el planeta.

Tampoco se conectan con el Ascendente en Acuario quienes siempre prefieren estar solos, si rechazan el vínculo con los demás y terminan aislándose. En especial, si por heridas de rechazos vinculares no saben relacionarse con los demás o siempre están llevándoles la contraria a los otros, lo cual generará mucho conflicto.

QUÉ TIPO DE SITUACIONES LES PONDRÁ LA VIDA POR DELANTE

Desde niñas han tenido que vivir cambios constantes: traslados de casa, de colegio, de barrio; los padres se pueden separar, les puede tocar vivir con uno y luego con el otro, etc. El cambio y lo inesperado, con desapegos forzados, llegarán una y otra vez.

Otra situación que resulta muy común es que cada que vez que quieren armar o dar forma a un proyecto ocurre algo que modifica los planes y tienen que ajustarse. O sienten que cuando logran tener estabilidad algo pasa y la pierden. Esto es así porque el Ascendente les pide que aprendan a navegar con lo imprevisto, a reaccionar «sobre la marcha» para acomodarse a lo que aparece de forma inesperada. Se convertirán en maestras en el arte de la improvisación porque tienen la misión de romper estructuras donde haya orden y rigidez. Si actúan evitando el cambio, este llegará. Por otro lado, si se disponen con flexibilidad ante la vida, lo más seguro es que les lleguen menos cambios forzados.

También sentirán que son diferentes a los demás, que no encajan, son excluidas o marginadas de los grupos. «No hay tribu para ti» parece ser el resumen de la experiencia.

Si las personas con este Ascendente niegan lo que las hace únicas y especiales se rodearán de gente «rara», loca y excluida. Personas que les cambiarán los planes, desarmarán las formas, no se comprometerán o reclamarán libertad.

ASCENDENTE EN ACUARIO EVOLUCIONADO

Las personas que ya integraron su Ascendente en Acuario son portavoces del futuro, lideran los procesos de reforma y cambio tan necesarios para crear nuevos órdenes y sistemas que beneficien a una mayor cantidad de personas. Su sentido de lo colectivo y de ser parte de la humanidad, respetando las diferencias individuales, es muy fuerte. Poseen una gran capacidad creativa que se plasma en innovaciones que permiten que la vida sea mejor para todos. Son especiales y algo excéntricas, disfrutan de expresar su particular estilo, aceptando que todos podemos hacer lo mismo. Se mueven bien en situaciones de cambio, saben acompañar todos los movimientos de la vida, aunque también gozan de la estabilidad cuando la viven.

CONSEJOS

Será fundamental que desarrollen y potencien la conexión con su primer chakra, pues por lo regular las personas con este Ascendente tienen problemas de conexión a Tierra. Su desafío es sentirse estables y en arraigo, independientemente de los cambios y movimientos que hagan en su vida. Para lograrlo tienen que comprender que la Tierra completa es su hogar y que su tribu es la humanidad. Será clave estar mucho en la naturaleza, con los pies descalzos, conectando con el planeta, con Gaia, su espíritu, pues será muy sanador y les dará mucha sensación de pertenencia.

Para sanar el tema del primer chakra será vital mirar las heridas emocionales que tienen asociadas al abandono, el desarraigo, la inestabilidad, la soledad y el rechazo; hacer terapias que vayan a esos espacios de incomodidad será muy importante. Asimismo, mirar el enojo que pueden sentir por haber sido rechazadas o excluidas de grupos a causa de ser diferentes es importante. El camino no será buscar algo que detenga este dolor, sino mirarlo y sanar esas heridas. Eso las ayudará a conectar con ellas mismas. La falta de pertenencia será abordada mediante la construcción de un refugio interno que las acompañe a todos lados, no importa dónde estén, ese «hogar» estará siempre con ellas. Si levantan su templo interno nunca se sentirán solas. Esto se logra mediante la conexión con su niña o niño interno sensible y vulnerable, dándole un espacio seguro. Hacer una práctica de meditaciones para conectar con este, así como «habitarse», será muy beneficioso para estas personas.

Ascendente en Piscis: «Deja de pensar, permítete sentir y fluir»

Trinidad tiene Ascendente en Piscis y siempre ha sentido demasiado, pero mucho, mucho. De pequeña detestaba ir a lugares con demasiada gente, solía sentir mucha ansiedad e incomodidad, al punto que una sensación de pánico la invadía. Cuando alguien que estaba sufriendo se ponía delante de ella la sensación de dolor que sentía era enorme.

Incluso muchas veces pensó que estaba un poco loca, veía y sentía cosas que no sabía cómo explicar. En ocasiones trató de decirles a los demás aquello que percibía, pero la miraban raro y le decían que era solo su imaginación.

Detestaba sentir tanto, ser tan sensible, y desconfiaba de su capacidad de percibir. Lo que ella quería era entender y llevar a palabras lo que sentía. Con el paso de los años se volvió muy mental y rígida, pero en el fondo de su ser siempre ha tenido miedo a sentir mucho y perder el control.

Cuando tiene que tomar decisiones importantes en su vida se siente muy confundida. Le cuesta saber qué es lo que en realidad quiere, muchas veces termina adaptándose a lo que los demás desean, sin siquiera darse cuenta.

ESTA PERSONA ESTÁ DESTINADA A INCORPORAR:

- Una extrema sensibilidad.
- La capacidad de sintonizarse con los ambientes y con las demás personas.
- La intuición y la percepción.
- Amor y compasión.
- Conectar con lo invisible que está a nuestro alrededor.
- Empatizar con la vulnerabilidad de otros y ayudarlos.
- Inspiración creativa, imaginación, magia y fantasía.
- Un pensamiento abstracto e ilógico.
- Ser espiritual.
- Darse espacios de silencio y conexión interna.

☼ Aprender a fluir y confiar en lo que la vida propone.
☼ Convertirse en una persona flexible.
☼ Un vida sintonizada con los demás y con los ideales de su alma.

Cuesta hablar de Piscis, porque este es un signo que no es fácil de explicar con palabras. Lo pisciano está asociado a emociones y sentimientos que nos colman, dejándonos sin palabras para comunicar y expresar aquello que estamos sintiendo. Esto implica que parte del desafío de estas personas sea fluir con el hecho de sentirse confundidas y con una gran dificultad para entender y contarles a otros todo lo que les pasa. Esto será parte de su viaje en esta vida; cuando Piscis nos embriaga, hace que la lógica desaparezca y que el caos de lo mágico surja. Piscis está relacionado con el hemisferio derecho del cerebro, el cual se vincula con lo no verbal y lo no racional. Podemos decir que cuando nos conectamos a Piscis el hemisferio izquierdo se apaga, no hay palabras, solo poesía. El mundo de este signo es de imágenes, símbolos, sentimientos, sueños, intuiciones y percepciones.

Este es el último signo de Agua y el que cierra la rueda zodiacal. Si en Aries la energía nos llevaba a la separación y al movimiento individual, un Yo que surge en el mundo separándose del Todo, en Piscis tenemos una polaridad opuesta, una donde el Yo se disuelve, desaparece y pierde fuerza. Donde nos volvemos a conectar con el Todo. En Aries un poco de agua del mar es separada del océano, por ejemplo, en un vaso, para así vivir su propio camino. En Piscis el agua es devuelta al océano. Esto implica que para estas personas su Yo esté conectado con algo mucho mayor que su propia individualidad; de hecho está vinculado con todo lo que hay a su alrededor, con todos los seres vivientes, con toda la naturaleza, con la vida misma. Manejar esto en la realidad es una gran prueba... y más aún que la vida se los exija todo el tiempo.

La vida les pedirá a estas personas que estén completamente abiertas, que se conecten sin filtros con lo que ocurra en su entorno y con quienes estén cerca. Esto significa permitir que las emociones que estén a su alrededor, las de las personas, los lugares y espacios en los que se encuentren las invadan, pues su Yo es tanto el Todo externo, así como su propio interior. Energéticamente, estas personas tienen un campo áurico muy poroso que las lleva a sentir demasiado, no les es fácil poner límites energéticos y emocionales. Un desafío será aprender a manejar su hipersensibilidad, ya que pueden angustiarse y apanicarse por sentir tanto. La energía de Piscis es una energía superyin, superfrágil, que se abre y se disuelve con el entorno y es tremendamente receptiva. Si el ambiente es agradable o maravilloso, será más fácil que las personas permanezcan contentas, pero si en él abundan la rabia, el resentimiento, el enojo o la violencia, pueden aterrarse con facilidad y «tragarse» todas esas emociones del ambiente. De esta forma se cargan de lo que sienten los demás, haciéndolo propio sin darse cuenta.

En el fondo Piscis pide disolver el Yo, lo personal, el ego, para aprender a fluir completamente con la vida y adaptarse a las experiencias con mucha sensibilidad. Esto, por supuesto, no es nada fácil. Primero porque resulta muy confuso: si yo debo ser uno con el ambiente, con todo lo que me rodea, ¿quién soy yo?, ¿dónde queda mi individualidad?, ¿dónde termino yo y empiezas tú? Este Ascendente pide mucha flexibilidad del camino personal, las personas aprenderán que el Yo se tiene que adaptar a las situaciones y los demás, muchas veces cambiando de planes. Al mismo tiempo, asumirán que no pueden olvidarse por completo de sí mismas, es decir, no pueden sacrificar siempre lo que quieren por los demás. El Todo incluye tanto la felicidad de lo externo como de lo interno. Básicamente, esto tiene que ver con escuchar su propia alma sabia, la cual sabrá cuándo adaptarse y cuándo poner límites.

Es vital tener claro que el camino personal no es fijo, ni depende del control del ego ni de la voluntad. En Piscis conectamos con el «Todo», con una sabiduría que va más allá del entendimiento humano. Esa acción individual que representa el Ascendente en Piscis se pone a disposición del alma de las personas bajo este signo, las cuales están completamente conectadas con el «misterio» de la vida, que está allá afuera. En palabras sencillas, las personas se moverán por lo que la parte más sagrada de su ser les pida, adaptándose a las circunstancias y fluyendo con lo que la vida les proponga. La acción individual no es lineal, ni hacia adelante; es como las mareas, es necesario dejarse sentir, fluir, seguir sus propias emociones y sensibilidad, así como las situaciones y los cambios que propongan los otros y la vida misma. Las personas tienen que permitirse ser influenciadas e inspiradas por los demás y por los ambientes donde están, lo cual modificará la acción personal. Claramente, esto puede ser en extremo incómodo para personas con mucho Fuego en su carta natal, pues querrán imponer su voluntad a toda costa. O alguien con mucha Tierra, que se organiza, estructura y pone un plan de acción de cómo será el camino. Con este Ascendente es todo lo contrario: dejar que el río de la vida las lleve, siguiendo la dirección de este, permitiendo que su alma —la cual está sintonizada con el Todo— «conduzca» el bote que va por el río, ya que en ella no hay diferencias entre lo de adentro y afuera y sabe qué es lo mejor para cada persona y los demás.

Otro factor importante es que, para poder fluir con la vida, es necesario comprender que no existe separación entre ellas y los demás. Que la individualidad egoísta y autónoma, donde el beneficio personal no considera el de otros, solo traerá dolor, desilusiones y decepciones. Esto significa que, entre más acepten que están conectadas con toda la vida a su alrededor y más sintonicen su camino personal con objetivos que generen un beneficio para el colectivo, mientras más alineadas estén con ideales trascendentales, más sintonizadas estarán con la energía de su Ascendente.

Otro aprendizaje es abrirse a lo ilógico, como decíamos antes, a lo que no puede comprenderse por la razón. Por ejemplo, un niño con este Ascendente va a un lugar y siente que allí no hay buenas energías, ¿cómo lo explica?, ¿cómo justifica que ahí hay algo que no le gusta? Sabe que, en estricto rigor, no «hay nada», pero lo siente de igual modo. Es absolutamente receptivo y capaz de percibir una gran cantidad de información que no puede procesar o incluso verbalizar porque no es algo que pueda comprender con su mente, sino más bien lo siente en el cuerpo. Por eso muchas personas con este Ascendente piensan que se están volviendo locas, porque desde pequeñas los demás les han dicho que aquello que experimentan no es posible.

En este sentido, es primordial tener cuidado con no caer demasiado en fantasías o ilusiones porque el límite entre lo real y lo que es parte del mundo de los sueños no siempre es tan claro. Con este Ascendente lo real se mezcla con lo fantástico y eso puede generar más confusión en estas personas.

¿Cómo, entonces, hacerlo? Conectándose, aprendiendo a encontrar espacios de no-mente, donde simplemente puedan fluir. Por ejemplo, el arte, la música, la fotografía, la danza, la meditación, el taichí, el reiki, estar en la naturaleza, todos los espacios donde las palabras no sirvan, donde se pueda ser uno con el ambiente. Además, instancias donde puedan trabajar su espiritualidad profunda, de retiro y magia. Estudiar las energías, conectar con su capacidad de canalización, meditación y sanación, pues conocer el «misterio» de la vida es parte de su camino evolutivo personal. De hecho, la espiritualidad es parte de su aprendizaje y camino personal.

Es importante que quienes tienen Ascendente en Piscis organicen su agenda para tener lugar para estas actividades, si se justifican que no tienen tiempo, recursos o interés en estos temas, esta energía las desbordará y serán presa, como decíamos, de todo tipo de idealizaciones y desilusiones.

Recordemos que estas personas tienen que aprender a moverse en el mundo guiadas por su intuición y sensibilidad. Además de usar esta energía creativa e inspiración de forma proactiva en su propia vida. Si no la canalizan con conciencia, dicha energía las «embriagará», llevándolas a idealizar y fantasear con lo que haya a su alrededor. Posiblemente tenderán a idealizar a las personas que conozcan y a todo lo que llegue a su vida, para luego desilusionarse cuando se den cuenta de que las cosas no son como «imaginaron». Por ello será clave realizar actividades artísticas en su día a día.

Piscis es un signo relacionado con el amor y la compasión hacia todos, sin límites ni diferencias. Por lo mismo, quienes lo tienen en su Ascendente aprenderán a expresar esos profundos sentimientos que están guardados en su interior; mostrarán su vulnerabilidad y ternura con fuerza y esto los llevará a expresar de manera muy hermosa su energía. Poseen el don de ayudar a los demás con la potencia de su corazón, porque sienten el dolor del otro, conectan con lo que les pasa a los demás, al punto de ser uno con ellos y, aunque sea confuso, no existe ninguna escuela donde este talento se pueda aprender.

Cuando las personas con Ascendente en Piscis integran esta energía y hacen un espacio para la magia, la creatividad, para ayudar y servir al otro, para conectar con su intuición y confiar en ella, la vida fluye. Comienzan a andar menos confundidas, empiezan a desilusionarse menos, se identifican más con ellas mismas y, en general, se sienten mejor. Los Ascendentes en Piscis son seres mágicos, compasivos, creativos y nunca tienen que olvidar que, ante todo, son seres de amor.

NO SE ACTIVA EL ASCENDENTE SI...

Como siempre ocurre, no es fácil conectar con la energía del Ascendente y muchas de estas personas no quieren sentir, se vuelven lógicas, prácticas y racionales. Cierran su sexto chakra y resultan en extremo mentales, lo que las aleja de su camino evolutivo. Se comportan como si fueran Virgo, no confían en su intuición, solo creen en lo demostrado por la lógica y tienden a hiperactivar la mente, pues no quieren sentir. Es importante recordar que estas personas sienten y perciben «todo» lo que está a su alrededor, lo visible e invisible a los sentidos, es decir, las emociones de los demás, las de los ambientes, las cargas energéticas, esotéricas, místicas y espirituales... sin embargo, estas sensaciones y percepciones no tienen lógica. Por eso se sentían muy raras cuando eran niñas, al punto de pensar que estaban locas. Así, activar su lado racional y mental activo es una forma de negar, bloquear y controlar dichas percepciones.

Por todo ello, mientras más repriman su intuición, más problemas pueden aparecer en su vida. Si tienen este Ascendente, es necesario exponerse a lo que es ilógico y a lo que no tiene explicación. Aprovecharán estos dones y habilidades porque si no frenarán su energía creativa y aparecerá la desilusión. Las personas con Ascendente en Piscis son verdaderas antenas que tienen la misión de bajar esta energía de gran potencial creativo a la tierra, creando ambientes más mágicos y compasivos en la realidad. Pero si no quieren conectarse con la vibración pisciana, esta se desbordará y dará pie a todo tipo de ilusiones, engaños y espejismos. Las personas tenderán a idealizar situaciones, trabajos, parejas y terminarán siempre desengañadas, lo cual básicamente ocurre porque no canalizan su energía creativa.

Tampoco se conectan con este Ascendente quienes no quieren sentir emociones o no les gusta la vulnerabilidad y la fragilidad, tanto la propia como la de los demás, pues suele generarles pánico, angustia o la sensación de ser invadidas por las emociones que no les son propias. Si se niegan a sentir, pueden atraer a su vida gente hipersensible y vulnerable. Terminan cuidando y haciéndose cargo de estas personas desbordadas. O pueden caer ellas mismas en estados de melancolía profunda y decepción. Algunas incluso pueden caer en drogas o alcohol, lo que funcionará como una forma de disolverse y perder la conciencia.

Si las personas con Ascendente en Piscis se aíslan y se niegan a compartir con otros, tampoco estarán conectándose con su energía. O si se vuelven egoístas e individualistas. También si se muestran violentas, agresivas y poco empáticas, pues recordemos que estas personas vienen a encarnar una energía de mucha compasión hacia sí mismas y los demás.

QUÉ TIPO DE SITUACIONES LES PONDRÁ LA VIDA POR DELANTE

Desde pequeñas, la confusión y la falta de claridad serán muy importantes en la experiencia-destino de estas personas. De partida, porque sentirán que las cosas nunca son como aparentan ser, siempre hay más capas de profundidad y misterios detrás de las apariencias. También percibirán las emociones y las cargas energéticas de los ambientes y personas a su alrededor, así como sensaciones e intuiciones que no sabrán cómo verbalizar, explicar y racionalizar, lo que hará de esta experiencia algo muy confuso y extraño. El no poder hablar y comunicar lo que sienten se volverá muy doloroso. Además de que su hipersensibilidad las obligará a hacer propios los deseos y las emociones de los otros, lo que generará confusión en las intenciones y los anhelos personales.

La falta de claridad puede ser proyectada hacia las otras personas, en cuyo caso sentirán que los demás no se comprometen, o que dicen algo y después otra cosa, que cambian constantemente de opinión e incluso mienten. Es normal que tengan conflictos y desacuerdos con otros debido a esto. Otras veces son ellas mismas las cambiantes y poco claras, dicen algo, después se arrepienten, a veces sin darse cuenta de sus propias modificaciones.

Muchas veces no saben hacia dónde moverse y conducir su vida. Se sienten confundidas y no saben cómo avanzar. Esto es así porque quieren elegir el camino desde su mente racional, y cuando esta toma el control, no hay espacio para la equivocación, por lo que optan linealmente. Como explicamos, esto no les funcionará y, si lo intentan, de cualquier manera se paralizarán. Más bien tendrá que actuar desde la intuición, la inspiración y la sensibilidad.

La magia pisciana suele envolverlas, haciendo que muchas veces no vean la realidad que hay a su alrededor. Sus sueños, fantasías y anhelos son proyectados hacia afuera, lo cual provoca que muchas veces se inventen lo que existe a su alrededor. Inevitablemente, esto causará que se desilusionen, en especial cuando las personas, los lugares y las experiencias se muestren como son en realidad y no como los habían idealizado.

Entre más nieguen su sensibilidad, será más probable que atraigan a personas hiperemocionales y sensibles a su vida, así como a gente poco lógica y racional, que hablará de temas esotéricos, místicos o paranormales, incluso, en algunos casos extremos, personas completamente disociadas de la realidad o a artistas y creativos que parecen estar más «fuera de la Tierra» que en el presente. Ya explicamos que tenderán a atraer personas muy vulnerables, heridas y frágiles, de las cuales muchas veces terminarán haciéndose cargo. Por un lado, el amor, el servicio y la compasión son parte de lo que vienen a incorporar, pero, si continúan sin conectarse con su propia fragilidad, lo que ocurrirá es que estos vínculos con personas vulnerables pueden hacer que pierdan sus propios límites y terminen sacrificándose en exceso por ellas.

ASCENDENTE EN PISCIS EVOLUCIONADO

Las personas con su Ascendente en Piscis integrado en la conciencia se entregan al misterio que las rodea. Su capacidad receptiva y resonante les permite funcionar de forma adecuada en la realidad, guiadas por su alma y no por su mente racional. Son personas muy dulces, protectoras, sensibles y con un fuerte deseo de ayudar a quienes sufren, pues el dolor de otros es el suyo y buscan suavizarlo lo más posible. Son artísticas y creativas, pero también espirituales. Conectan con los sueños y lo simbólico, su mente intuitiva guía sus pasos. Si bien son soñadoras e idealistas, también pueden funcionar en la Tierra conectadas con su naturaleza espiritual, sin escapar de las situaciones que la vida les irá poniendo por delante.

CONSEJOS

Las personas con Ascendente en Piscis conectarán con su poder intuitivo, para lo cual pueden aprender algún tipo de terapia energética para canalizar su don, además de hacer un espacio en su vida para meditar y desarrollar una actitud espiritual, ser receptivas a los mensajes que puedan recibir en forma de imágenes, intuiciones o través de sus sueños. Ayudar a otros desde el amor y la compasión es algo que está profundamente arraigado en su interior y que les permitirá sentirte unidas con el Todo.

Al realizar actividades artísticas y creativas, en especial donde no haya que pensar y solo deban fluir, donde se permitirán ser un canal creativo y de sensibilidad.

Es vital aprender a abrirse a sus emociones, por lo que sería recomendable tomar terapias de respiración, como Rebirthing (Renacimiento), las cuales les pueden ayudar a gestionar lo que sienten, como el pánico y la ansiedad, permitiéndoles a la vez centrarse en sí mismas y a abrirse a sus sentidos y percepciones.

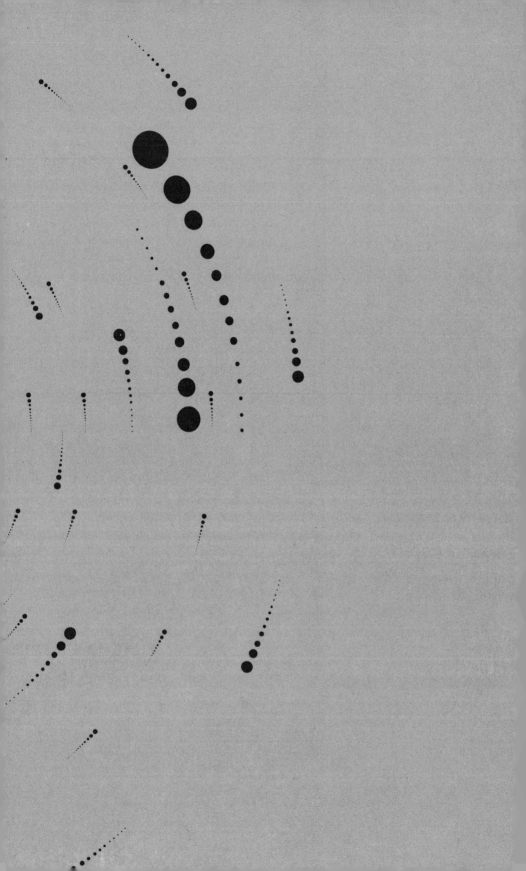

2
Nodo Norte

EL PROPÓSITO ESPIRITUAL QUE NOS LLEVA A TRASCENDER

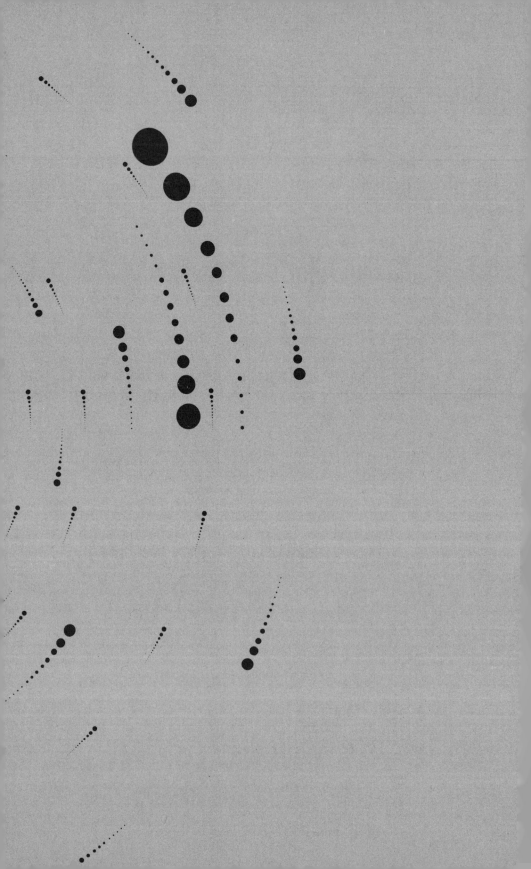

¿Cuál es el sentido espiritual de que estemos en la Tierra? ¿Por qué nuestra alma decidió encarnar aquí? ¿Qué es lo que nuestra alma viene a aprender? Estas son preguntas profundas que muy poca gente está dispuesta a hacerse. En el día a día estamos más preocupados por tener abundancia, ser felices en el amor, procurar que nuestra familia esté bien, nuestro trabajo nos satisfaga o realizarnos a nivel profesional. Estas preocupaciones son extremadamente importantes y válidas, pero por lo general monopolizan la atención en nuestra vida. Si estamos conectados con una búsqueda espiritual elevada o intuimos que en esta realidad hay aprendizajes trascendentales, entonces necesitamos respuestas y guías que nos lleven en una nueva dirección. Cuando nos permitimos escuchar nuestra voz interior, empezamos a entender que la vida tiene un sentido trascendental y que aquello que ocurre en la «realidad» esconde un aprendizaje que nos lleva a expandir la conciencia.

El estudio del Nodo Norte en la carta natal nos permite encontrar las respuestas que un buscador espiritual necesita para sintonizarse con su alma y con su propósito más elevado en la Tierra. Hasta ahora, en este libro, hemos hablado de uno de los propósitos fundamentales de la vida en la Tierra: el Ascendente, que está relacionado con la energía que cada quien debe integrar para salir al mundo y lograr sus objetivos. Como dijimos, el aprendizaje del Ascendente es obligatorio, es decir, la vida nos forzará una y otra vez a hacernos maestros en la energía de su signo. Por el contrario, la vida no nos obligará ni empujará a incorporar el signo del Nodo Norte. No nos presionará ni nos pondrá a prueba de forma constante para integrarlo. Esto hace que la gran mayoría de las personas ni siquiera se acerque a vivirlo. Solo aquellos valientes, comprometidos con su evolución espiritual, se permiten hacerlo.

En la astrología psicológica existen distintas escuelas y visiones, cada una les da mayor o menor importancia a los distintos puntos astrológicos que encontramos en la carta natal. Sin embargo, es curioso que, a pesar de las diferencias, todas las ramas coinciden en que el Nodo Norte representa un punto clave para dar un salto de conciencia. Se trata del aprendizaje espiritual que nuestra alma decidió tener aquí en la Tierra, una de las razones trascendentales de nuestra encarnación.

El Nodo Norte nos muestra la enseñanza de una energía totalmente nueva y desconocida para nosotros, algo que nunca hemos vivido o que no tenemos memoria de haber experimentado en encarnaciones previas.

CONECTAR CON LO QUE EL NODO NORTE NOS PROPONE NOS PERMITE ALINEARNOS CON UN DESEO PROFUNDO QUE SURGE DEL CORAZÓN DE NUESTRA ALMA, NOS LLEVA A UN NUEVO PLANO DE CONCIENCIA Y EXPANDE NUESTRA VIVENCIA EN LA TIERRA.

EL EJE NODAL: NODO NORTE Y NODO SUR
LECCIÓN ASTROLÓGICA

Antes de entrar en detalles acerca del Nodo Norte tenemos que saber que este punto tiene su contraparte, que es conocida como el Nodo Sur. Ambos puntos dan forma al eje nodal. Si queremos entender el significado real del Nodo Norte también debemos comprender lo que el Nodo Sur significa e implica.

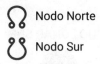

Nodo Norte

Nodo Sur

Los Nodos Norte y Sur son puntos astrológicos que se encuentran en total oposición en una Carta Natal, es decir, a 180° entre sí. En cada carta natal el Nodo Norte se encuentra en un signo y casa en particular, lo mismo ocurre con el Nodo Sur. Ambos se encuentran en el mismo grado, pero en signos y casas opuestas. Por ejemplo, en la imagen a continuación podemos ver que el Nodo Norte está en el grado 15° de Libra en la Casa X, por lo tanto, el Nodo Sur se encuentra en el grado 15° de Aries en la Casa IV.

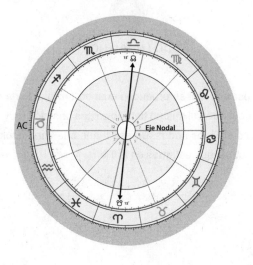

Astronómicamente hablando, el Nodo Sur y Nodo Norte no son planetas, ni estrellas fijas o asteroides, sino que son puntos en el cielo que nos señalan dónde se interceptan la eclíptica del Sol y de la Luna con respecto a la Tierra. Recordemos que el Sol y la Luna cruzan el cielo de la Tierra, cada uno siguiendo una trayectoria o eclíptica en particular. Existen dos puntos opuestos en el cielo por donde estas se cruzan. Una es conocida como el Nodo Lunar Norte, la otra como el Nodo Lunar Sur.

NODO LUNAR SUR

LUNA

SOL

NODO LUNAR NORTE

Los eclipses de Sol se producen cuando tanto la Luna como el Sol se encuentran al mismo tiempo en una posición muy cercana a cualquiera de los nodos. De esa manera la Luna oculta al Sol para nosotros, que estamos en la Tierra.

Nodos Lunares:
Puntos de Pasado y Puntos de Evolución

El Nodo Sur representa un *Punto de Pasado*, es decir, un punto que nos habla del pasado de nuestra alma, de lo antiguo, lo ya vivido, y que se vuelve una repetición constante en nuestra vida, que nos atrapa impidiéndonos avanzar. En cambio, el Nodo Norte representa un Punto Evolutivo, es decir, algo nuevo que venimos a aprender e incorporar. Algo que es desconocido para nuestra alma y que nos señala los pasos hacia «adelante» que venimos a dar en esta Tierra.[15]

Hay visiones de la astrología esotérica que dicen que los Nodos Lunares son portales: el Nodo Sur es la Cola del Dragón, el portal por donde nuestra alma entra al plano terrenal y nos conectamos con las memorias pasadas de esta. En cambio, el Nodo Norte es conocido como la Cabeza del Dragón, pues señala las nuevas experiencias que nos harán crecer. En palabras más simples, **el eje de los Nodos indica desde dónde viene nuestra alma (Nodo Sur) y hacia dónde va en su proceso de evolución (Nodo Norte).** A nivel astrológico, ambos factores dependen del signo y casas donde se encuentren los Nodos.

Como suele ocurrir, los Puntos de Pasado tienen mayor peso psicológico y poder inconsciente sobre nosotros. Esto significa que nos atrapan y condicionan sin que nos demos cuenta. La mayoría de nosotros vivirá desde lo que su Nodo Sur le pida, pues esto es algo muy cómodo, ya que nos lleva a comportarnos y rodearnos de algo que nos resulta muy familiar. Algo parecido a como pasa con Plutón dentro de la carta natal, solo que el Nodo Sur no lleva una carga dramática y de sufrimiento como lo hace Plutón.

Si nos imaginamos el eje de los Nodos como una balanza, en cada extremo con un Nodo diferente, nos daremos cuenta de que esta se encuentra completamente desbalanceada. La que tiene más peso y que carga la balanza es el Nodo Sur, que es el punto de mayor apego, inercia y

---

[15] Es importante aclarar que aunque tengas el Nodo Sur en un signo o casa determinados, eso no significa que en una encarnación pasada tu Nodo Norte estaba en ese signo o casa.

resistencia. La mayoría de la gente no le da espacio e importancia a lo que su Nodo Norte le pide. Es vital darnos cuenta de este desbalance en nuestra vida, de cómo nos negamos a hacer un movimiento de equilibrio para darle espacio a lo que el Nodo Norte nos sugiere. Este nuevo balance es justamente el aprendizaje más elevado que nuestra alma viene a vivir aquí.

Nodo Sur: «Mi Yo conocido»[16]

Como hemos dicho, este aspecto representa experiencias pasadas ya aprendidas por el alma, previas a esta encarnación. De cierta forma, podemos decir que el Nodo Sur es lo que en algún momento pasado de nuestras encarnaciones fue un aprendizaje nuevo a incorporar. Un paralelismo sería decir que este punto nos muestra lo que hemos aprendido y «estudiado» en el pasado. Es el indicativo de lo que ya hemos realizado, de lo conocido.[17]

Cada uno de nosotros tiene una combinación de Nodo Sur en signo y casa. Esto nos señala dos aprendizajes pasados que hemos realizado y «estudiado» antes de encarnar. En este capítulo aprenderemos qué significa el Nodo Sur en cada casa y signo (si quieres profundizar sobre los factores astrológicos del Nodo Sur ve al anexo II). Debemos tener claro que a la hora de interpretar nuestro Nodo Sur tenemos que combinar tanto lo que el signo como la casa nos muestran:

☼ El signo del Nodo Sur representa una energía que incorporamos previamente a esta vida. Por ejemplo, un Nodo Sur en Cáncer indica que en el pasado integramos la energía de cuidar, nutrir, proteger y contener. El

---

[16] Si quieres profundizar sobre los factores astrológicos del Nodo Sur, ve al anexo II.

[17] Si bien el Nodo Sur representa un aprendizaje pasado puede ser que para algunos represente aprendizajes pendientes, es decir, lecciones que no se incorporaron del todo en una vida pasada. ¿Cómo saber si es nuestro caso? Una forma es a través de un análisis astrológico de la Carta Natal (véase el anexo II). La otra manera de descubrirlo, mucho más sencilla y que no requiere análisis astrológico, es que cuando leamos el significado del Nodo Sur en cada casa y signo hagamos un ejercicio de autoestudio y evaluemos si realmente lo estamos viviendo con la calidad y la conciencia que demostraría un aprendizaje del alma que ha sido integrado a profundidad.

Nodo Sur en Aries indica que en el pasado aprendimos la energía de iniciar, de ser independientes, de avanzar en la vida y de movernos por lo que queremos.

☼ La casa del Nodo Sur representa un área de la vida donde tuvimos mucho que aprender en el pasado, previo a esta vida. Por ejemplo, Nodo Sur en Casa X indica que en el pasado aprendimos a estar en el mundo, fuera de nuestro hogar, liderando, asumiendo responsabilidades sociales, siendo figuras de autoridad. O Nodo Sur en Casa VII señala que en el pasado aprendimos a estar en el mundo de los vínculos y las relaciones, a cooperar, llegar a acuerdos, ponernos en el lugar del otro y sacrificar deseos individuales para poder conciliar con otro.

Es clave entender que, si bien estos aprendizajes del Nodo Sur fueron muy necesarios en el pasado del alma, hoy en día nos están limitando enormemente, pues están frenando nuestro crecimiento y evolución. Es decir, **el Nodo Sur nos habla de aprendizajes que se convirtieron en apegos de los que no queremos salir, que nos limitan y condicionan.** En este aspecto, sentimos la fuerza inconsciente de la costumbre y del camino ya conocido.

Una analogía que me encanta es la siguiente: imaginemos que el Nodo Sur fue la escuela. Por años estuvimos aprendiendo allí, desde el kínder hasta el bachillerato. Cuando termina el último año, es momento de dar paso a un nuevo aprendizaje y experiencia de vida. Puede ser estudiar en la universidad o en algún instituto, viajar por el mundo o ponernos a trabajar. Puede que hayamos sido estudiantes con muy buenas calificaciones, pero si nos negamos a avanzar y en vez de eso preferimos quedarnos un año más en la escuela, no creceremos jamás. Es como si en lugar de mirar hacia adelante, miráramos hacia atrás. Esto es lo que nos ocurre a todos con el Nodo Sur. Hicimos un aprendizaje que nos sirvió en su momento, pero que ya se volvió estático, pues nos impide abrirnos a nuevas posibilidades.

El apego del Nodo Sur carece del dramatismo de Plutón. Con el Nodo Sur no aparece nuestra sombra ni nuestro peor lado cuando nos «fuerzan» a salir de ahí. Aquí podríamos decir que simplemente hay mucha inercia y resistencia. Nuestra vivencia del Nodo Sur es como la de un buey gigante, que se echa en el suelo y simplemente no quiere moverse, no importa cuánto lo empujemos, este no se moverá. Inconscientemente nos negamos a salir del signo y la casa del Nodo Sur. Cuando hablo de «salir» me refiero a darnos el espacio para ir a lo opuesto, que es el signo y la casa del Nodo Norte. Es por este motivo que nos cuesta tanto ir al Nodo Norte y sostener la experiencia, pues, sin darnos cuenta, volvemos a actuar de la forma opuesta, ya que nos resulta cómoda, familiar y conocida.

Por ejemplo, si alguien tiene el Nodo Sur en la Casa I y está acostumbrado a hacer lo que quiere e imponer su voluntad, entonces ir a la Casa VII (que es donde está el Nodo Norte) puede ser muy incómodo, porque ahí tendrá que negociar, ponerse en el lugar del otro y compartirse. Sin darse cuenta, simplemente se impondrá al que tenga al frente o preferirá volver a estar solo, para poder hacer lo que le dé la gana y no sentirse limitado. Así el Nodo Sur habrá vuelto a ganar y reinar, quitándole la oportunidad de entregarse a la experiencia que el Nodo Norte le invita a vivir.

Ahora bien, tampoco hay que mirar al Nodo Sur con negatividad o juzgarnos por querer vivir ahí. Consideremos que es lo más natural del mundo hacerlo, pues es un punto extremadamente cómodo. En ningún caso el proceso evolutivo significa negarlo o reprimirlo, intentando hacer de forma extrema lo contrario (es decir, ir al Nodo Norte). Primero porque, a nivel evolutivo, cualquier tipo de polarización generará conflicto en nuestra vida; es decir, no se trata de pasar de un extremo de comportamiento para caer en otro. Segundo, porque en verdad no funciona hacerlo de esa manera. Intentar reprimir el Nodo Sur solo lo potenciará. Y tercero, porque el Nodo Sur nos habla de talentos y dones que traemos del pasado, de otras encarnaciones. No tiene sentido renunciar y negar lo que hemos aprendido antes. No hay que negarse a vivir estas energías, pero tampoco abusar de ellas, pues la dependencia se convertirá en un obstáculo en el crecimiento personal.

Muchas veces me ha pasado que cuando les pregunto a mis consultantes cuál creen que es su propósito espiritual en la Tierra me hablan de situaciones y objetivos que recuerdan a su Nodo Sur y no a su Nodo Norte. Cuando les explico que ese fue su aprendizaje en el pasado y que el actual es básicamente lo contrario se sorprenden bastante. Es algo que no le gusta escuchar a la mayoría de personas. La memoria del Nodo Sur y su fuerza es enorme en nuestro inconsciente, e influye en la dirección desde donde nos movemos en la vida. Es por eso **que, para ir al Nodo Norte, hay que hacer una elección que requiere mucha presencia y conciencia.**

Nodo Norte: «Mi Yo por conocer»

Para múltiples escuelas y visiones de astrología el Nodo Norte es un punto clave que nos conecta con nuestra evolución. Al acercarnos principalmente a la casa y luego al signo del Nodo Norte, abrimos una puerta para aprendizajes espirituales que nos permitirán sintonizarnos con nuestra alma. Es en ese instante cuando los milagros comienzan a ocurrir.

El aprendizaje espiritual que el Nodo Norte representa está dado por la combinación del signo y la casa de este, es decir, una energía y un área de experiencia. Esto significa que tenemos dos aprendizajes espirituales distintos, a menos que el signo del Nodo Norte esté correlacionado con la casa. Mientras que el signo del Nodo Norte representa una energía que venimos a incorporar en esta vida, la casa donde este se encuentra representa el área de la vida donde venimos a aprender a estar. **Para entender qué es lo que venimos a incorporar a nivel espiritual será fundamental combinar ambos aprendizajes, como aprenderemos más adelante en este capítulo.**

Entonces, ¿cuál es más importante, el signo o la casa del Nodo Norte? Aunque ambos importan, el que tiene un mayor peso es la casa del Nodo Norte. El eje nodal demora 18 años en dar una vuelta completa al zodiaco, lo que significa que cada año y medio cambia de signos. Es decir, todas las personas que nazcan en un año y medio compartirán un aprendizaje espiritual en común dado por el mismo signo del Nodo Norte. En cambio, la casa del Nodo cambia cada dos horas aproximadamente. Esto conlleva que, en un mismo día, nacen personas con el Nodo Norte en todas las casas, 12 combinaciones distintas. Por lo tanto, la casa representa un aprendizaje más específico y puntual.

Hemos dicho que el Nodo Norte representa lo que nuestra alma quiere aprender en la Tierra para crecer a nivel espiritual, pero es importante anotar que muchas veces el aprendizaje no tiene nada que ver con lo que solemos asociar con «lo espiritual» o, por lo menos, con el concepto *new age* de este término, que equipara la espiritualidad con lo místico, energético y esotérico. Bajo mi perspectiva, y también esto es lo que indican los nodos, todas las experiencias pueden ser espirituales, porque de todo puede aprender nuestra alma. Incluso lo que podemos considerar «mundano» o básico puede ser una gran oportunidad de crecimiento y expansión para el alma.

Para subrayar este punto basta con ver los aprendizajes que el Nodo Norte representa para las personas por signo y casa. A continuación un resumen:

- **Nodo Norte en la Casa I o en Aries:** vienen a aprender a ser independientes, a descubrir qué las motiva, a emprender en su vida y a iniciar.
- **Nodo Norte en la Casa II o en Tauro:** vienen a aprender la capacidad de manifestar y generar abundancia, de sostenerse económica y emocionalmente, de descubrir cuáles son sus dones, a quererse, valorarse y a descubrir que merecen ser felices.
- **Nodo Norte en la Casa III o en Géminis:** vienen a aprender a comunicar sus ideas, visiones y concepciones. A hablar en un idioma que todos puedan entender, aprendiendo distintas formas de comunicación.
- **Nodo Norte en la Casa IV o en Cáncer:** vienen a aprender a construir una familia y un hogar, a nutrir a otros. A escuchar sus necesidades emocionales y satisfacerlas. A dedicar tiempo a su hogar y conectar con sus ancestros y linaje.
- **Nodo Norte en la Casa V o en Leo:** vienen a aprender a brillar, mostrar su luz al mundo, a descubrir sus potenciales creativos y atreverse a mostrárselos a los demás. Es muy importante aterrizar sus ideas creativas y plasmarlas en la realidad.

☼ **Nodo Norte en la Casa VI o en Virgo:** vienen a aprender a ordenarse, cuidarse, tener hábitos y rutinas saludables. Aprender lo que significa el esfuerzo y dedicación a una causa mayor que el propio Yo. Asimismo, a ayudar y servir a otros.

☼ **Nodo Norte en la Casa VII o en Libra:** vienen a aprender a compartir con otro, estar de a dos, ceder, llegar a acuerdos, descubrir la satisfacción que se logra al crear entre dos y a aprender a ponerse en el lugar del otro y escuchar a los demás.

☼ **Nodo Norte en la Casa VIII o en Escorpio:** vienen a aprender a «morir y transformarse», a entender los ciclos de cambio, a mirar su sombra, a confrontar y sanar sus traumas, a generar recursos de a dos, a espiritualizar la sexualidad.

☼ **Nodo Norte en la Casa IX o en Sagitario:** vienen a aprender a explorar, a salir de los lugares conocidos, a viajar, a correr riesgos y confiar en la vida. A seguir su instinto e intuición. A escuchar su propia voz y llegar a sus propias conclusiones acerca de los misterios y el sentido de la vida.

☼ **Nodo Norte en la Casa X o en Capricornio:** vienen a aprender a salir al mundo, a lograr sus metas y objetivos. Conocer las reglas de la realidad, así como autosostenerse en el mundo. A ser figuras de autoridad, líderes que aporten al colectivo.

☼ **Nodo Norte en la Casa XI o en Acuario:** vienen a aprender a trabajar en equipo, a poner su energía creativa a disposición de los demás, para crear en un grupo. A conectarse con causas sociales que ayuden al colectivo. Asimismo, a aprender a diferenciarse, mostrando lo que las hace únicas, incluso si los demás no lo aprueban.

☼ **Nodo Norte en la Casa XII o en Piscis:** vienen a aprender a conectar con su alma, a conectar con la espiritualidad, tener espacios de retiro, meditación y silencio. A mirar su inconsciente y hacia su interior. A confiar en su intuición y en lo sagrado que hay en ellas mismas.

Como vemos, los aprendizajes espirituales del Nodo Norte son de todo tipo. No todos están directamente relacionados con lo que consideraríamos espiritual desde la perspectiva *new age*. Esto es prueba de que todas las experiencias en la Tierra son terreno fértil para evolucionar. No hay ninguna más elevada o válida que otra. Nuestra alma puede estar destinada a aprender a generar abundancia, a relacionarse en pareja o a aprender a alcanzar metas profesionales y no por eso tener un propósito menos espiritual. En todo hay una oportunidad para crecer y que la conciencia aprenda algo nuevo.

Lo que sí es claro es que, para la gran mayoría de las personas, el Nodo Norte representa algo totalmente nuevo y desconocido. Es un anhelo profundo que nuestra alma tiene, algo que realmente quiere vivir aquí en la Tierra. No tenemos registro ni memorias de esas experiencias, ni hemos profundizado en esa energía (signo), ni área (casa). Por el contrario, en nuestros aprendizajes pasados hemos estado profundizando en lo opuesto (Nodo Sur). Por ejemplo, si alguien tiene el Nodo Norte en la Casa VII, entonces esta persona no sabe lo que en realidad significa compartir, crear de a dos, ver a la persona que se tiene al frente como un igual. No lo sabe porque nunca lo ha hecho, está acostumbrada, por su Nodo Sur en Casa I, a estar parada en sí misma, siempre viendo su beneficio personal e intentando hacer lo que quiere. Aquí no estoy juzgando la expresión del Nodo Sur, solo que este desequilibrio se debe a haber repetido y aprendido demasiado de las experiencias del Nodo Sur en el pasado. Permitirnos vivir la experiencia totalmente nueva que nos trae el Nodo Norte expandirá nuestra vida y nos permitirá verla con otros ojos.

El Nodo Norte es un faro de luz que nos indica el siguiente paso en el camino hacia la expansión del alma. Nos señala un camino de crecimiento personal que tendrá un efecto real en nuestra vida, pues si les hacemos espacio a la casa y al signo del Nodo Norte empezarán a desbloquearse circunstancias que antes nos parecían complejas. Además, nos ayudará a sintonizarnos con nuestra alma y nuestro Yo esencial.

Eso sí, el Nodo Norte pide calidad. No basta con hacer lo que la casa y el signo nos pidan, sino que hay que vivir esa área de la vida y esa expresión energética de la forma más elevada y desde el más alto nivel de conciencia posible. Por ejemplo, el Nodo Norte en la Casa X nos pide ser líderes, pero líderes que aporten al colectivo, que sean magnánimos. No personas que simplemente quieran poder para hacer lo que deseen y que no aporten. O el Nodo Norte en la Casa VII pide aprender a compartir de a dos y llegar a acuerdos. No bastará simplemente con estar con muchas parejas y terminar cada vez que no nos sintamos comprendidos o que no se haga nuestra voluntad; más bien nos pedirá calidad en las relaciones.

Como vemos, activar el Nodo Norte implica mucha conciencia personal, energía, fuerza de voluntad, aceptación, participación e involucramiento en nuestra vida.[18] No se llega al Nodo Norte solo con buenas intenciones. Es necesario tomar una decisión consciente de vivir experiencias que nos saquen de nuestra zona de confort y que inicialmente nos pueden incomodar, pues sentiremos que perderemos la familiaridad que nos brinda el Nodo Sur.

También el Nodo Norte expande nuestra conciencia, pues es necesario permanecer en presencia, anclados en el «ahora», para elegir minuto a minuto ir hacia lo nuevo. De lo contrario, la inercia y nuestro inconsciente nos llevarán de vuelta al Nodo Sur. El Nodo Norte nos pide estar conectados con nuestro Yo esencial en cada instante, mantenernos despiertos. Esto tiene un efecto en todas las áreas de nuestra vida, pues cada vez seremos más conscientes de lo que realmente queremos vivir, no actuando de forma inconsciente en «piloto automático».

Si en verdad nos entregamos a lo que este aspecto nos pide, soltando la resistencia del Nodo Sur, podremos vivir experiencias totalmente desconocidas que nos lleven a redefinir quiénes somos y a qué le damos importancia. Entonces, nuestra vida dará un vuelco y descubriremos un potencial que no habíamos visto dentro de nosotros, pero que anhelábamos vivir en lo profundo de nuestro ser. La clave estará en aprender a integrar la experiencia del Nodo Sur con la del Nodo

---

[18] Si tienen mayores conocimientos de astrología los invito a estudiar el anexo III, donde detallo todos los factores astrológicos relevantes a considerar a la hora de interpretar el Nodo Norte en una carta natal. Estudio el significado de los distintos aspectos de este, así como qué significa la conjunción de un planeta al Nodo Norte; de hecho, especifico el significado de la conjunción de cada planeta a este punto evolutivo.

Norte, pues al permitirnos vivir ambas experiencias se producirá el gran despertar.

Puede que al principio nos cueste un poco, de la misma forma en que el estudiante de colegio puede sufrir durante su primer año de universidad cuando tiene que acostumbrarse a las nuevas experiencias y exigencias que le son totalmente desconocidas y nuevas. Pero pronto agradeceremos haber dado el salto y poder crecer gracias a las experiencias y vivencias nuevas.

A continuación veremos la explicación del Nodo Norte por casas y signos. El título de cada apartado incluye una casa y un signo por cada Nodo Norte.

Por ejemplo: Nodo Norte en la Casa I o en Aries.

Este apartado está escrito para todas las personas que:

a) Tengan el Nodo Norte en la Casa I, **independientemente del signo donde tengan este aspecto.**

b) Tengan el Nodo Norte en Aries, **independientemente de la casa donde tengan este aspecto.**

Si quieren obtener una lectura más completa del Nodo Norte les sugiero leer los dos apartados: aquel indicado para la casa donde está el Nodo Norte y aquel indicado para el signo donde se encuentra.[19] Después pueden combinar ambas informaciones como les explico en el siguiente recuadro:

---

[19] En caso de que la casa y el signo del Nodo Norte estén explicados en el mismo apartado solo hará falta leer esa información. Es el caso, por ejemplo, de alguien que tenga el Nodo Norte en la Casa II y en Tauro.

CÓMO INTERPRETAR EL NODO NORTE COMBINANDO CASA Y SIGNO

Paso 1. Estudien el significado de la CASA en la que se encuentra el Nodo Norte: Busquen el apartado correspondiente en el índice de este libro y lean la información detallada. Observen los nuevos aprendizajes que ustedes o la persona para la que están haciendo la lectura viene a aprender. Los que tengan más conocimientos astrológicos, tomen también en cuenta la información correspondiente al Nodo Sur, la cual habla sobre los aprendizajes pasados o pendientes.

Paso 2. Estudien el significado del SIGNO en el que se encuentra el Nodo Norte: Busquen el apartado correspondiente en el índice de este libro y lean la información detallada. Observen los nuevos aprendizajes que ustedes o la persona para la que estén haciendo la lectura viene a aprender. Los que tengan más conocimientos astrológicos, tomen también en cuenta la información correspondiente al Nodo Sur, la cual habla sobre los aprendizajes pasados o pendientes.

Paso 3. Integren el aprendizaje del Nodo Norte: Combinen la lección evolutiva del signo y de la casa donde se encuentra el Nodo Norte. Para que tengan alguna visión práctica de cómo hacer en el paso 3 les daré algunos ejemplos de interpretación.[20]

---

[20] Si tienen más conocimientos de astrología los invito a estudiar el anexo IV, donde doy el ejemplo de cómo interpretar un Nodo Norte que a primera vista parece ser contradictorio.

EJEMPLOS DE INTERPRETACIÓN:

a) **Persona con Nodo Norte en Casa VII y en Cáncer.** El aprendizaje de la Casa VII nos muestra que la persona viene a «compartirse» con otros, a estar de a dos, a dar importancia a los temas de pareja, amigos y socios. Tiene que darse el tiempo para sus proyectos y caminos personales, al mismo tiempo que les da prioridad a los vínculos y a los espacios compartidos. El aprendizaje de Cáncer nos muestra que la persona viene a aprender a conectar con sus emociones, sensibilidad y vulnerabilidad, siendo más empática y sensible consigo misma y con otros, aprendiendo a conectar y nutrir con sus necesidades emocionales y las de los demás. Es importante dejar de lado parte de su exigencia, responsabilidad y metas profesionales para dar más espacio al hogar, la familia y la intimidad. La combinación de ambos aprendizajes nos muestra a alguien cuyo camino está en los vínculos emocionales e íntimos, en aprender a ver al que tiene al frente, escucharlo, cuidarlo y nutrir sus necesidades emocionales. Hay una gran lección en el hecho de ir restándoles importancia a la individualidad, el trabajo y las responsabilidades para que haya espacio y tiempo para construir un hogar, una familia e incluso tener hijos.

b) **Persona con Nodo Norte en Casa V y en Virgo.** El aprendizaje de la Casa V está en conectar con las habilidades creativas y artísticas, de manera que la persona se atreva a expresar su potencial expresivo al mundo. Es clave que la persona termine y complete los proyectos personales y sus obras creativas, que no las deje sin concluir o que estas sean solo ideas en su imaginación. Tiene que aprender a conectar más con su individualidad, para no vivir en función de sus amigos y colectivos. El aprendizaje de Virgo muestra que la persona viene a tener disciplina, orden, hábitos y autocuidado, velando por su salud y sanación personal.

Puede haber una tendencia a vivir en sus fantasías, sueños e ilusiones, más que de habitar en la realidad del mundo. Puede ser que la persona evite el trabajo que implique un mayor esfuerzo o sacrificios. También hay una lección respecto al servicio y el ayudar a otros. La combinación de ambos aprendizajes muestra a alguien que viene a dedicar tiempo, energía y esfuerzo en realizar creaciones artísticas y proyectos personales de forma concreta en el mundo, de la manera más excelente posible. Es posible ver una doble tendencia a sobreimaginar y vivir en el plano mente/fantasía, lo cual puede complicar el enfoque en la realidad, tener perseverancia y realismo. Es clave darse tiempo de conexión personal y autocuidado. Para lograr brillar hay que ordenarse, cuidar hábitos y tener disciplina personal, así como planificar los pasos y tiempos para alcanzarlos. Es muy recomendable que la persona desarrolle alguna expresión artística que se concentre en la técnica y en el detalle, incluso conectando con las ganas de ayudar y servir a otros mediante su expresión personal.

Nota: El paso 3 puede requerir más práctica de interpretación o mayor fluidez y dominio de conocimientos astrológicos. Si no se sienten cómodos o listos, para esto, no se preocupen. Con solo revisar los pasos 1 y 2 podrán darse una muy buena idea de cómo integrar los aprendizajes del Nodo Norte que estén investigando.

NODO NORTE EN LOS 12 SIGNOS Y CASAS

Nodo Norte en la Casa I o en Aries

Vivian siempre ha vivido en función de los otros, de su madre durante su infancia y de sus parejas durante casi toda su vida. Le cuesta estar sola; de hecho, generalmente busca estar con alguien a la hora de hacer algo para entretenerse. De su perra Blanqui no se separa y vive muy atenta de que siempre esté bien. Como está tan atenta a los demás, le cuesta escucharse a sí misma, muchas veces no sabe lo que quiere para sí. Al terminar su última relación hizo un hermoso proceso terapéutico donde conectó consigo misma, empezó a hacer lo que le gusta y fue fiel a su corazón; su vida tuvo un gran cambio. Pero unos meses después conoció a su actual pareja y rápidamente perdió la conexión consigo misma, adaptándose al tipo de vida y a las actividades de su novio.

APRENDIZAJES ESPIRITUALES

Estas personas están destinadas a aprender a descubrir su propia **individualidad, libertad personal, sentido de identidad,** de llevar la vida en la dirección que su corazón quiere, así como emprender, iniciar y correr riesgos, además de aprender a moverse de forma autónoma e independiente, sin depender de los demás o esperar que otros las acompañen y les digan lo que tienen que hacer. Es clave conectar con ellas mismas, para averiguar quiénes son y qué es lo que desean para su vida. Asimismo, es primordial tener el valor para tomar decisiones personales y llevarlas a cabo, aunque a los demás les incomode.

EL PASADO Y LA MEMORIA DEL NODO SUR EN LA CASA VII O EN LIBRA

Dedicaron mucho tiempo a compartir de a dos, tener vínculos de amistad, de socios y de pareja; se entregaron por completo a otro o a personas cercanas. Desarrollaron la capacidad de ponerse en el lugar del otro, escuchar y saber qué es lo que el otro necesita, y aprendieron el arte de conciliar y dar al otro lo que quiere. Es común que hayan vivido en función de otros y hayan compartido siempre su tiempo. Son personas que pudieron haberse olvidado de sí mismas y de lo que realmente quieren para su vida, se postergaron y pusieron atención en el otro. Esto significó descuidarse y desconectarse de sí mismas.

MAYOR RETO: LOGRAR INDEPENDENCIA

A estas personas les suele costar estar solas, prefieren permanecer acompañadas o moverse según las necesidades de otros. Muchas veces les resulta difícil tomar sus propias decisiones, por lo que les cuesta centrarse en sí mismas y llevar su vida en la dirección que quieren. De hecho, algunas tienen la tendencia a dejarse influir por la opinión de los demás y a esperar que estos les digan exactamente lo que tienen que hacer. Conozco personas con este Nodo Norte que logran desarrollar su propia individualidad cuando están solteras, pero cuando vuelven a estar en pareja la dejan de lado porque se sobreadaptan a su pareja.

GUÍA: DESCUBRIR QUIÉN SOY Y QUÉ QUIERO

Es importante que estas personas tomen conciencia de que suele ser difícil para ellas saber qué es lo que quieren para su vida, más allá de la influencia de los demás. Están acostumbradas a enfocarse en las necesidades de los otros, pero no a escucharse a sí mismas. Aquí no me refiero solo a parejas, pueden ser amigos, socios y compañeros de cualquier índole.

¿Cuáles son las verdaderas motivaciones detrás de sus acciones? Es algo que deberían preguntarse. «¿Me muevo por lo que quiero, en función de los demás o simplemente porque no quiero sentirme sola o abandonada?». Otra cosa que tienen que aprender es a reconocer sus verdaderos deseos: escuchar su corazón. Es clave que se den tiempo para conectarse consigo mismas y que se pregunten qué desean y hacia dónde quieren dirigirse. Para hacer esto tienen que aprender a aislarse, para estar libres de las influencias de otros.

Vivir esto puede ser difícil, pues su alma se acostumbró a enfocarse en las necesidades de otras personas, pero es algo que tienen que hacer para evolucionar, además de reconocer sus verdaderas virtudes y los deseos de su Yo interno, aquello de lo que realmente habla su corazón, y dirigir su vida de manera individual en esa dirección, no acompañadas.

Tendrán que desarrollar más independencia e individualidad para:

- Moverse con mayor libertad.
- Lograr lo que en verdad quieren y no lo que otros esperan.
- Sostener sus decisiones y ser más autónomas en el mundo.

Este Nodo Norte no se manifiesta con calidad si las personas toman decisiones personales, pero las cambian porque sienten que los demás se enojan o porque se activa su miedo a la soledad.

NO HAY CONEXIÓN CON EL NODO NORTE EN LA CASA I O ARIES SI:

- Se niegan a estar solas o vivir experiencias individuales en soledad.
- Nunca se movilizan por lo que quieren en el mundo.
- No se dan espacios para conectarse con ellas mismas y con lo que quieren.

EQUILIBRIO ENTRE NODO NORTE Y NODO SUR

Para poder realmente compartir de forma equilibrada con otro, en armonía y donde haya una relación entre dos iguales, es fundamental que cada uno de los miembros de la relación tenga espacio para desarrollar su propia individualidad y su propia vida. Si no, comienzan a producirse proyecciones donde «creo que mi felicidad personal la voy a obtener de la relación o que la otra persona me la tiene que dar». Esto puede llevar a que se carguen de resentimiento, pues postergan y al final no obtienen lo que quieren. O a comportamientos más controladores en los vínculos, pues piensan que su felicidad depende del otro. Este Nodo Norte no indica que deban quedarse solas y no compartir; más bien que se den espacio para escucharse, para priorizar sus deseos y necesidades y que sean fieles a ellas mismas. Así podrán estar con alguien donde se construya una relación más honesta y donde se amen al unir los caminos individuales en una danza en común.

ESENCIAS FLORALES PARA CONECTAR CON EL NODO NORTE EN LA CASA I O EN ARIES

Si quieren activar la energía del Nodo Norte en la Casa I o en Aries les recomiendo esta fórmula floral.

Consideren que esta esencia puede mover temas emocionales y algunas veces generar sensaciones de incomodidad. Si quieren tomar esta fórmula, es aconsejable que lo hagan de la mano de un terapeuta que los acompañe en su proceso evolutivo de conectar con su Nodo Norte. Recuerden que llamar a su energía puede ser incómodo, pues los sacará de la zona de confort.

Manden a hacer la siguiente fórmula a una farmacia natural o donde tengan esencias florales. Es recomendable tomar la fórmula tres veces al día, virtiendo cuatro gotas bajo la lengua. Idealmente al despertar, cerca de la mitad del día y antes de dormir.

- Gorse —del sistema Bach— poner 3 gotas en la fórmula.
- Banana —del sistema Fes California— poner 3 gotas en la fórmula.
- Centaury —del sistema Bach— poner 3 gotas en la fórmula.
- Scleranthus —del sistema Bach— poner 3 gotas en la fórmula.
- Willow —del sistema Bach— poner 3 gotas en la fórmula.
- Sweet Chestnut —del sistema Bach— poner 3 gotas en la fórmula.

☼ Holly —del sistema Bach— poner 3 gotas en la fórmula.
☼ Pine —del sistema Bach— poner 3 gotas en la fórmula.

Nodo Norte en la Casa II o en Tauro

Renata tiene casi 50 años, toda su vida la ha hecho dedicada a su familia y a su pareja, poniendo total atención en ellos. Nunca trabajó, pues su marido tenía un cómodo sueldo que alcanzaba de sobra en el hogar; además, sentía que su marido la prefería en la casa, lo que con los años le generó un gran resentimiento. Se entregó a la crianza de sus tres hijos, dedicando su tiempo y atención a que fueran lo más felices posible. En sus palabras: «Me postergué para darle a mi familia lo mejor».

Hace unos meses comenzó una terapia gestáltica, donde la terapeuta la fue confrontando y ayudándole a ver con otros ojos la otra verdad detrás de sus palabras. Un primer punto, importante y doloroso, fue darse cuenta de que en realidad siempre dudó de sí misma y de sus capacidades para generar dinero. No creía que pudiera hacerlo, ni que tuviera algo especial dentro de sí que valiera. De esta manera, el «acuerdo» de su marido la dejó tranquila en un nivel muy profundo. También pudo ver lo controladora y posesiva que era con todas las personas del hogar. Manipulaba a sus hijos para que actuaran como ella prefería, lo que hacía que ella estuviera en un estado constante de sufrimiento y drama, pues siempre vivía alterada, porque necesitaba sentir que todo fuera perfecto y estuviera bajo su control. Hoy en día está dándole mucho más espacio a su familia y, en el tiempo libre que tiene, quiere dedicarse a leer tarot y a trabajar en todos los temas esotéricos que tuvo como hobbies durante los últimos 15 años.

APRENDIZAJES ESPIRITUALES

El aprendizaje está en **autosostenerse a nivel material y emocional**, descubriendo y potenciando sus capacidades para generar abundancia y materializar en el mundo. Estas personas vienen a descubrir cuánto valen, cuántos recursos valiosos tienen dentro de sí, para construir una autoestima sana y una sensación de valor personal. Aprenderán a usar sus talentos, dones, recursos y esfuerzos para alcanzar un nivel de seguridad en el cual no dependan de otros, el cual refleje las necesidades reales de su alma, al tiempo que descubren su capacidad de manifestar justamente aquello que necesitan.

Otro gran aprendizaje es **la estabilidad, la calma, el goce y el disfrute.** Valorar todo lo bueno que hay en su vida, y disfrutar de la naturaleza, de lo orgánico y de sus sentidos. Además de aprender a vivir en el presente, apreciando lo que existe en «este momento». Asimismo, tienen que conectar con su cuerpo, aprendiendo a valorarlo, estar presentes en él y escuchar sus necesidades. En suma, estar atentas de lo que su cuerpo necesita, para poder dárselo. La evolución está en ir dejando atrás sus deseos, obsesiones y necesidad de control para simplificar su vida y gozar más de ella.

Es clave que aprendan a no depender de otros para obtener estabilidad económica o emocional. Para ello tienen que aprender a autogestionar sus propias emociones, apegos y necesidades de control en los vínculos. Es importante que, al vincularse con otros en intimidad y cercanía, vayan soltando sus deseos de control y de utilizar a los demás.

EL PASADO Y LA MEMORIA DEL NODO SUR EN LA CASA VIII O EN ESCORPIO

Dedicaron mucho tiempo y energía al aprendizaje de la intimidad y la fusión con otros. Esto las llevó a que vivieran muy centradas y apegadas a sus vínculos íntimos. Así, descubrieron los juegos de poder y de control que se dan en las relaciones. El aprendizaje estaba en aprender cómo obtener lo que se desea a partir de los demás. El exceso de este aprendizaje las llevó a depender de otros para satisfacer sus deseos.

Algunas de estas personas tienden a obtener de otros, mediante el control, manipulación o codependencia, aquello que necesitan a nivel material y económico. Es importante ver cómo se fue generando esa fuerte codependencia emocional que puede llevarlas a la posesividad vincular, la necesidad de control y a dramas en los vínculos cercanos, pues, inconscientemente, estas personas buscan obtener la seguridad emocional a partir del control y de que el otro actúe de la forma como desean. En el pasado no desarrollaron su capacidad personal de autonomía en las distintas áreas de la vida.

En el pasado también aprendieron de la energía de muerte y transformación, de los ciclos de cambio y regeneración. No obstante, al quedar estancadas en esta energía, están acostumbradas a vivir en un estado de intensidad, de crisis constantes y de no saber cuándo estar en calma y soltar el sufrimiento. Pueden decir que quieren calma, pero no saben habitar esta energía (pues no conocen el signo o casa opuesta).

MAYOR RETO: CONFIAR EN SU VALOR PERSONAL Y RECURSOS

Algunas personas con este Nodo Norte dudan de su capacidad para sostenerse en el mundo de forma autónoma. Pueden tener heridas de inseguridad, de falta de valoración y de creer que no poseen recursos dentro de sí para sostenerse u obtener la valoración de los demás. El salto evolutivo está en aprender a desarrollar y construir un sentido sano de valor propio, confianza y seguridad personal. Vivirán experiencias donde no dependan de otros y tengan que autosostenerse. Esto les permitirá creer en sus capacidades para generar abundancia y recursos.

Correr riesgos para valerse por sí mismas, económica o emocionalmente es clave. He conocido personas con este Nodo Norte que se autosostienen a nivel material, pero a nivel emocional son extremadamente codependientes y posesivas. Sin embargo, consideremos que este nodo pide la evolución de ambas experiencias.

Recordemos que el Nodo Norte pide calidad, por lo tanto, será importante aprender a autosostenerse haciendo algo que disfruten y que sientan que genere valor. De igual forma, la capacidad de abundancia no se desarrollará desde la carencia o la acumulación, sino de darse lo que necesitan para ser felices y vivir la vida que quieren.

GUÍA: DEJAR EL DRAMA Y EL SUFRIMIENTO

Inconscientemente, estas personas viven apegadas al drama y al sufrimiento, los cuales surgen cuando quieren controlar a otros o cuando intentan satisfacer todos sus deseos. Por lo general no se dan cuenta de esto y culpan a los demás o se quejan de la vida. Este drama también puede surgir en los vínculos cuando intentan controlar a su pareja o a personas cercanas, cayendo muchas veces en la manipulación. Esto las puede llevar directo al terreno «sombrío» de la Casa VIII o en Escorpio, muchas veces con desbordes, perdiendo el control, cayendo en celos, dramas y siendo capaces de cualquier cosa con tal de obtener lo que quieren.

Es importante que construyan un claro sistema de valores éticos que les permita autorregular la necesidad de cumplir sus deseos. Dicho sistema establecerá con claridad cuáles son los límites que no se pueden cruzar. La clave desde la Casa II o en Tauro está en buscar una vida más estable y tranquila. Esto llega cuando logran conectarse con su cuerpo y sus necesidades orgánicas. No hay que pensar en *qué es lo que desean,* *sino en qué es lo que su cuerpo necesita.* **Es necesario renunciar a lo que quieren para darse lo que realmente necesitan.**

NO HAY CONEXIÓN CON EL NODO NORTE SI:

- ☼ No se atreven a trabajar, materializar y arreglárselas por sí mismas en el mundo.
- ☼ Siguen «atrapadas» en el drama y el sufrimiento, en especial en sus vínculos con otros.
- ☼ Siguen sufriendo porque las «cosas» en el mundo no son como desean. No valoran todo lo bueno que hay en su vida.

EQUILIBRIO ENTRE NODO NORTE Y NODO SUR

Los procesos de muerte y transformación son una constante de la realidad, todo lo que nace morirá en algún momento. De la misma forma, después de que algo muere, es necesario dar espacio para que la vida, la calma, la sanación y el crecimiento surjan. Si estas personas viven constantemente en un estado de drama y sufrimiento no permitirán que lo nuevo, bello y valioso llegue a su vida. Como un volcán que no para de hacer erupción y no permite que la vida pueda crecer de nuevo a su alrededor. La maestría de la integración de estos dos nodos es la de la vida misma, el ciclo de regeneración, muerte y nacimiento.

ESENCIAS FLORALES PARA CONECTAR CON EL NODO NORTE EN LA CASA II O EN TAURO

Si quieren activar la energía del Nodo Norte en la Casa II o en Tauro les recomiendo esta fórmula floral.

Consideren que esta esencia puede mover temas emocionales y algunas veces generar emociones de incomodidad. Si quieren tomar esta fórmula, es aconsejable que lo hagan de la mano de un terapeuta que los acompañe en su proceso evolutivo de conectar con su Nodo Norte. Recuerden que llamar a su energía puede ser incómodo, pues los sacará de la zona de confort.

Manden a hacer la siguiente fórmula a una farmacia natural o donde tengan esencias florales. Es recomendable tomar la fórmula tres veces al día, vertiendo cuatro gotas bajo la lengua. Idealmente al despertar, cerca de la mitad del día y antes de dormir.

- Gentian —del sistema Bach— poner 3 gotas en la fórmula.
- Chicory —del sistema Bach— poner 3 gotas en la fórmula.
- Squash —del sistema Fes— poner 3 gotas en la fórmula.
- Willow —del sistema Bach— poner 3 gotas en la fórmula.
- Sweet Chestnut —del sistema Bach— poner 3 gotas en la fórmula.
- Holly —del sistema Bach— poner 3 gotas en la fórmula.
- Larch —del sistema Bach— poner 3 gotas en la fórmula.
- Pine —del sistema Bach— poner 3 gotas en la fórmula.
- Oak —del sistema Bach— poner 3 gotas en la fórmula.

Nodo Norte en la Casa III o en Géminis

Gonzalo es un extraordinario astrólogo y estudioso de los misterios de la vida, de lo esotérico e invisible. Desde que era muy joven se hacía preguntas y buscaba respuestas a verdades trascendentales. Esto lo llevó a viajar por el mundo, buscar maestros y guías que le fueron abriendo la mente a visiones extraordinarias y fuera de lo común de la realidad. Le aburría mucho hablar de temas triviales y sin trascendencia; mucho más hablarles a personas que no entendieran la profundidad de sus comprensiones. Por ello se rodeaba de personas que tuvieran visiones parecidas.

Como buen astrólogo comprendió que se estaba quedando atrapado en su Nodo Sur en la Casa IX. En un acto consciente y de evolución espiritual decidió conectar con su Nodo Norte. Para hacerlo decidió escribir un libro de astrología acerca de los 12 signos, pero este libro tendría una característica única, pues cada capítulo estaría escrito en un «lenguaje» diferente. Él adaptaría su modo de hablar a la forma energética de cada signo, de manera que la persona que lo leyera sintiera una resonancia de su propia energía en el capítulo asociado a su signo. El capítulo de Aries escrito en «ariano», el de Tauro en «taurino» y así sucesivamente. Este fue un ejercicio mayúsculo, pues Gonzalo tuvo que sintonizarse con la forma de pensar y entender de cada energía, así como enfrentar sus propios apegos y puntos de comodidad. De esta manera salió la joya de la astrología psicológica llamada Un espejo cósmico, *del autor Gonzalo Pérez, un libro que es un trabajo consciente para conectar con su Nodo Norte.*

APRENDIZAJES ESPIRITUALES

El aprendizaje en esta vida para estas personas es activar, desarrollar sus habilidades de comunicación y aprender a transmitir a otros todo lo que intuyen, perciben y comprenden de la realidad y de los misterios de la vida. De igual forma, tienen que enseñar a otros su propia síntesis, verdad o método personal. En suma, transmitirán los conocimientos y visiones que fueron acumulando en experiencias previas a esta encarnación.

La experiencia de este nodo radica en **comunicar en un lenguaje que todos puedan entender.** Es muy importante que desarrollen nuevas habilidades de comunicación, que aprendan a adaptar su manera de transmitir la información al tipo de persona que tengan delante. Lo que vienen a transmitir es para todos, no solo para las personas que tengan una visión o un lenguaje en común. Es clave que se abran a relacionarse con toda clase de personas, incluso las que piensan y ven la vida de modo diferente a ellas.

Otro aprendizaje que ayuda a lograr los puntos anteriores es **desarrollar una nueva forma de «escuchar»,** una curiosa y activa, que a la vez se abra a quienes piensan diferente. Es decir, permitirse oír lo que los demás les tienen que decir, pues así podrán ver la vida desde otras perspectivas y justamente adaptar sus ideas y forma de comunicar al tipo de persona que tengan enfrente.

Para conseguir esto, será clave que vayan soltando un deseo de movimiento y libertad, para aprender a detenerse y desarrollar vínculos y relaciones con otros.

EL PASADO Y LA MEMORIA DEL NODO SUR EN LA CASA IX O EN SAGITARIO

Su aprendizaje anterior fue mirar y comprender los misterios y planos superiores de conciencia con los que podemos conectar. Podemos decir que han sido buscadoras espirituales, personas que han explorado en distintas religiones, verdades y cosmovisiones, buscando respuestas trascendentales.

Las verdades y comprensiones de estos misterios no se logran mediante la mente racional, sino con la mente intuitiva y filosófica. Estas personas son capaces de tener un pensamiento abstracto y conectar con planos superiores de información. Por eso han aprendido a desarrollar una mente intuitiva, que se conecta con las verdades elevadas. Tienen el hemisferio derecho bastante desarrollado.

Estas personas necesitaron mucha libertad, pues su búsqueda requería moverse, explorar nuevos territorios, para así buscar nuevas verdades y comprensiones. Esto puede provocar que, en esta vida, estén apegadas a estar en movimiento y a sentirse incómodas si se quedan mucho tiempo en un lugar.

MAYOR RETO: SOCIALIZAR Y COMUNICAR

Estas personas se pueden aislar de los que no ven la vida como ellas. No quieren hablar ni dialogar con quienes piensan de forma diferente o consideran más «básicos», menos explicar aquello que para ellas es obvio. Tampoco quieren que sus creencias sean cuestionadas. Pueden estar muy apegadas (algunas, incluso, fanatizadas) a sus creencias, verdades o ideologías, sin querer compartir o escuchar a quienes piensan distinto.

Algunas, de hecho, pueden sentirse más cómodas en contextos religiosos o donde se crea en algo que trascienda el pensamiento racional. Asimismo, con personas que compartan sus mismas creencias políticas o dogmáticas de cómo debería ser el mundo.

Se niegan a ir hacia el Nodo Norte en la Casa III, que justamente las empuja a salir del aislamiento, para que sociabilicen, dialoguen y comuniquen lo que saben, de modo que su propia visión del mundo vaya cambiando y flexibilizándose.

GUÍA: ESCUCHAR A OTROS Y APRENDER A HABLAR SU LENGUAJE

A muchas de las personas con este Nodo Norte les es difícil comunicar aquello que intuyen y perciben. Les puede costar llevar a palabras o a conceptos lógicos aquello que es una visión mucho más simbólica, emocional y no secuencial. Esto puede hacerlas sentir diferentes o como si no pudieran expresarse. Es importante reconocer esto, pues ir a la Casa III o en Géminis implica salir de su zona de confort, para que puedan hablar, comunicar y explicar a cualquier tipo de persona.

Para que puedan desarrollar su tremendo potencial de comunicación es fundamental que:

- Suelten el orgullo de creer que saben más que los demás.
- Se tomen la vida menos en serio, activando la curiosidad de los niños.
- Aprendan las formas y expresiones de comunicación más usadas por el colectivo.
- Aterricen sus ideas a una forma más práctica y racional.

Escuchar a otros les permitirá descubrir nuevas formas de ver y entender la realidad. A su vez, les facilitará tener una visión más práctica en la vida normal, y no centrarse tanto en aquellas posturas más avanzadas y filosóficas. Además, podrán seguir con su aprendizaje y con el descubrimiento de nuevas perspectivas de la realidad. **Su objetivo será convertirse en maestras que enseñen a otros ideas concretas que los demás sí puedan entender.**

NO HAY CONEXIÓN CON EL NODO NORTE SI:

- Se aíslan de los demás.
- Creen que su «verdad» es la única que existe y son intolerantes con las visiones de otros.
- Siguen apegadas a viajar, a moverse y a ser libres de forma constante.
- Insisten en hablar en su «propio idioma», aunque nadie les entienda.
- Siguen buscando constantemente nuevas visiones y respuestas filosóficas o religiosas a la vida, en vez de comunicar lo que saben y perciben.

EQUILIBRIO ENTRE NODO NORTE Y NODO SUR

La verdad cambia, la verdad no es constante. A medida que vamos cambiando internamente nuestras respuestas y visión del mundo evolucionan. En algún momento de la vida podemos tener una visión, ideología, religión o comprensión que nos hará sentido y con la que nos identificaremos. Pero recordemos que esta cambiará, aunque eso no nos guste a los humanos, pues preferimos fanatizarnos y «cerrar los ojos» para no ver cómo nuestras teorías se quiebran con el tiempo. Un buscador honesto de la verdad sabe que no tiene la verdad, sabe que no sabe nada, que el «misterio» es más grande que la vida misma. Este buscador es curioso, sabe que hay que escuchar a los demás, así como comunicar con humildad su propia visión. Cuestionarnos lo que creemos, hablar, escuchar a otros nos llevará a puntos que no hemos visto, a nuevas visiones que ayudarán a que nuestra verdad vaya transformándose y evolucionando.

ESENCIAS FLORALES PARA CONECTAR CON EL NODO NORTE EN LA CASA III O EN GÉMINIS

Si quieren activar la energía del Nodo Norte en la Casa III o en Géminis les recomiendo esta fórmula floral.

Consideren que esta esencia puede mover temas emocionales y algunas veces generar emociones de incomodidad. Si quieren tomar esta fórmula, es aconsejable que lo hagan de la mano de un terapeuta que los acompañe en su proceso evolutivo de conectar con su Nodo Norte. Recuerden que llamar a su energía puede ser incómodo, pues los sacará de la zona de confort.

Manden a hacer la siguiente fórmula a una farmacia natural o donde tengan esencias florales. Es recomendable tomar la fórmula tres veces al día, vertiendo cuatro gotas bajo la lengua. Idealmente al despertar, cerca de la mitad del día y antes de dormir.

- ☼ Heather —del sistema Bach— poner 3 gotas en la fórmula.
- ☼ Cerato —del sistema Bach— poner 3 gotas en la fórmula.
- ☼ Bush Fuchsia —del sistema Bush— poner 7 gotas en la fórmula.
- ☼ Cosmos —del sistema Fes— poner 3 gotas en la fórmula.
- ☼ Kangaroo Paw —del sistema Bush— poner 7 gotas en la fórmula.

☼ Rock Water —del sistema Bach— poner 3 gotas en la fórmula.

Nodo Norte en la Casa IV o en Cáncer

Rodrigo es un profesional exitoso, toda su vida ha destacado. Tuvo muy buenas calificaciones en la escuela, entró a estudiar para ser abogado en la universidad más importante del país, siendo un alumno destacado y un joven profesor asistente. Rápidamente entró a uno de los bufetes de abogados más importantes de su ciudad, donde alcanzó el reconocimiento de sus socios por su excesiva dedicación al trabajo y su capacidad de lograr ganar los casos. Para hacerlo dedicaba casi sesenta horas a la semana al trabajo; básicamente su vida es el trabajo y así lo ha sido los últimos diez años. Para lograr esto tuvo que sacrificar muchas cosas: los espacios de conexión con su familia, el tiempo de compartir con amistades y varias relaciones de pareja. Él ve su casa básicamente como un hotel, donde se va a dormir, para pronto volver a salir.

Para él fue sobre todo doloroso el término de su relación con Isabel hace un año. Ella era su novia desde hacía dos años, quería ser madre y formar un hogar, pero no quería hacerlo sola, quería un padre presente que participara activamente de la crianza. Rodrigo fue honesto con ella, su prioridad era el trabajo. Si llegaba a ser padre, el tiempo que le iba a dedicar a sus hijos no sería mucho, pues antes de los 40 años deseaba ser socio mayoritario del nuevo bufete al que había entrado hacía unos años. Isabel terminó con él, con el corazón roto. Rodrigo quedó devastado, pero no se dio tiempo para llorar, de inmediato se refugió en el trabajo y pidió más casos de los que solía tener por lo regular.

APRENDIZAJES ESPIRITUALES

El aprendizaje en esta vida para tales personas es lograr **conectar con su mundo emocional, su sensibilidad, su vulnerabilidad** y aprender a reconocer qué es lo que están sintiendo, qué les está pasando internamente, para responsabilizarse de ello. Es necesario conectar con su niño interno vulnerable y aprender a manejar sus necesidades emocionales. Para lograrlo tienen que dejar de poner la atención en el mundo externo de los logros y objetivos, para mirar hacia adentro de sí mismas y dejar de lado la tendencia de rigidez para bloquear sus emociones, para aprender a sentirlas, sin tratar de evitarlas, y así hacerse cargo de ellas.

Es muy importante que aprendan a enfocar su energía para construir un «templo hacia adentro», es decir, un espacio emocional que sea un refugio en su interior. En palabras sencillas, poder cerrar los ojos, conectar con su pecho e interior, aprender a sentir que dentro de sí hay un espacio seguro, un refugio emocional. Para alcanzar esto será clave que cuiden, contengan y sostengan las emociones internas que están en su interior y provengan de experiencias infantiles. Serán «madres» de sí mismas.

Asimismo, enfocarán parte de su energía y tiempo en su hogar, su familia y sus vínculos íntimos. El aprendizaje está en la introversión personal, así como en la conexión emocional profunda con personas íntimas. Será clave aprender a hacer «nido» y vivir en él. Este Nodo Norte suele asociarse con tener hijos y formar una familia, pues invita a conectar con la energía maternal, de amor, contención y cuidado de otros.

También hay un gran aprendizaje en mirar lo vivido en el pasado: en la infancia, los antepasados y el linaje familiar, para sanar y resolver muchos de los temas que provienen de ahí. Es muy importante que hagan un proceso de sanación de temas familiares, ya sea estudiando su árbol familiar o dedicando tiempo a hacer constelaciones familiares.

EL PASADO Y LA MEMORIA DEL NODO SUR EN LA CASA X O EN CAPRICORNIO

Su aprendizaje en el pasado estaba enfocado en alcanzar autoridad y poder. Debían ser líderes y personas que lograran las metas que se proponían. Pusieron demasiado énfasis en el trabajo y en cumplir sus objetivos en el mundo. Dedicaban mucho tiempo a lo que pasaba «fuera del nido». Normalmente no les dan tanta importancia al hogar y a la familia. Muchos, incluso, no tienen interés en ser madres o padres. Y si llegan a serlo, suelen priorizar el trabajo.

Esto fue haciendo que aprendieran a desconectarse de sus emociones y necesidades internas, pues lo importante era lograr la meta y las emociones podían sentirse como un estorbo. Esto generó una tendencia a la rigidez, a la racionalización de sus emociones y una incomodidad con lo que sienten. Esto no implica que no sientan, ya que pueden sentir mucho; más bien no les gusta sentir y hacen todo lo posible para bloquearlo. Algunas personas pueden parecer más frías o serias, sobre todo si se sienten expuestas o vulnerables frente a otros.

MAYOR RETO: VALORAR LA FAMILIA Y EL MUNDO EMOCIONAL

Suelen ser personas ambiciosas, que quieren alcanzar el éxito, destacarse o lograr sus objetivos profesionales. Las motiva la memoria del pasado y lo que han aprendido; sin embargo, esta necesidad de éxito profesional es una forma de calmar su ansiedad emocional, desconexión interna, sensación de soledad y abandono.

Además, suelen tender a mandar y liderar. No lo hacen con mala intención, sino que están acostumbradas a dirigir. Muchas veces, honestamente creen que lo hacen con la intención de ayudar a los demás. Así, pueden tomar el rol de guías de otras personas que sientan que necesitan ayuda, no sin antes aprender a diferenciar lo que es un consejo, las ganas reales de ayudar, motivadas desde el amor y el cuidado, de lo que son las ganas de mandar y dirigir la vida de los demás.

GUÍA: SOLTAR EL DESEO DE RECONOCIMIENTO PÚBLICO Y ENFOCARSE EN LO FAMILIAR

Por otro lado, muchas personas con este nodo pueden sentir que la vida les bloquea la posibilidad de alcanzar los logros o las metas que se proponen, por lo cual sienten que fracasan en el mundo. Esto se debe a que están poniendo la atención en la meta equivocada. Su aprendizaje espiritual no está en lo profesional. Si llegan a ocurrir estos bloqueos profesionales es porque las personas primero tienen que parar e ir hacia adentro a escuchar su corazón y sus emociones. Es recomendable que aprendan a retirarse y a enfocarse en su familia y relaciones. Muchas veces tendrán que conectar con la historia de sus ancestros, sacando a la luz temas antiguos y dándose cuenta de los patrones que están repitiendo de su linaje. Asimismo, es primordial sanar la relación con sus propios padres. Incluso muchas veces tendrán que dedicar tiempo a formar su hogar y su propia familia. Luego podrán volver al mundo laboral, con una nueva visión y más empatía, pues al aprender a escucharse a ellas mismas y a sus cercanos podrán dirigir comprendiendo a otros.

El aprendizaje está en soltar el deseo de logro y reconocimiento público. Así, podrán enfocarse en el reconocimiento, amor y valorización que su familia y los vínculos cercanos les entregarán. Es importante recalcar que este nodo no implica que tengan que dejar de trabajar o dedicar todo su tiempo a su familia, sino aprender a dar espacio a ambas experiencias.

NO HAY CONEXIÓN CON EL NODO NORTE SI:

- No quieren ser madres o padres.
- Les incomodan los niños.
- Evitan conectar con sus emociones.
- Se niegan a los espacios de conexión con la familia.
- Trabajan todo el tiempo y no se dan tiempo de hogar e intimidad afectiva.
- Insisten en involucrarse en los temas de los demás o del mundo, sin antes haberse enfocado en su propio mundo interno y familia.

EQUILIBRIO ENTRE NODO NORTE Y NODO SUR

¿Qué nos motiva a triunfar? ¿Qué nos empuja y exige a lograr las metas que nos proponemos? Integrar estos nodos nos ayudará a responder estas preguntas con total honestidad. Porque seamos claros, la motivación de la gran mayoría de las personas a triunfar se basa en compensar heridas emocionales, inseguridades, ansiedades y la tremenda sensación de soledad que habita en nuestro interior. Creemos que si conseguimos cierto objetivo nos destacaremos y nos reconocerán, seremos felices, por fin seremos valorados y la calma llegará a nuestra vida. Cuando la verdad es que ocurre lo contrario: no importa cuánto logremos, el vacío interior seguirá igual. Mirar hacia adentro, aceptar nuestra vulnerabilidad, ver lo que realmente necesitamos a nivel emocional y permitirnos darnos eso es lo que en verdad nos otorgará las bases y raíces firmes para poder salir al mundo. Así, conseguiremos objetivos que estén por completo alineados con quienes somos, no para demostrar ni para compensar nada.

ESENCIAS FLORALES PARA CONECTAR CON EL NODO NORTE EN LA CASA IV O EN CÁNCER

Si quieren activar la energía del Nodo Norte en la Casa IV o en Cáncer les recomiendo esta fórmula floral.

Consideren que esta esencia puede mover temas emocionales y algunas veces generar sensaciones de incomodidad. Si quieren tomar esta fórmula, es aconsejable que lo hagan de la mano de un terapeuta que los acompañe en su proceso evolutivo de conectar con su Nodo Norte. Recuerden que llamar a su energía puede ser incómodo, pues los sacará de la zona de confort.

Manden a hacer la siguiente fórmula a una farmacia natural o donde tengan esencias florales. Es recomendable tomar la fórmula tres veces al día, vertiendo cuatro gotas bajo la lengua. Idealmente al despertar, cerca de la mitad del día y antes de dormir.

- Oak —del sistema Bach— poner 3 gotas en la fórmula.
- Rock Water —del sistema Bach— poner 3 gotas en la fórmula.
- Clematis —del sistema Bach— poner 3 gotas en la fórmula.
- Mariposa Lily —del sistema Fes— poner 3 gotas en la fórmula.
- Cotton o algodón —del sistema Fes— poner 3 gotas en la fórmula.

☼ Star of Bethlehem —del sistema Bach— poner 3 gotas en la fórmula.

☼ Sweet Chestnut —del sistema Bach— poner 3 gotas en la fórmula.

☼ Larch —del sistema Bach— poner 3 gotas en la fórmula.

Nodo Norte en la Casa V o en Leo

Jorge es un gran músico, desde que era pequeño aprendió a tocar la guitarra y ha estado en bandas musicales. De hecho, siempre está buscando colaboradores para tocar a dúo o para experimentar en distintos tipos de líneas musicales. Hubo un tiempo en que llegó a estar en tres bandas distintas, una de jazz, otra de heavy metal y otra de rock. Siempre ha querido hacer un disco solista o eso es lo que él dice, pero la verdad es que no le dedica tiempo, pues siempre está ensayando con los demás.

También tiene muchas ideas de negocios o de proyectos personales sobre temas que lo motivan. Pero nunca logra concretarlos. En su mente tiene muchas ideas y se frustra porque no sabe cómo «aterrizarlas» o porque lo que empieza a hacer en la realidad no se parece a su plan «perfecto» mental. Lo típico que le ocurre es que cuando comienza a hacer algo, lo modifica una y otra vez, cada vez que se le ocurre una mejora o algo nuevo... y al final no lo termina.

APRENDIZAJES ESPIRITUALES

El aprendizaje en esta vida para estas personas es **conectar con su corazón, sus ganas de vivir, de crear, brillar y expresarse,** dándose permiso para conectar con la «llama de vida» que hay en su interior, de modo que esta las guíe y motive a vivir su propia individualidad. Vienen a mostrarse frente a otros, a permitirse «subir al escenario» y expresar su creatividad personal. Así, irán descubriendo que pueden ser espontáneas y expresarse frente a otros tal como son. Incluso podrán concederse el hecho de ser reconocidas y el centro de atención.

Vienen a **descubrir y desarrollar sus habilidades creativas y de manifestación,** además de darse cuenta de que sus ideas pueden ser concretadas y terminadas, que pueden ser «artistas» que materializan sus sueños. Para ello tendrán que conectar con su niño interior juguetón, que está aquí para disfrutar de la vida y crear en el mundo.

Descubrirán que pueden cocrear su propio destino en la realidad, llevando la vida en la dirección que su corazón quiera, corriendo riesgos y avanzando en su propio camino. Este nodo les pide que se atrevan a vivir su vida en el mundo real y no solo en sus fantasías, pensamientos y mundo de imaginación. Estas personas vienen a **descubrir que son artistas** y que tienen mucho que mostrar si se permiten conectar con su corazón y brillar frente a otros.

EL PASADO Y LA MEMORIA DEL NODO SUR EN LA CASA XI O EN ACUARIO

En el pasado, estas personas aprendieron a relacionarse en grupo, a estar en equipo, colaborando y creando en conjunto. Muchas también pusieron mucho énfasis en aportar a causas sociales y colectivas. Esto lo hicieron postergando su espacio de creatividad individual, es decir, su oportunidad para tener logros y objetivos personales.

Desde el pasado fueron aprendiendo cómo diferenciarse de otros y mostrar lo que las hace únicas. Les resulta más cómoda la posición de ser «diferentes», que ser quienes brillan y son reconocidos por los demás. No saben ser el centro de atención.

Fueron desarrollando sus capacidades de creatividad mental e imaginación. Tienen un gran don para generar ideas y visiones creativas. Este superdesarrollo mental hace que les cueste conectar con su corazón, así como enfocarse en «bajar» estas ideas a creaciones concretas en la realidad.

Algunas personas pueden estar más acostumbradas a vivir en el mundo de los «sueños», como observadoras de la vida de los demás. Pueden preferir vivir fantasías de cómo les gustaría que fuera su vida, más que en verdad hacer realidad esos sueños personales.

MAYOR RETO: DOMINAR LA MENTE
Y PLASMAR LAS IDEAS

A la gran mayoría de estas personas les cuesta mucho terminar sus procesos creativos y presentar sus obras artísticas o proyectos personales. Les es más fácil crear en su imaginación que en la realidad. Su exceso de ideas les juega en contra y les impide concretar sus sueños, pues en su mente las cosas siempre pueden mejorar o siempre se les ocurrirá una nueva idea.

Tienden a buscar la perfección mentalmente, lo cual les impide llegar a su meta en la realidad. Suelen andar detrás de un nivel de excelencia muy alto o tienen la sensación permanente de que algo falta en su creación y esto les impide gozar del proceso. Su aprendizaje será crear en la realidad, terminando lo que se propongan y mostrándolo a otros.

Por lo mismo, será clave que aprendan a «aterrizar» sus ideas y sueños. A ubicarse en el presente, crear y materializar con lo que tengan, no con lo que les gustaría tener. No basta con poseer buenas ideas creativas, lo importante es plasmarlas y mostrarlas. No ocultarán lo que hacen, sino que lo «irradiarán» al mundo.

Para estas personas es ideal la meditación; gracias a ella podrán darse cuenta de cómo caen en fantasías y trampas mentales. Serán conscientes de cómo buscan realizar algo que se aleja cada vez más de la realidad y de lo que realmente se puede hacer. Asimismo, pueden servirles las esencias florales para la concentración, el enfoque y la conexión con su corazón.

GUÍA: CONECTAR CON EL CORAZÓN Y EL YO INDIVIDUAL

Por otro lado, será clave que aprendan a hacer las cosas solas, conectándose con su propio potencial de autoexpresión. En este caso, la máxima es «dejar la banda de música para volverse solistas», es decir, darse espacios para ser «individualistas» y centrarse en sus propias necesidades de autoexpresión creativa.

A algunas de estas personas les puede costar mucho conectar con su corazón y su Yo individual. Están más enfocadas en ser diferentes a los demás y en no hacer lo que la mayoría de la gente hace. Esto las vuelve más mentales, pues viven su vida actuando según lo que los otros hacen. Es muy importante que aprendan a escuchar su fuego interno, a su niño interno juguetón. Que sientan lo que quieren, no que piensen lo que quieren. Incluso que se atrevan a elegir algo que sea «común», pero que su corazón realmente quiera vivir.

Otras personas tienden a sobreadaptarse a los grupos y reniegan de lo que su esencia desea. Es vital que se conecten con su corazón y su Yo esencial e infantil. De esta manera su expresión individual única podrá salir al mundo y expresarse en su vida, además de vivir una existencia que se conecte con su esencia personal. Incluso es necesario atreverse a alejarse de ciertos grupos de personas si es necesario, con tal de ir en la dirección que su corazón desee.

Tener hijos es uno de los mayores actos creativos que pueden llegar a hacer.

NO HAY CONEXIÓN CON EL NODO NORTE SI:

- ☼ Quieren estar constantemente en grupos o con amigos y no desarrollan sus proyectos personales o el espacio propio.
- ☼ Viven en su mente y fantasías.
- ☼ Nunca llegan a plasmar sus creaciones, pues quedan inconclusas o en el plano mental.
- ☼ Les da vergüenza mostrarse frente a otros y brillar.

EQUILIBRIO ENTRE NODO NORTE Y NODO SUR

La mente y la imaginación nos permiten soñar y crear ideas maravillosas; son un terreno de posibilidades ilimitadas, donde todo puede ser y ocurrir. Sin embargo, si esto queda en el plano mental, quedará simplemente como un potencial que nunca se creó ni manifestó en verdad. La mente está diseñada para unirse con el corazón, con el fuego de nuestro ser, aquel que nos da las ganas y la energía para vivir nuestra vida en el mundo. Nuestro niño interno juguetón quiere crear y expresarse, quiere hacer y mostrar a otros su esencia. Quiere ser visto, quiere ser espontáneo, quiere pararse frente a otros y simplemente ser.

ESENCIAS FLORALES PARA CONECTAR CON EL NODO NORTE EN LA CASA V O EN LEO

Si quieren activar la energía del Nodo Norte en la Casa V o en Leo les recomiendo esta fórmula floral.

Consideren que esta esencia puede mover temas emocionales y algunas veces generar emociones de incomodidad. Si quieren tomar esta fórmula, es aconsejable que lo hagan de la mano de un terapeuta que los acompañe en su proceso evolutivo de conectar con su Nodo Norte. Recuerden que llamar a su energía puede ser incómodo, pues los sacará de la zona de confort.

Manden a hacer la siguiente fórmula a una farmacia natural o donde tengan esencias florales. Es recomendable tomar la fórmula tres veces al día, vertiendo cuatro gotas bajo la lengua. Idealmente al despertar, cerca de la mitad del día y antes de dormir.

- Gorse —del sistema Bach— poner 3 gotas en la fórmula.
- Verbain —del sistema Bach— poner 3 gotas en la fórmula.
- Sunflower —del sistema Fes— poner 3 gotas en la fórmula.
- Gentian —del sistema Bach— poner 3 gotas en la fórmula.
- Buttercup —del sistema Fes— poner 3 gotas en la fórmula.
- Jacaranda —del sistema Bush— poner 7 gotas en la fórmula.
- White Chestnut —del sistema Bach— poner 3 gotas en la fórmula.
- Larch —del sistema Bach— poner 3 gotas en la fórmula.

Nodo Norte en la Casa VI o en Virgo

Desde muy joven Tania ha tenido problemas de salud. A muy temprana edad comenzó a tener dolor en las articulaciones de sus manos y luego empezó con un caso ligero de diabetes que se ha ido complicando con el paso de los años. Es que Tania nunca había querido cuidarse de ninguna forma. Su alimentación se basaba en alimentos ultraprocesados y en beber casi todos los días casi 1.5 litros de refrescos. En la universidad comenzó a tener problemas en su carrera de Arte debido a los fuertes dolores en sus articulaciones. En ese momento no profundizó en la raíz emocional de su padecimiento, sino que buscó técnicas paliativas para el dolor. Al salir de la universidad encontró empleo en una empresa de diseño extraordinaria; con ello cumplió su sueño de trabajar en una compañía que usara el arte de manera práctica en la realidad. El problema era que tenía que trabajar demasiado y postergó aún más sus hábitos y rutinas. Así, su diabetes se disparó, también su dolor de articulaciones, que se disparó a otros lugares de su cuerpo, y sus temas de ansiedad y depresión se agudizaron. Fue tanto su estrés que tuvo una tremenda crisis nerviosa y emocional que la obligó a tomarse una licencia de varios meses.

Esta fue la gota que derramó el vaso en su vida. Por fin se dio cuenta de las señales que le mandaba la vida. Fue con un nutricionista y modificó radicalmente su dieta. También comenzó un proceso terapéutico para comprender la raíz emocional y la biodecodificación de su enfermedad. Empezó a hacer grandes cambios: practicaba danza tres veces a la semana y meditaba varios días. Todo lo que fue aprendiendo le llevó a interesarse por el mundo de la sanación. Hoy en día está cursando un diplomado de sanación holística y tiene un gran interés en ayudar a otros mediante el arteterapia.

APRENDIZAJES ESPIRITUALES

Este Nodo Norte es una gran prueba evolutiva, pues pide **conectar con el servicio, la humildad, el sacrificio, el autocuidado, con la postergación, el orden y la sanación.** El aprendizaje de estas personas en esta vida es dedicarse al servicio, tanto para ayudar a otros como para cuidarse a sí mismas. Para lograr esto será clave que aprendan a postergar su gratificación personal y satisfacción inmediata. Dar importancia al bienestar y cuidado de los demás es primordial. Asimismo, tendrán que aprender a renunciar a aquellos hábitos y costumbres que no les hacen bien.

Vienen a aceptar que están encarnadas en la Tierra. Ello implica aceptar las limitaciones del mundo terrenal. De esta manera aprenderán los tiempos, plazos, formas de funcionar y ordenarse de la realidad. Tienen que aprender a soltar las fantasías de cómo deberían ser las cosas, para adaptarse y funcionar del mejor modo con lo que la vida les ofrezca. Es fundamental dedicarle esfuerzo y energía al trabajo, a ser útiles y a aportar.

Su aprendizaje es aprender a postergar lo que su ego y sentido de importancia quiere, para dedicar tiempo y energía a lo que es más sano para ellas y les ayuda a funcionar de la mejor forma en el mundo.

Vienen a aprender a **cuidarse, a dedicar tiempo y energía a cultivar la sanación personal,** además de cuidar del cuerpo, la mente, las emociones y el espíritu. Para lograr esto será necesario mantener hábitos saludables, horarios, así como cuidar su salud, alimentación y rutinas. También es necesario aprender a ordenar su mente y sanar sus emociones, cultivando tiempo de silencio y conexión con su alma.

Un gran aprendizaje está en el servir y ayudar a otras personas, conectando y activando su capacidad de entrega y sanación. De hecho suelen tener grandes dones para esto. Para hacerlo tienen que dedicar parte de su tiempo personal al servicio. **Lo que su alma viene a integrar es el servicio y entrega desinteresada, el ayudar y acompañar a otros. Así como a tener espacios de autocuidado y sanación personal.**

EL PASADO Y LA MEMORIA DEL NODO SUR EN LA CASA XII O EN PISCIS

En el pasado de su alma se dedicaron a profundizar en la búsqueda espiritual, permitiéndose espacios de conexión interna, retiro y silencio; incluso, algunas personas pudieron haberse orientado a temas religiosos y espirituales.

Para lograr esto fueron saliendo de las rutinas y los temas del día a día, alejándose de la realidad y de los menesteres que la vida pide, potenciando los espacios de silencio y conexión con lo trascendental. Algunas incluso se aislaron, sin sociabilizar y permaneciendo en solitario.

A medida que se fueron retirando de la realidad, fueron potenciando su mundo interno, sensibilidad, capacidad de ensoñación y fantasía. Por ello, quizá muchas personas perdieron la conexión con la lógica y lo real.[21]

MAYOR RETO: SANAR, CUIDAR, SERVIR

Es muy común que las personas con este Nodo Norte estén en contacto con la «enfermedad» en su vida. Ya sea porque ellas padezcan algún tipo de enfermedad (física o mental) importante, o porque alguna persona cercana a ellas la tenga. Esto ocurre porque la vida las está empujando al servicio, ya sea el autocuidado o el conectar con la sanación y entrega a otros. Este es uno de los pocos nodos en los que la vida demanda de forma concreta una acción en la realidad, mediante situaciones y experiencias para vivir.

Si se trata de un padecimiento propio, la vida las impulsará para que aprendan a equilibrarse interiormente. Es importante que entiendan que una desarmonía en el cuerpo representa la desarmonía de su mundo emocional, mental o espiritual. Será clave que atiendan la causa de su enfermedad, qué proceso de sanación y autocuidados tienen que vivir para sanar la raíz del problema. **Estas experiencias están para que reconozcan su propia capacidad de autosanación y autocuidado.**

Es muy importante modificar hábitos o rutinas para potenciar una vida sana y el autocuidado. Pueden resistirse bastante a ello, pues quizá prefieran ser más autoindulgentes, les cueste la disciplina o no quieran renunciar a aquellas costumbres que les hacen mal. Por ejemplo, algunas personas tendrán que dedicar tiempo a hacer deporte, otras a dejar hábitos que les encantan pero les hace mal y otras a meditar todos los días para calmar su mente.

---

[21] Esta falta de realismo, lógica y racionalidad puede no sentirse o verse de forma tan extrema. Esto ocurre si en la carta natal vemos una presencia importante de signos de Tierra, como Tauro, Virgo y Capricornio, en particular Virgo; y también de planetas en Casa VI o aspectos armónicos entre Mercurio y Saturno.

También he visto personas con este nodo que están completamente sanas, pero desde pequeñas han tenido que vivir acompañando y apoyando a gente enferma. Ya sea un familiar o alguien muy cercano a ellas. Aquí la vida está empujando el aprendizaje del servicio, de entrega y de postergación de la gratificación personal para ayudar a otros. Asimismo, las exhorta a desarrollar dones de sanación y curación, de manera que puedan apoyar de forma práctica y concreta a aquellos que sufren. Estas personas son curadoras innatas. Si vencen sus inseguridades, tendrán la capacidad de sanarse a ellas mismas y a otros.

GUÍA: ACEPTAR LA REALIDAD Y SUS DESAFÍOS

El aprendizaje se relaciona con aceptar que están encarnadas y que la realidad tiene limitaciones, reglas, tiempos y normas. Que para lograr vivir es clave desarrollar el esfuerzo personal, la capacidad de renuncia y dedicarse con amor a aquello que les interesa. Algunas personas se resisten a todo esto y se desilusionan porque la vida es compleja o las situaciones no se dan como las idealizan.

Muchas veces la vida las llevará a realizar tareas que les resulten molestas y que signifiquen esfuerzo. Pueden negarse a esto y sentir que no les corresponde. Puede que no quieran hacer las cosas ellas mismas y esperen a que sean otros los que actúen y solucionen los problemas de su alrededor. Otras pueden caer en la victimización y manipulación. En todos estos casos están atrapadas en el pasado de su alma y no están conectando con su Nodo Norte.

Quejarse de las dificultades que les presenta la vida solo les causará más malestar y decepción. En cambio, tener una actitud positiva, una renuncia a la idealización y un servicio amoroso les ayudará a dar un paso adelante. Si se entregan a esto, la vida les dará todas las herramientas que necesiten.

Es muy importante que desarrollen la mente objetiva, analítica y concreta, para ver la realidad tal como es y a sí mismas como son y no como se idealizan.

NO HAY CONEXIÓN CON EL NODO NORTE SI:

- ✨ Se niegan a dedicar su tiempo a ayudar y servir a otros.
- ✨ Quieren escapar de la realidad y no aceptan que la encarnación requiere de esfuerzo, orden y autocuidado.
- ✨ Viven con mucho pánico y miedos en el mundo real.
- ✨ No cuidan su salud, sus hábitos y su orden personal.

EQUILIBRIO ENTRE NODO NORTE Y NODO SUR

Sufrimos porque los momentos de conexión con nuestra alma, de expansión de la conciencia, de vivencias mágicas y experiencias sagradas parecen ocurrir solo en breves momentos de nuestra vida. Asistimos a un retiro, tomamos un curso o vamos a una terapia, y, entonces, tenemos experiencias de paz y conexión profunda. Pero luego volvemos a nuestra rutina, al día a día, y todo esto desaparece. Esto hace que nos den más ganas de escapar de esa realidad «pesada», poco mágica, con muchas desilusiones y complicaciones. Sin embargo, lo fantástico y trascendental sí puede ser parte de nuestra vida. Para ayudar a esto podemos darnos «microdosis» de espiritualidad, realmente encarnándola en nuestra vida. En nuestra agenda debemos darnos espacios sagrados de silencio, arte, misticismo, yoga y distintas técnicas que bajen el ruido mental y nos conecten con nuestra alma. Asimismo, tenemos que darnos espacios de entrega y servicio a otros, porque ayudar con compasión nos abre el corazón y aliviana el alma.

ESENCIAS FLORALES PARA CONECTAR CON EL NODO NORTE EN LA CASA VI O EN VIRGO

Si quieren activar la energía del Nodo Norte en la Casa VI o en Virgo les recomiendo esta fórmula floral.

Consideren que esta esencia puede mover temas emocionales y algunas veces generar emociones de incomodidad. Si quieren tomar esta fórmula, es aconsejable que lo hagan de la mano de un terapeuta que los acompañe en su proceso evolutivo de conectar con su Nodo Norte. Recuerden que llamar a su energía puede ser incómodo, pues los sacará de la zona de confort.

Manden a hacer la siguiente fórmula a una farmacia natural o donde tengan esencias florales. Es recomendable tomar la fórmula tres veces al día, vertiendo cuatro gotas bajo la lengua. Idealmente al despertar, cerca de la mitad del día y antes de dormir.

- Rock Rose —del sistema Bach— poner 3 gotas en la fórmula.
- Red Lily —del sistema Bush— poner 7 gotas en la fórmula.
- Gentian —del sistema Bach— poner 3 gotas en la fórmula.
- Bottlebrush —del sistema Bush— poner 7 gotas en la fórmula.
- Hibbertia —del sistema Fes— poner 3 gotas en la fórmula.
- Sweet Chestnut - del sistema Bach— poner 3 gotas en la fórmula.
- Jacaranda —del sistema Bush— poner 7 gotas en la fórmula.
- Larch —del sistema Bach— poner 3 gotas en la fórmula.
- Oak —del sistema Bach— poner 3 gotas en la fórmula.

Nodo Norte en la Casa VII o en Libra

Durante casi toda su vida, Diego ha hecho lo que ha querido, moviéndose con valor e independencia, viviendo un camino muy personal. Las relaciones con otros no se le han hecho tan fáciles; desde pequeño, a la hora de jugar con otros, intentaba imponer su voluntad y que se hiciera lo que quería. De adulto le pasa lo mismo, le dan ganas de irse si no se hace lo que quiere o simplemente se frustra y no se permite disfrutar. En su vida ha tenido relaciones importantes, pero las ha terminado porque se ha sentido limitado o porque encontraba que sus parejas eran demasiado complicadas. Por ejemplo, una novia quería un tipo de vida diferente, pero él no estaba dispuesto a cambiar sus prioridades, así que le puso fin a la relación.

APRENDIZAJES ESPIRITUALES

Estas personas vienen a **compartir, estar entre dos, dialogar y llegar a acuerdos.** Aprenderán a tener vínculos de pareja, de amistad y de cualquier índole más equilibrados, dándoles igual peso a sus necesidades como a las de los otros.

Su gran lección es aprender a transformar su Yo egoísta e individualista en uno que considere a los demás y entender que no siempre pueden imponer su voluntad ni hacer lo que quieren. Aquí se viene a aprender a convivir, a saber cuándo ceder y a descubrir un nuevo tipo de experiencia vital que surja al estar realmente de a dos.

Será clave que aprendan a **escuchar a los demás y a ponerse en el lugar del otro.** Vienen a aprender a dar y no solo a obtener cosas de los demás. Para saber lo que el otro necesita, será fundamental que vean y consideren al otro como en realidad es.

EL PASADO Y LA MEMORIA DEL NODO SUR EN LA CASA I O EN ARIES

Dedicaron tiempo y energía a aprender a desarrollar su propia individualidad. A conectar con ellas mismas y a aprender a llevar la vida en la dirección que deseaban. Se movían con independencia, sin requerir de otros ni esperar su aprobación, haciendo lo que querían; incluso si esto generaba conflictos o tensiones con los demás. Por eso, hoy en día suelen estar muy centradas en sí mismas y en hacer lo que desean, les cuesta mucho ver al otro y considerarlo.

A algunas personas les puede costar compartir y prefieren estar solas. Otras se relacionan en pareja o en amistad, pero tienden a imponer su voluntad. No saben cómo ceder y que no se haga lo que desean.

De cierta forma, el otro «no existe» para ellas,[22] pues están muy centradas en sí mismas. Sin darse cuenta, cuando se relacionan o compar-

---

[22] Esto suele pasar con la mayoría de las personas con este Nodo Sur, pero puede compensarse si la persona tiene en su carta natal más energía de Cáncer, Virgo, Libra o Piscis.

ten, lo hacen viendo al otro como un medio para lograr lo que desean o satisfacer una necesidad personal. Esto hace que tengan la tendencia a obtener cosas de los demás: cuando se relacionan, buscan una ganancia. Es decir, muchas veces no hacen las cosas desinteresadamente. Muchas personas con esta posición astrológica no se dan cuenta de este comportamiento y lo hacen sin ser conscientes. Esto ocurre sin una intención premeditada, simplemente están demasiado acostumbradas a estar centradas en ellas.

MAYOR RETO: APRENDER A COMPARTIR LA VIDA

Es un nodo difícil de aceptar para las personas, porque su mente está acostumbrada a hacer valer la propia opinión y lo que quieren. Sin embargo, la evolución y el crecimiento de su alma se sentirá cuando, al compartir con otro, no impongan constantemente lo que desean, pues ya habrán aprendido a ceder y a escuchar las necesidades de los demás. Las personas pueden sentir esto como una renuncia muy grande y es frecuente que una parte de ellas se resista.

Es fundamental que surja un nuevo sentido de identidad que considere a los demás y que sea capaz de compartir. Más importante que imponer «su voluntad» será aprender la experiencia de la convivencia, es decir, cuando hagan algo con otra persona, llegando a acuerdos y disfrutando realmente el hecho de compartir.

Que quede claro que no estoy diciendo que estas personas tengan que dejar de hacer lo que quieren en su vida o que su evolución sea postergarse de forma constante. De hecho, la recomendación es que se atrevan a vivir su individualidad plena, a vivir las aventuras y anhelos que quieran... que escuchen su corazón y sean honestas con ellas mismas. Sin embargo, también es primordial darse espacio para compartir, escuchar y abrirse al espacio de a dos. Para lograrlo, tienen que hacer un gran movimiento interno de amor y de aprender cuándo soltar el control. Suelen culpar a los demás de sus problemas vinculares, pues les cuesta realmente mirarse con objetividad y ver cómo se están comportando. «La culpa es de los otros, no mía».

GUÍA: DEJAR A UN LADO EL EGOÍSMO Y APRENDER A RELACIONARSE

Estas personas tienen el don de saber quiénes son y qué es lo que quieren, pues fue uno de los dones que desarrollaron en el pasado. Es ideal que pongan este talento a disposición de los demás, por ejemplo, ayudando a otros a conocerse a sí mismos. Por eso será muy bueno que aconsejen o dediquen tiempo a ayudar. Para hacerlo tendrán que desarrollar la capacidad de escuchar y ver realmente a quien tengan al frente. Es muy importante que aprendan a relacionarse con distintos tipos de personas, no solo con aquellas que sean afines desde su propia individualidad.

Pero ojo, es importante que no lo hagan para elevarse o sentirse más especiales; la clave es ayudar de forma desinteresada y no con el afán de engrandecerse o enorgullecerse. Tampoco confundir ayudar al otro con controlarlo y hacer que actúe como ellas deseen.

Vienen a descubrir cómo su alma se expande cuando comparten de forma genuina. Esto les traerá un mayor nivel de felicidad y bienestar, y eso será algo nuevo para su alma. Si saltan de una relación a otra, sin aprender a convivir ni a ceder, sin dialogar y sin poder ver al otro, no se estarán acercando a su Nodo Norte. Tampoco si quieren estar siempre solas y evitan las relaciones de pareja.

Más importante que hacer lo que quieran será compartir con el otro. Más importante que ir a comer, ir de paseo o ir a ver la película que quieren será darse espacio para estar de a dos, sin controlar, y ver qué surge de esa experiencia. Al ir aprendiendo a dejar de imponer o hacer siempre lo que desean se irá expandiendo su alma, surgirá un nuevo yo y hará que se conecten con un nivel de felicidad que desconocen.

NO HAY CONEXIÓN CON EL NODO NORTE SI:

- ☼ Saltan de una relación a otra, sin aprender a convivir.
- ☼ Culpan a los demás siempre de sus problemas y no se miran objetivamente.
- ☼ No toman conciencia de su lado individualista y egoísta.
- ☼ Quieren estar siempre solas y evitan las relaciones de pareja.

EQUILIBRIO ENTRE NODO NORTE Y NODO SUR

Para descubrir quiénes somos realmente y tener una vida coherente con nuestra esencia es fundamental mirarnos con honestidad, ver cómo somos, qué mentiras nos contamos, cuánta conexión existe entre quienes creemos ser y cómo somos en verdad hacia afuera. Una forma extraordinaria de lograr esto es atrevernos a compartir con el otro y abrirnos de forma sincera a la experiencia vincular. El otro nos revelará cómo nos comportamos en el mundo, será como un espejo, a través de sus comentarios, sus expresiones, y lo que le ocurra mientras esté junto a nosotros. De igual forma, será fundamental abrirnos a ver qué nos pasa cuando estamos con el otro, qué miedos, emociones y patrones se activan en nosotros.

Aprender a escuchar al otro, a darle importancia a lo que el otro necesita, si se hace con conciencia permite que desarrollemos la capacidad de escucharnos a nosotros mismos, a nuestro interior. Una parte más profunda que está más allá de nuestro ego y deseos egoístas. Al sumar la visión del otro e integrarla a la nuestra lograremos ampliar nuestro horizonte personal y ver cosas que jamás hubiéramos visto o soñado. Al aprender a ceder, ganamos infinitamente más.

ESENCIAS FLORALES PARA CONECTAR CON EL NODO NORTE EN CASA VII O EN LIBRA

Si quieren activar la energía del Nodo Norte en la Casa VII o en Libra les recomiendo esta fórmula floral.

Consideren que esta esencia puede mover temas emocionales y algunas veces generar emociones de incomodidad. **De hecho, puede hacer que ciertos comportamientos individualistas o de rabia se potencien al inicio; si ocurre así es para que tomen conciencia de cómo actúan.** Si quieren tomar esta fórmula, es aconsejable que lo hagan de la mano de un terapeuta que los acompañe en su proceso evolutivo de conectar con su Nodo Norte. Recuerden que llamar a su energía puede ser incómodo, pues los sacará de la zona de confort.

Manden a hacer la siguiente fórmula a una farmacia natural o donde tengan esencias florales. Es recomendable tomarla tres veces al día, vertiendo cuatro gotas bajo la lengua. Idealmente al despertar, cerca de la mitad del día y antes de dormir.

- Vine —del sistema Bach— poner 3 gotas en la fórmula.
- Scleranthus —del sistema Bach— poner 3 gotas en la fórmula.
- Impatiens —del sistema Bach— poner 3 gotas en la fórmula.
- Willow —del sistema Bach— poner 3 gotas en la fórmula.
- Sweet Chestnut —del sistema Bach— poner 3 gotas en la fórmula.
- Holly —del sistema Bach— poner 3 gotas en la fórmula.
- Bush Gardenia —del sistema Bush— poner 7 gotas en la fórmula.
- Yellow Star Tulip —del sistema Fes California— poner 3 gotas en la fórmula.
- Pine —del sistema Bach— poner 3 gotas en la fórmula.

Nodo Norte en la Casa VIII o en Escorpio

Daniela es una mujer muy autosuficiente, jamás le ha gustado depender de otros para obtener sus recursos. Desde muy joven comenzó a trabajar, al mismo tiempo que estudiaba la carrera de Negocios. Su gran motivación era tener mucho dinero, para poder sentir calma y así poder asegurarse una vida feliz. Sus ambiciones la han llevado a destacarse como una exitosa profesional de 40 años de edad, con una carrera que se espera que sea aún más prometedora. En general, los cambios no le gustan. Por eso lleva trabajando diez años en la misma compañía.

Sus relaciones y vínculos no han sido tan fáciles, le incomoda mucho compartir su tiempo y posesiones. Por eso prefiere no invitar a mucha gente a su hermoso departamento, que es su bien más preciado. Tiene bastante energía sexual, pero comienza a sentirse incómoda cuando las relaciones se vuelven muy profundas o hay demasiada intimidad emocio-

nal. De sus amigas, la que más le desespera es Clara, que es su amiga «espiritual». Siempre la trata de convencer de que vaya a terapia o a algún retiro, que enfrente sus miedos o que se conecte con las energías. «Qué absurdo», piensa Daniela, «para algo se inventó el Valium».

APRENDIZAJES ESPIRITUALES

Un primer gran aprendizaje que tienen estas personas en esta vida es **conectar con la energía de la transmutación,** con la energía de cierre de procesos, así como con la muerte, entendiendo que todo en la vida termina y llega a su fin, para que algo nuevo pueda surgir. El objetivo es mirar el miedo a la muerte, la resistencia a la impotencia y al descontrol, y así **llevar adelante procesos de cambio, crisis y transformación personal.**

Hay una enorme lección asociada a conectar con sus emociones, con lo que se encuentra en las profundidades de su inconsciente, donde habitan sus miedos, heridas, traumas y experiencias dolorosas. Atender esto les puede permitir vivir procesos de sanación y de liberación emocional tremendos. Estas personas están destinadas a mirar su interior con honestidad, conectando con su propia sombra, aquella parte que les avergüenza mostrar a los demás, pues la encuentran «malvada, sexual, egoísta o destructiva».

Estas personas vienen a **compartirse con otro, a nivel emocional y sexual,** experimentando en la intimidad, la conexión y la fusión. Aprendiendo también a **compartir sus posesiones** con otras personas, dándose espacios para generar recursos con otros, o incluso abriéndose a obtener cosas de los demás... siempre con conciencia y sin abusar.

También vienen a **descubrir el mundo de lo esotérico** e invisible a los ojos, lo que va más allá de la materia, desarrollando su intuición y habilidades de percepción.

EL PASADO Y LA MEMORIA DEL NODO SUR
EN LA CASA II O EN TAURO

En el pasado aprendieron a desarrollar estabilidad y bienestar, conectando fuertemente con la materia, el cuerpo y con el hecho de intentar vivir a un ritmo más lento. Una vivencia extrema de esta energía generó un grave rechazo a los cambios. De hecho, suelen evitar tenerlos y prefieren quedarse «pegadas» en las situaciones de la vida, repitiendo una inercia que quizá no las hace felices, pero les da una sensación de continuidad y estabilidad.

Estuvieron aprendiendo a autosostenerse a nivel material en el mundo. La gran mayoría de las personas con este Nodo Sur suelen ser autosuficientes. Generaron talentos, capacidades y habilidades para proveerse de recursos y propiciar la abundancia, sin depender de otros.[23]

También desarrollaron una fuerte necesidad de seguridad material en la vida, lo cual pudo manifestarse en un apego al dinero y a tener bienes. El apego a sus posesiones puede estar exacerbado, por ello, algunas de estas personas prefieren no compartir lo suyo y caen en el extremo, generando comportamientos egoístas e individualistas.

Estar centradas en sus propias necesidades y aprender a satisfacerlas terminó generando problemas al compartir y compartirse con otros. Suelen oponer resistencia a la intimidad profunda y a una conexión emocional real.

MAYOR RETO: LA INTIMIDAD, LA ESTABILIDAD MATERIAL
Y LA GENEROSIDAD

Este Nodo Norte invita a generar junto a otros. Incluso a hacer uso de lo que otros han creado en beneficio del mundo, es decir, ser capaces de utilizar las aptitudes de otras personas para generar abundancia y

---

[23] Sin embargo, hay personas con este Nodo Sur que pueden tener problemas económicos, pero estos se deberían a otras configuraciones que generen tensión en esta materia. Por ejemplo, Quirón en Tauro o en la Casa II, Saturno en Tauro o en la Casa II, o aspectos de tensión de Saturno o Quirón a Venus o al regente de la Casa II. A veces también puede pasar con alguien con mucha energía de Piscis, Neptuno como planeta dominante o ubicado en la Casa II, ya que esta energía tiende a minusvalorar lo terrenal y económico en comparación con lo «espiritual».

recursos. Esto puede incomodarles, pues puede no gustarles depender de otros o compartir sus habilidades y recursos con los demás.

Por eso es tan importante que aprendan a compartir sus propios recursos y bienes con los demás, dejando atrás su egoísmo y la sensación de que las «cosas son suyas». La generosidad es una de las grandes lecciones.

Otro ámbito de aprendizaje importante es la sexualidad y las relaciones de intimidad. Es primordial abrirse sexualmente al otro para vivir una conexión espiritual o tántrica, pues esta será una puerta para la evolución y la transformación personal que se logrará cuando exista fusión con el otro en el vínculo. Estudiar taoísmo o tantra las puede llevar a un mundo que nunca imaginaron que existía.

Espiritualizar la materia y la vida es algo a incorporar, pues muchas de estas personas se pueden quedar solamente en el plano de la materia, del dinero y de la acumulación. Por el contrario, es necesario alcanzar un equilibrio entre lo material y lo espiritual, pues las posesiones y el estatus económico no son sus objetivos en esta encarnación, ni mucho menos frenar su desarrollo y evolución espiritual.

Probablemente tendrán que enfrentar su miedo a perder la estabilidad económica y material, así como un miedo a la escasez. No obstante, esto las irá empoderando, pues les permitirá descubrir cómo su vida atraviesa potentes procesos de transformación que las llevarán, a su vez, a nuevas etapas de su vida.

GUÍA: APRENDER A TRANSFORMARSE UNA Y OTRA VEZ

Estas personas vienen a morir y renacer, como un ave fénix; como una serpiente que cada cierto tiempo cambia de piel. Por eso es clave que se muevan y salgan de las situaciones estancadas de su vida, como una relación o un trabajo que ya cumplió su ciclo, pues, si no, su Nodo Sur las atrapará dejándolas mucho más tiempo del necesario en una situación, todo por el miedo al cambio y a la transformación que «terminar» significaría. Por ello aprenderán a fluir con la vida y con ellas mismas, siendo honestas tanto con lo que su mundo interno como externo propone.

Les puede costar mirarse a sí mismas como realmente son, así como mirar hacia adentro de sus verdaderas emociones. Esta represión del mundo emocional las llevará a aferrarse al mundo de la materia y de los sentidos. Es clave que confronten su sombra, sus traumas y los aspectos negados de sí mismas. Mirar hacia adentro implica que se revelen partes individuales que no querrán ver, pues las llevará a confrontar sus mayores miedos; sin embargo, solo así podrán transformarse.

Que quede claro que este Nodo Norte no implica vivir sufriendo o en crisis, sino que se trata de aprender a mirarse y a hacerse cargo de los procesos de transformación interior, para aprender a soltar y dejar ir los resentimientos y traumas internos, así como las situaciones externas.

NO HAY CONEXIÓN CON EL NODO NORTE SI:

- Quieren quedarse solas, sin compartir su intimidad ni recursos con otros.
- Evitan el cambio en su vida.
- Evitan experiencias que muestren su sombra o las haga mirarse a sí mismas.
- No se conectan con lo espiritual y mágico que trasciende a la materia.

EQUILIBRIO ENTRE NODO NORTE Y NODO SUR

La vida sin cambio es el peor tipo de muerte, una que surge del estancamiento y de una repetición que corta la creatividad y la posibilidad de que surja, justamente, una nueva vida. Si los dinosaurios no se hubieran extinguido, los animales mamíferos, aves y seres humanos jamás hubiéramos podido existir como lo hacemos hoy en día en la Tierra. Coartar nuestra estabilidad por escuchar nuestro propio corazón y deseos de algo nuevo tiene un costo demasiado alto. La ficticia seguridad que no quiere ver nuestro miedo, ansiedad y angustias es efímera, pues nunca nos calma en realidad. El poder que descubrimos al mirar nuestros grandes miedos y traumas, al mirar la muerte y al vivir procesos de transformación nos dará la calma y estabilidad interna que tanto necesitamos para fluir con la vida.

ESENCIAS FLORALES PARA CONECTAR CON EL NODO NORTE EN LA CASA VIII O EN ESCORPIO

Si quieren activar la energía del Nodo Norte en la Casa VIII o en Escorpio les recomiendo esta fórmula floral.

Consideren que esta esencia puede mover temas emocionales y algunas veces generar emociones de incomodidad. Para este Nodo Norte es especialmente importante que la toma de esencias se haga de la mano de un terapeuta que los acompañe en su proceso evolutivo. Recuerden que llamar esta energía puede ser incómodo, pues los sacará de la zona de confort.

Manden a hacer la siguiente fórmula a una farmacia natural o donde tengan esencias florales. Es recomendable tomar la fórmula tres veces al día, vertiendo cuatro gotas bajo la lengua. Idealmente al despertar, cerca de la mitad del día y antes de dormir.

- Rock Water —del sistema Bach— poner 3 gotas en la fórmula.
- Chicory —del sistema Bach— poner 3 gotas en la fórmula.
- Bottlebrush —del sistema Bush— poner 7 gotas en la fórmula.
- Willow —del sistema Bach— poner 3 gotas en la fórmula.
- Sweet Chestnut —del sistema Bach— poner 3 gotas en la fórmula.
- Holly —del sistema Bach— poner 3 gotas en la fórmula.
- Walnut —del sistema Bach— poner 3 gotas en la fórmula.
- Cherry Plum —del sistema Bach— poner 3 gotas en la fórmula.

Nodo Norte en la Casa IX o en Sagitario

Trinidad es una mujer extremadamente curiosa, ama saber de todo y leerlo todo. El problema está en que le cuesta mucho profundizar en un tema y sostener el aprendizaje, pues se aburre con rapidez o aparece un tema más interesante que «roba» su atención. Ama ir a comprar libros, por lo general se termina comprando de dos a tres cada vez que entra a una librería, pero estos se vuelven parte de su colección de «lectura inconclusa», pues raramente los termina y se acumulan en su biblioteca.

Desde hace un tiempo comenzaron a interesarle los temas esotéricos y espirituales. Ama ir a clases y juntarse con otros para conocer de estos temas. En el último mes fue a una ceremonia budista, a un curso de Kabbalah de dos días, a una webinar de introducción al tarot, mientras estaba intentando leer un libro de numerología, pero, como siempre le ocurre, al final no profundizó en nada. Es que su mente quiere saberlo todo y de pronto se acelera buscando más respuestas.

Tiene un don especial para explicarles a otros lo que ha leído y estudiado, con facilidad logra que los demás lo entiendan. Pero cuando le preguntan cuál es su propia visión se confunde y no sabe qué responder, le es más fácil citar las visiones de otros.

APRENDIZAJES ESPIRITUALES

El aprendizaje de estas personas está en conectar con la energía de la aventura, de la expansión, de correr riesgos y de salir de sus espacios conocidos y familiares. **Es clave confiar en la vida, conectarse con su valor y atreverse a lanzarse con fe en sus aventuras,** soltando dudas o la necesidad de control. También son recomendables los viajes largos, vivir en otros lugares o permitirse explorar culturas ajenas a la suya.

Es esencial **ampliar sus horizontes culturales, religiosos, intelectuales y su visión de la realidad,** más allá del ambiente social y familiar en el que fueron educadas. Para lograrlo es esencial que conecten y profundicen con otras visiones, culturas, corrientes de pensamientos y filosofías, pues esto ampliará sus horizontes y les revelará una nueva forma de entender y ver el mundo.

Vienen a dejar de lado el énfasis en lo intelectual y en lo que la mente puede entender. Es clave **conectar con la intuición y desarrollar un pensamiento abstracto y filosófico,** que las lleve a ampliar su conciencia. Las respuestas que buscan no las encontrarán en la acumulación de información, sino dentro de sí mismas, en corrientes filosóficas o guías que conecten con lo abstracto, esotérico e invisible.

En un nivel más alto, el aprendizaje está en descubrir su pensamiento, propio e intuitivo, libre de influencias externas, desarrollando su propia síntesis personal y filosofía de vida. Entenderán que las respuestas no están en la información, sino en las experiencias mismas y en las conclusiones personales.

En vez de estudiar acerca de un tema, leyendo libros o tomando clases teóricas, el **aprendizaje está en vivir experiencias que eduquen conectando vivencialmente con la experiencia.** Por ejemplo, en vez de leer sobre chamanismo, acudirán a ceremonias y rituales. O en lugar de leer acerca de budismo, irán a retiros budistas, donde experimenten por sí mismas.

EL PASADO Y LA MEMORIA DEL NODO SUR EN LA CASA III O EN GÉMINIS

En el pasado estuvieron aprendiendo a convertirse en comunicadoras, así como en buscadoras de información. Para lograr esto fueron activando enormemente su curiosidad y capacidad de dispersión. Asimismo, exacerbaron la atención de sus sentidos a lo que estaba pasando a su alrededor. Todo esto fue hiperactivando su mente, que estaba atenta a lo que pasaba afuera, lo cual las llevó a cuestionarse y a preguntarse el porqué de mucho de lo que veían en su entorno. Esto, a su vez, generó en ellas la necesidad de tener respuestas racionales, que les permitieran ordenar su realidad y comprender los fenómenos a su alrededor.

Se fueron convirtiendo en muy buenas comunicadoras de los mensajes de los demás, así como de lo que iban leyendo, estudiando, aprendiendo, y de la información de otros. Ello les permitió lograr la capacidad de adaptar con facilidad su manera de comunicarse con la persona que tuvieran el frente, haciendo que los demás entendieran lo que querían expresar.[24]

---

[24] Esta facilidad para comunicar puede estar obstaculizada si la persona tiene a Mercurio con aspectos de tensión (cuadratura, oposición, conjunción y quincuncio), a Saturno o Quirón. O si en la Casa III o en Géminis se encuentran Saturno o Quirón. Esto implica que el potencial existe, pero primero hay que sanar inseguridades, traumas y heridas de eventos ocurridos en la infancia y en el pasado del linaje.

Como su foco estaba hacia afuera, se fueron desconectando de su propia voz e intuición. No se permiten «elevar» su pensamiento y dirigirlo hacia conceptos más abstractos que desafíen la comprensión de los sentidos; así pues, no conectan con su mente intuitiva y más filosófica. Su mente curiosa rara vez se detiene, por lo que no tienen espacios de silencio interno, para que la información decante y puedan sacar conclusiones propias.

En cambio, estas personas tienden a adoptar las estructuras de pensamiento de su medio ambiente familiar o de la comunidad donde vivieron, en especial cuando eran niñas.

MAYOR RETO: DESCUBRIR SU VERDAD PERSONAL

Estas personas vienen a cuestionarse sus propios pensamientos para determinar cuáles les pertenecen y cuáles son una réplica de lo que aprendieron en su familia, escuela y sociedad. Su objetivo: liberarse de los condicionamientos mentales de su infancia y cultura.

Para ello es muy importante que descubran nuevas visiones y aprendan nuevos conceptos que vayan más allá de aquellos con los que se encuentran familiarizadas. La Casa IX o en Sagitario las invita a expandir los horizontes personales, ya sea:

- ☼ Viajando y explorando terrenos desconocidos.
- ☼ Recorriendo o conociendo otros países y culturas.
- ☼ O bien estudiando temas filosóficos, metafísicos, religiosos o siguiendo una formación universitaria que abra su mente y la expanda.

Este Nodo Norte se relaciona con la capacidad de desarrollar un pensamiento propio e intuitivo, libre de influencias externas y antiguas. Las personas harán su propia búsqueda y crearán ideas y conceptos que les pertenezcan. Tienden a repetir lo que han leído en otros lados o lo que los demás han dicho. En esta vida la clave está en dejar de transmitir lo que dicen los demás, para comenzar a conectarse y comunicar su propia síntesis, verdad y visión personal. Es vital atreverse a expresar las propias visiones, incluso si los demás no están de acuerdo. Serán capaces de sostener sus puntos y creencias.

GUÍA: EVITAR DISPERSARSE Y PERMITIRSE PROFUNDIZAR

Son personas que suelen dispersarse de forma excesiva. No profundizan en las experiencias, pasan de una escuela a otra, de una visión a otra, de un tema a otro. La mente está demasiado activa buscando respuestas. Es clave que elijan un área o una visión que les interese y que profundicen en esta, experimentando vivencias profundas que les permitan conectarse con ellas mismas para así encontrar respuestas propias y trascendentales.

Por ejemplo, en vez de empezar a leer varios libros y dejarlos sin terminar, elegirán uno que les haga sentido desde el «estómago» y concluirlo. O en vez de estudiar varias corrientes religiosas o de pensamiento, escogerán una desde su intuición, profundizarán en ella y vivirán experiencias de aprendizaje, más que acumular información.

Para lograr esto es fundamental que:

- ⚹ Se den cuenta de cómo funciona su mente ávida de información y llena de preguntas, y aprendan a «sentir» y a confiar en su intuición a la hora de abordar de un tema.
- ⚹ Calmen su mente intranquila. Es importante la meditación para bajar el ruido mental y tomar conciencia de sus pensamientos.

NO HAY CONEXIÓN CON EL NODO NORTE SI:

- ⚹ No aprenden a defender y a comunicar sus propias visiones y síntesis personales.
- ⚹ Se dejan persuadir por el entorno familiar, conocido o «intelectual».

- ☼ Siguen apegadas a buscar las respuestas mediante la información externa.
- ☼ No profundizan en la experiencia porque se dispersan.
- ☼ No viven aventuras o no salen de sus ambientes conocidos.
- ☼ No tienen fe para expandir su vida.
- ☼ No se interesan por culturas exóticas o ajenas a la suya.

EQUILIBRIO ENTRE NODO NORTE Y NODO SUR

Para comprender e integrar algo de verdad, de manera que podamos «sentir» lo que esto significa, es esencial darnos espacios de silencio y de conexión con nuestra mente superior. Esto es imposible si siempre estamos preguntándonos el porqué de todo y siempre estamos desde la mente curiosa buscando más y más información, empujados por nuestra ansiedad. Con ese comportamiento, no dejamos que la información y los conceptos que hemos aprendido puedan «digerirse». Las grandes claridades, *insights* y visiones no surgen de la información externa. Surgen de permitirnos hacerlas propias, permitirnos «filosofar» y que ocurra el milagro de la visión personal; así hacemos propia la información externa. Gracias a esto ahora podemos explicar con nuestras propias palabras aquello que comprendimos, pues antes solo éramos «loros» que repetían la información que los demás nos habían dicho.

ESENCIAS FLORALES PARA CONECTAR CON EL NODO NORTE EN LA CASA IX O EN SAGITARIO

Si quieren activar la energía del Nodo Norte en la Casa IX o en Sagitario les recomiendo esta fórmula floral.

Consideren que esta esencia puede mover temas emocionales y algunas veces generar emociones de incomodidad. Si quieren tomar esta fórmula, es aconsejable que lo hagan de la mano de un terapeuta que los acompañe en su proceso evolutivo de conectar con su Nodo Norte. Recuerden que llamar a su energía puede ser incómodo, pues los sacará de la zona de confort.

Manden a hacer la siguiente fórmula a una farmacia natural o donde tengan esencias florales. Es recomendable tomarla tres veces al día, vertiendo cuatro gotas bajo la lengua. Idealmente al despertar, cerca de la mitad del día y antes de dormir.

- Gorse —del sistema Bach— poner 3 gotas en la fórmula.
- Mimulus —del sistema Bach— poner 3 gotas en la fórmula.
- Mountain Pride —del sistema Fes— poner 3 gotas en la fórmula.
- Cerato —del sistema Bach— poner 3 gotas en la fórmula.
- Willow —del sistema Bach— poner 3 gotas en la fórmula.
- Sweet Chestnut —del sistema Bach— poner 3 gotas en la fórmula.
- White Chestnut —del sistema Bach— poner 3 gotas en la fórmula.
- Bush Fucshia —del sistema Bush— poner 7 gotas en la fórmula.

Nodo Norte en la Casa X o en Capricornio

Maju siempre fue una mujer muy apegada a su familia, era el centro de su mundo. De adolescente prefería quedarse en su hogar y pasar el tiempo del fin de semana en los encuentros con sus padres, abuelos, tíos y primos. Su atención y preocupaciones se centraban en lo que pasaba en la casa y en los problemas de algún miembro de su familia.

Al terminar la escuela decidió entrar a estudiar Ingeniería, la misma carrera que estudió su padre, su tío y varias de sus primas y primos. Fue una alumna con buenas calificaciones, pues era aplicada, tal como lo eran casi todos en su familia. Al terminar la universidad encontró trabajo en una importante empresa. Sin embargo, nunca tuvo reales ambiciones profesionales. Lo que ella quería era ser madre y formar un hogar. Sentía que venía al mundo para eso.

Antes de los 26 años se casó y rápidamente quedó embarazada. Se dijo a sí misma que iba a dejar de trabajar durante el primer año de vida de su hijo, para después volver a su antiguo trabajo. Esto no ocurrió así y de eso ya han pasado diez años. Es madre de un niño y dos niñas, que monopolizan su tiempo. Cuando pensó en volver a trabajar sintió que la carrera que había estudiado ya no le hacía sentido, quería dedicarse a algo diferente, pero la culpa de «abandonar» a sus hijos era demasiado grande y rápidamente sacó esa idea de su cabeza.

APRENDIZAJES ESPIRITUALES

El aprendizaje de estas personas en esta vida es salir al mundo para **realizarse a nivel vocacional**, encontrando una profesión conectada con su alma y con lo que vienen a entregarle al mundo. Asimismo, aprenderán cómo alcanzar las metas y los objetivos que se pongan en la vida, ya sean académicos o profesionales.

Para lograrlo tienen que **saber cómo funciona la realidad, sus tiempos, reglas y normas**, así como desarrollar valor, madurez, responsabilidad, autorregulación emocional y constancia. Aprenderán a arreglárselas por sí mismas en la realidad, obteniendo autonomía para sostenerse y moverse en el mundo.

Su alma viene a tomar un lugar de autoridad en el mundo y a asumir responsabilidades en el ámbito profesional y social. Es importante convertirse en líderes magnánimos y ejercer el poder con responsabilidad, asumiendo un rol de autoridad que sea un aporte para el colectivo, no centrándose en la búsqueda del poder personal ni en la acumulación de éxito.

Asimismo, vienen a aprender a soltar los condicionamientos heredados de su linaje, especialmente enfocados a lo que pueden o no pueden hacer en el mundo. Aprenderán a «salir» del nido sin culpa y proyectarán una vida personal alineada con su alma y no con lo que la familia condiciona o espera de ellas. **Es clave que crean y descubran sus tremendas capacidades de liderazgo y de aporte a la sociedad.**

EL PASADO Y LA MEMORIA DEL NODO SUR
EN LA CASA IV O EN CÁNCER

En el pasado, su gran enseñanza fue aprender a hacer un hogar y una familia, por lo que dedicaron mucho tiempo a quedarse en el «nido», potenciando los vínculos cercanos e íntimos. Aprendieron a conectar con la sensibilidad y con cómo sostener y cuidar a otros a nivel emocional. También hubo potentes experiencias siendo madre o padre, con una vida muy enfocada en la nutrición y la crianza.

Esto fue haciendo que dejaran de mirar hacia lo «externo», evitando salir al mundo y desarrollarse a nivel profesional. Aprendieron a postergar sus metas y objetivos profesionales por el buen funcionamiento del hogar y la familia. De hecho, su atención principal estaba en los asuntos de la familia.

También fueron enfocando su energía en sus necesidades emocionales de seguridad y protección. Preferían quedarse en casa o en espacios conocidos, para no exponerse a salir al mundo. Esto hace que a muchas de estas personas les dé miedo e inseguridad salir a la realidad a alcanzar metas, pues su llamado inconsciente es «replegarse» al hogar, para así calmar la vulnerabilidad que sienten estando fuera del «nido» y quedarse dentro de un espacio de protección. La necesidad de seguridad emocional y de permanecer en un ambiente familiar puede dominar su vida, haciendo que no se sientan cómodas con salir al exterior.

MAYOR RETO: SOLTAR LOS APEGOS Y
CONDICIONAMIENTOS FAMILIARES

Para las personas con este nodo, los mandatos familiares son especialmente fuertes y condicionantes. Las creencias y raíces de sus padres y ancestros las atrapan, impidiéndoles avanzar hacia su propia individualidad. El Nodo Norte en la Casa X o en Capricornio requiere que las personas tomen las riendas de su propia vida y se liberen de las influencias ajenas y familiares, dejando la seguridad y comodidad de lo conocido para poder salir al mundo. Sin embargo, lo que ocurre es que:

- Se encuentran atrapadas en las necesidades de sus padres, hermanos y de su propia familia. Dedican mucho tiempo y energía a los temas de sus más cercanos.
- Están más pendientes de lo que su familia quiere de ellas que de descubrir qué es lo que desean hacer en el mundo.
- Muchas mujeres prefieren dedicarse a sus hijos y al hogar.

Además, están heredando muchos de los miedos, limitaciones o creencias familiares que condicionan lo que se puede hacer, alcanzar y lograr a nivel profesional. Algunas veces, incluso, eligen una carrera profesional muy condicionada con las expectativas del linaje.

Es fundamental que aprendan a tomar distancia de los temas de sus padres, hermanos y familiares, de manera que puedan poner límites sanos y no hacerse cargo de lo que no les corresponde. Así lograrán descubrir su vocación y lo que quieren hacer en el mundo, más allá de lo que sus padres, familia o sociedad esperen.

Es muy recomendable que hagan o estudien constelaciones familiares y entiendan cómo funciona el «orden del amor» dentro de las familias. De este modo podrán soltar los mandatos y problemas del linaje, y tomarán su propio lugar en la vida, liberándose de condicionamientos que no les corresponde vivir.

GUÍA: SALIR AL MUNDO Y APORTAR A LA SOCIEDAD

Muchas personas con este Nodo Sur prefieren quedarse en su hogar, pero su evolución dice todo lo contrario. Es importante que suelten la necesidad de estar en un lugar familiar y seguro para aprender a salir y exponerse al mundo externo. Gracias a este proceso las personas irán madurando y aprenderán a conocer y usar sus recursos para manejarse en la realidad.

Es vital que aprendan a canalizar hacia ellas mismas su enorme energía de nutrición, contención y calma, además de enfocarse en conectar con sus emociones y cuidar al niño interno vulnerable que existe en su interior, en especial cuando se expongan a la realidad y se activen sus miedos e inseguridades de esta parte frágil dentro de ellas.

Este Nodo Norte no pide no formar una familia ni dejar abandonado el hogar, pero sí pide que las personas se den el espacio y el tiempo para salir al mundo a alcanzar metas. Es fundamental ser un aporte para el colectivo, asumiendo el liderazgo y la responsabilidad social que la vida les demande.

NO HAY CONEXIÓN CON EL NODO NORTE SI:

- Viven en función de su familia.
- Sacrifican su vida profesional por el hogar.
- No enfrentan sus miedos a la hora de salir al mundo y desarrollarse a nivel profesional.
- No descubren su propia autoridad interior.
- No se atreven a ser líderes y a asumir responsabilidades en el mundo.

EQUILIBRIO ENTRE NODO NORTE Y NODO SUR

La familia y el hogar nos deberían dar las bases de seguridad, valores y contención, que son los pilares para poder salir al mundo y sostenernos por nosotros mismos. Debería ser un espacio de cuidado donde nos vayamos desarrollando, como un útero que protege al feto que está creciendo para que luego salga al mundo a vivir su vida. Sin embargo, cuando los condicionamientos e historias de nuestra familia nos atrapan, impidiéndonos realizarnos en nuestra propia vida, entonces estamos ante una raíz que no es sana, sino una historia de codependencia emocional.

Todos necesitamos sentirnos seguros a nivel emocional, todos queremos calmar nuestra ansiedad y nuestros miedos. Pero estar atrapados en elementos externos para calmarnos, como el hogar y los vínculos íntimos, nos limita de poder autocontenernos cuando estamos solos en el mundo y tenemos que hacernos cargo de nuestras responsabilidades. Un adulto maduro acepta su fragilidad y necesidades emocionales, haciéndose cargo de estas, aprendiendo a contener a su niño interno vulnerable, sin importar el lugar donde esté. Así, su «hogar» lo acompaña a cualquier lugar del mundo en el que se encuentre.

ESENCIAS FLORALES PARA CONECTAR CON EL NODO NORTE EN LA CASA X O EN CAPRICORNIO

Si quieren activar la energía del Nodo Norte en la Casa X o en Capricornio les recomiendo esta fórmula floral.

Consideren que esta esencia puede mover temas emocionales y algunas veces generar emociones de incomodidad. Recuerden que llamar a su energía puede ser incómodo, pues los sacará de la zona de confort.

Manden a hacer la siguiente fórmula a una farmacia natural o donde tengan esencias florales. Es recomendable tomar la fórmula tres veces al día, vertiendo cuatro gotas bajo la lengua. Idealmente al despertar, cerca de la mitad del día y antes de dormir.

Nota: si quieren tomar esta fórmula, es aconsejable que lo hagan de la mano de un terapeuta que los acompañe en su proceso evolutivo de conectar con su Nodo Norte, en especial lo que concierne a la esencia Boab, pues es bastante poderosa y remueve el mundo emocional.

- Boab —del sistema Bush— poner 7 gotas en la fórmula.
- Oak —del sistema Bach— poner 3 gotas en la fórmula.
- Mimulus —del sistema Bach— poner 3 gotas en la fórmula.
- Centaury —del sistema Bach— poner 3 gotas en la fórmula.
- Almond —del sistema Bach— poner 3 gotas en la fórmula.
- Willow —del sistema Bach— poner 3 gotas en la fórmula.
- Sweet Chestnut —del sistema Bach— poner 3 gotas en la fórmula.
- Illawarra Flame Tree —del sistema Bush— poner 7 gotas en la fórmula.
- Pine —del sistema Bach— poner 3 gotas en la fórmula.

Nodo Norte en la Casa XI o en Acuario

Diana desde pequeña fue una niña muy artística y creativa. Le encantaba subirse al escenario, hacer shows frente a otros y llamar la atención. Era una niña bastante extrovertida y tomaba todas las oportunidades que la vida le daba para brillar. Si bien tuvo buenas amigas, siempre le costó relacionarse en grupo. A ella le encantaba dirigir y que todos hicieran lo que quería. Esto provocaba conflictos con los demás e hizo que se centrara aún más en sí misma.

Siguiendo su corazón, decidió dedicarse a la actuación. Después de terminar la escuela de drama tuvo una oportunidad para aparecer en una telenovela de su país. Fue un rol revelación y de inmediato se volvió conocida. Durante varios años siguió actuando en la televisión, haciendo roles parecidos de chica buena e inocente, pues a la gente le encantaba verla de esa manera. Hoy en día está pasando por una crisis de identidad y creativa. No se siente para nada realizada y está aburrida de la televisión. Quiere experimentar en la música, pero tiene terror de perder lo que ha construido o que a los demás no les gusten sus nuevas creaciones. Además, le surgió la posibilidad de trabajar en una obra de teatro de una importante compañía de su país. Esto le encanta, pero se siente incómoda, pues la creación se hace de manera colaborativa y sufre porque los demás no quieren implementar sus ideas.

APRENDIZAJES ESPIRITUALES

El aprendizaje de estas personas en la vida es **estar en grupo, trabajando en equipo y colaborando con los demás.** Sociabilizar y compartir con otros, profundizando en lazos grupales y de amistad, y descubriendo qué es pertenecer a un colectivo.

Vienen a aprender a **poner su potencial creativo y su propia individualidad a disposición del grupo**. Aportarán como «uno más» que colabora, siendo humildes, escuchando a otros y así cocreando, sin imponer su voluntad. Es decir, será un miembro que aporta a la «banda» y que no necesita ser el centro de atención o el dominante. El crecimiento está en dejar de esperar que los demás hagan lo que ellas quieren. Cada vez que están en grupos tienen la oportunidad de soltar su ego y la necesidad de brillar por sobre los demás.

Otro aprendizaje está en encontrar intereses que vayan más allá de los beneficios personales, el reconocimiento y el sentido de importancia. Es esencial descubrir ideales sociales y colectivos que las motiven... impulsándose a conectar con causas mayores que su propia individualidad, que ayuden a la sociedad y al planeta.

Vienen a descubrir cómo aportar a la sociedad, cómo unirse a otros para lograr esto, cómo compartir con otros para alcanzar metas colectivas. Un último aprendizaje está en liberar su potencial creativo y su propia individualidad, atreviéndose a mostrarse tal como son, lo que las hace únicas y diferentes, incluso si esta imagen genera rechazo en los demás. Al liberarse de la necesidad de reconocimiento y aprobación podrán liberar también su creatividad y expresión personal.

EL PASADO Y LA MEMORIA DEL NODO SUR EN LA CASA V O EN LEO

En el pasado de su alma aprendieron a conectar con su propia individualidad, sentido de importancia, necesidad de autoexpresión y de llevar la vida en coherencia con su corazón. Por esta razón vivieron muy centradas en sí mismas y en dirigir su vida en la dirección que querían. Para ello sacrificaron las experiencias de compartir, llegar a acuerdos y de crear junto a otros.

También estuvieron aprendiendo a desarrollar su gran potencial creativo, incluso artístico. Conectaron con sus ganas de mostrar sus creaciones y brillar frente a otros. Podríamos decir que en el pasado aprendieron a ser «solistas» y dar espacio a su propia creatividad, sin que nada ni nadie las detuviera.

Todo esto provocó que, sin darse cuenta, se volvieran muy autocentradas y les costara mucho ver a los demás. Quieren ser el centro de atención, sentirse especiales y que sus deseos se cumplan. No quieren pasar desapercibidas en esta vida y terminan por no aceptar que son una persona más.

Les cuesta mucho verse objetivamente, pues suelen tener fantasías sobre quienes son. Sin embargo, se les dificulta mirar realmente al «personaje» que encarnan y cómo se muestran frente a otros.

La necesidad de aplauso y reconocimiento las empuja y suele limitar su propia libertad creativa, pues suelen crear enfocadas en lo que los demás quieren ver o en lo que a los demás les pueda gustar.[25] En este sentido, algunas veces les puede costar diferenciarse y ser rupturistas.

MAYOR RETO: DAR Y CREAR EN GRUPO

Vienen a aprender a ponerse a disposición de los demás, a ver y a escuchar a los otros. Para hacer esto tienen que ir soltando su ego y el exceso de importancia personal que se dan a sí mismas. Dejarán de demandar y ponerse por encima de los demás. Cuando estén en grupo, su talento creativo tiene que soltar «lo que quieren crear», para ponerse al servicio de lo que el grupo quiera lograr.

Estas personas aprenderán a darse espacios de creación individual, donde sean solistas, pero también espacios de creación grupal, en los que sean un miembro más de la «banda», no más importantes ni especiales que el resto. Es clave que aprendan a relacionarse con personas en grupo y que cultiven amistades sanas y desinteresadas. Normalmente esperan que los amigos y quienes que las rodean giren alrededor suyo; sin embargo, vienen para dar y compartir, para ser una más.

Es importante que se junten con otros y participen en grupos de recreación; esto les permitirá autoobservarse y conocerse más, pues si escuchan y ven cómo los ven los demás, irán descubriendo cómo se expresan realmente. A su vez, ello les ayudará a ser más honestas con ellas mismas, a ir soltando su ego. Así, podrán dejar atrás las fantasías que tienen de sí, las cuales nacen de su ego y de la necesidad de sentirse especiales.

---

[25] Esta tendencia a crear sin correr mayores riesgos o haciendo lo que a los demás les puede gustar se ve reducida si la persona tiene energía de Acuario en su carta natal, si tiene una fuerte presencia de Urano o está muy activa la Casa XI.

Su aprendizaje es dejar atrás su ego y el exceso de importancia que se dan a sí mismas, para conectarse con otros temas de mayor trascendencia, entre ellos, ideales, agrupaciones, organizaciones y causas que tengan un impacto global en la sociedad. Existe un mundo, personas y necesidades colectivas que son más grandes que su Yo. También es clave dedicar tiempo a ayudar a cambiar la realidad, lo cual las conectará con su propósito del alma. Asimismo, es fundamental entender los grupos y amigos como instrumentos para materializar ideales y causas elevadas, para hacer un aporte, no solo para disfrutar de la compañía de otros o ser populares.

GUÍA: DEJAR LA NECESIDAD DEL APLAUSO Y APRENDER A EXPRESARSE DE FORMA AUTÉNTICA

Otro desafío del Nodo Norte en esta posición es liberar la propia individualidad para manifestar aquello que realmente singulariza a estas personas. Para lograrlo tienen que dejar atrás su necesidad de aplauso, porque las estanca en roles y papeles que las limitan.

Puede ser que no se reconozca como extrovertidas, o que les cueste aceptar que quieren llamar la atención. Lo importante es darse cuenta de que, al tener el Nodo Sur que poseen, sí están intentando ser vistas y sentirse especiales. Incluso terminan haciendo cosas que en realidad no les gustan, pero que sienten que los demás aprueban o les permiten sentirse reconocidas.

Es importante aprender a correr el riesgo de expresarse de forma auténtica, dejar fluir su propia originalidad, mostrando al mundo sus diferencias y aquello que las hace únicas. Se centrarán en liberarse de la aprobación de los demás.

NO HAY CONEXIÓN CON EL NODO NORTE SI:

- ☼ Son personas solitarias o que no saben relacionarse con otros.
- ☼ No les gusta o se niegan a trabajar en equipo.

- ☼ La necesidad de aplauso y reconocimiento frena su propia individualidad.
- ☼ No se relacionan con ideales más elevados o con ayudar al colectivo.

EQUILIBRIO ENTRE NODO NORTE Y NODO SUR

La creatividad y expresión personal se ve limitada por nuestra necesidad de aplauso y de sentirnos especiales. Muchas veces terminamos atrapados en «personajes» que construimos para sentirnos reconocidos, esperando la aprobación de los demás. ¿Qué es más importante, la expresión auténtica o llamar la atención? Cada cierto tiempo tenemos que revolucionarnos, burlarnos de nuestro propio ego y sentido de importancia. Eso nos dará la libertad necesaria para emprender un nuevo comienzo y una nueva expresión personal. Recordemos que el Yo no es una imagen estática, por el contrario, vamos cambiando con el tiempo y tenemos que ser honestos con ese llamado.

Nuestra esencia quiere expresarse, pues desea causar un impacto en el mundo externo. Cuando el Yo se exprese honestamente y se realice estará listo para mirar al lado y ver lo que ocurre a su alrededor, las injusticias, los conflictos y los problemas de la realidad. Se percatará de que es parte de ese mundo, no un ser separado. Así surgirán las ganas de poner su esencia al servicio de un bien mayor. Pero el mundo es muy grande y para causar un gran impacto tenemos que unirnos con otros. Muchos soles reunidos, cocreando y brillando para generar un gran cambio en la sociedad.

ESENCIAS FLORALES PARA CONECTAR CON EL NODO NORTE EN LA CASA XI O EN ACUARIO

Si quieren activar la energía del Nodo Norte en la Casa XI o en Acuario les recomiendo esta fórmula floral.

Consideren que esta esencia puede mover temas emocionales y algunas veces generar emociones de incomodidad. Si quieren tomar esta fórmula, es aconsejable que lo hagan de la mano de un terapeuta que los acompañe en su proceso evolutivo de conectar con su Nodo Norte. Recuerden que llamar a su energía puede ser incómodo, pues los sacará de la zona de confort.

Manden a hacer la siguiente fórmula a una farmacia natural o donde tengan esencias florales. Es recomendable tomar la fórmula tres veces al día, vertiendo cuatro gotas bajo la lengua. Idealmente al despertar, cerca de la mitad del día y antes de dormir.

- Water Violet —del sistema Bach— poner 3 gotas en la fórmula.
- Verbain —del sistema Bach— poner 3 gotas en la fórmula.
- Willow —del sistema Bach— poner 3 gotas en la fórmula.
- Sweet Chestnut —del sistema Bach— poner 3 gotas en la fórmula.
- Kangaroo Paw —del sistema Bush— poner 7 gotas en la fórmula.
- Bush Gardenia —del sistema Bush— poner 7 gotas en la fórmula.
- Tiger Lily —del sistema Fes— poner 3 gotas en la fórmula.
- Holly —del sistema Bach— poner 3 gotas en la fórmula.

Nodo Norte en la Casa XII o en Piscis

Pau es un hombre superproductivo y ocupado. Le encanta estar haciendo cosas; sobre todo dedica muchas horas a su trabajo, donde siempre hace todo lo posible por dar lo mejor de sí y lograr los objetivos con excelencia, destinando más horas y esfuerzo que la mayoría de sus compañeros. Siempre está ayudando y siendo un aporte para los demás; de hecho es normal que la gente le pida favores. A Pau le cuesta mucho decir que no y por lo general hace todo lo que le piden; incluso si no tiene ganas de hacerlo. Eso sí, hay algo con lo que no negocia: su tiempo para entrenar y hacer deporte. Es un tiempo sagrado para él. Le gusta hacer deporte todos los días muy temprano, antes de ir al trabajo. Los fines de semana, cada vez que tiene tiempo libre, va a entrenar. Es que para él el descanso y el ocio son una pérdida de tiempo enorme.

Hace unos años uno de sus mejores amigos comenzó a meditar y a interesarse por temas espirituales. Pau lo ha acompañado en más de una ocasión. Le cuesta mucho creer en las cosas que se hablan ahí, le parecen ilógicas y abstractas. Aunque sabe que dentro de sí ha tenido momentos espirituales y de sentir «cosas» que no tienen explicación, pero rápidamente las desecha, pues duda de la realidad de cualquiera de esas experiencias.

APRENDIZAJES ESPIRITUALES

El aprendizaje de estas personas en esta vida es **desarrollar una profunda conexión espiritual interior**, viviendo en contacto con su alma y las partes más sagradas de su ser. Para lograr esto será clave que profundicen en sí mismas, en espacios de introspección, para experimentar la vacuidad y la sensación de unidad con el Todo.

Vienen a **conocer y aprender del mundo de lo «invisible», de lo místico y divino**. Lo que trasciende la lógica y las reglas de la realidad. Tienen que aprender a conectar con su intuición, abriéndose a sus emociones y sensibilidad, al caos, a lo ilógico y a lo metafísico. Es primordial aceptar que son seres sensibles, intuitivos, compasivos y que están conectados con todo lo que ocurre a su alrededor, incluso si no lo pueden explicar de manera lógica o racional.

Para alcanzar esto tienen que darse espacio para salir de las rutinas, deberes y obligaciones del día a día de la vida en la Tierra, así podrán desarrollar una conexión espiritual mediante los espacios de silencio, retiro, meditación y cualquier «instrumento» que les permita ampliar su nivel de conciencia y conectarse con lo que trasciende el plano material y concreto de la realidad.

Vienen a **buscar el sentido trascendental de las vivencias en la Tierra**. Su aprendizaje será buscar cuál es el sentido más alto de esta vida, cuál es el objetivo de estar encarnada, cuál es la esencia de su alma. Para ello resulta esencial potenciar su intuición y sensibilidad, conectándose con la unidad y con los demás. Tienen que aprender a soltar el control, a fluir con la vida, pues tienen que darse cuenta de que su ser es uno con la totalidad y rendir su ego a la voluntad divina que se expresa en su ser desde su alma.

EL PASADO Y LA MEMORIA DEL NODO SUR EN LA CASA VI O EN VIRGO

En el pasado de su alma profundizaron en el servicio, trabajo y disciplina. Por ello fueron postergando sus necesidades emocionales y la conexión con su alma, para enfocarse en la realidad, ayudar, producir y ser útiles. Se acostumbraron a trabajar en exceso y a estar ocupadas la mayor cantidad de tiempo realizando acciones en el mundo.

Para poder entender la realidad y resolver los problemas que esta presenta fueron potenciando y desarrollando el hemisferio izquierdo de su cerebro. Activaron su mente racional, focalizándose en lo lógico y en lo «real», es decir, lo que podía ser percibido por sus sentidos.[26]

Si bien fueron aprendiendo sobre el servicio a los demás, lo hicieron desde la perspectiva práctica, por ejemplo, ayudando a otros de una manera funcional, según el problema que tenían. Sin embargo, se desconectaron de una energía de ayuda más sensible, compasiva y que sostiene desde el amor. Que acompaña más que resuelve.

Para muchas personas este Nodo Sur también implica una desconexión o rigidización emocional. Las emociones podrían ser vistas como un estorbo a la hora de enfocarse en la tarea o en el momento de ayudar a otros.

---

[26] Este exceso de lógica y racionalidad puede verse disminuido si la persona tiene en su carta natal concentración de Piscis, Cáncer o Escorpio; Mercurio en signos de Agua o en aspecto a Neptuno; Neptuno en la Casa III o VI; o aspectos complejos de Quirón a Mercurio, pues esto implicaría que también tiene extremadamente desarrollado el hemisferio derecho. Asimismo, si la Luna está en la Casa I o aspecta a Mercurio de manera disarmónica. Con este Nodo Norte la persona está destinada a integrar los dos hemisferios, aprendiendo a conectar su lado lógico y racional con el intuitivo y sensible.

MAYOR RETO: CONFIAR EN LA VIDA Y VIVIR DESDE LA INTUICIÓN

Muchas personas con este nodo tienden a creer que la mente racional, los conceptos y la razón son los únicos parámetros válidos. Les gusta tener el control, que haya orden y saber lo que ocurrirá antes de que lo hagan. Tienen pánico al espacio caótico, sin reglas y sin estructuras que representa la Casa XII o en Piscis. Esta experiencia de «lanzarse a lo desconocido» les es muy ajena, pues para entrar en su Nodo Norte tienen que soltar reglas y estructuras mentales sobre cómo manejar sus sentimientos y cómo comportarse.

Cuando perciben ese espacio místico pueden sentir que se disuelven o que caen en un vacío total e incontrolable. La experiencia de Dios, la espiritualidad profunda, los momentos místicos y la fe en la vida no pueden ser comprendidos mediante la mente lógica y la razón.

Algunas personas con este nodo sí creen en temas espirituales, pero les cuesta creer en sus dones y habilidades. Desconfían de su intuición y percepciones. Aquí se les pide aprender a confiar en la vida; esto es un acto de fe, justamente es lo que vienen a aprender. Es vital soltar la gran exigencia personal y autocrítica que no les permite confiar y atreverse a vivir experiencias, aunque no se sientan listas, pues necesitan pensar que todo lo que ocurra será perfecto. Así, podrán fluir con la vida. **Será clave estudiar sobre temas energéticos e intuitivos, como aprender de reiki, técnicas de sanación, etc. Esto les ayudará a ir conectando con su intuición y percepciones, más allá de la lógica de los sentidos.**

GUÍA: DEJAR ESPACIO PARA EL OCIO, LA CONEXIÓN ESPIRITUAL Y EL SILENCIO

Son personas que tienden a vivir ocupadas, dedicadas al trabajo o al servicio hacia otros, lo cual representa la costumbre del pasado de su alma. Pueden tener culpa de parar y de no sentirse útiles. Es muy importante que surja un nuevo equilibrio en su vida, que se den tiempo para la búsqueda espiritual y el ocio. No todo el tiempo serán útiles, o entrenando o ayudando.

Los espacios para el silencio, para la conexión, para estar simplemente en la naturaleza o «sintiendo» son los que crearán una nueva realidad. Este nodo no sugiere que las personas no deban trabajar, sino que es preciso dedicarle el tiempo que realmente le corresponde, ni más ni menos. El resto tendrán que ocuparlo en su alma o cualquier técnica espiritual que les haga sentido.

Será clave que se puedan retirar de vez en cuando a su espacio personal, aisladas de los demás, para ahí reflexionar sobre sí mismas. Luego podrán retornar al mundo con tranquilidad y nuevas energías.

Puede haber una tendencia a sacrificarse de forma excesiva para ayudar a otros. Incluso sienten culpa de decir que no, por lo que puede costarles poner límites. Es muy importante que aprendan a regular esto, o jamás se darán espacios para estar con ellas mismas y escuchar las necesidades de su alma.

Este nodo no sugiere que no haya que ayudar a otros, lo que aconseja es que la ayuda sea más desde la compasión emocional, el acompañamiento o la curación espiritual. De hecho, es importante que aprendan realmente a conectarse con las necesidades emocionales de los otros y a abrirse a su campo emocional.

NO HAY CONEXIÓN CON EL NODO NORTE SI:

- Trabajan en exceso y siempre se mantienen ocupadas.
- No creen en nada espiritual, esotérico o místico.
- No se dan espacios ni tienen tiempo para desarrollar la conexión interior y espiritual.
- Van salvando y ayudando a todo el mundo, en desmedro de su conexión interior.

EQUILIBRIO ENTRE NODO NORTE Y NODO SUR

El servicio real es el que les damos tanto a otros como a nosotros mismos. Ayudar a los demás a costa de nuestra propia postergación y autocuidado no genera armonía, más bien termina acarreando conflictos. Todos somos parte de la fuente, todos somos el Todo. No obtenemos nada ayudando a otros si por dentro somos infelices. Nuestra felicidad interior es tan importante como la felicidad de los que están afuera. Tener espacio para el autocuidado, para el alma, para hacer aquello que nos haga felices y nos sane es tan sagrado como los tiempos para ayudar con el corazón a quienes lo necesiten.

La perfección no existe, es una ilusión mental. Estamos en una realidad dual, donde el caos siempre estará presente. No actuar, frustrarnos o detenernos porque no nos sentimos listos, porque nos podemos equivocar o porque lo que queremos crear no está a la altura de una «perfección utópica» es vivir en la ilusión. En cambio, fluir en la vida implica tener fe de que todo lo que pasará será perfecto. Debemos tener fe para actuar, ir aprendiendo en el camino, de los errores y de la experiencia misma. Con fe también en nosotros mismos y en nuestra capacidad para resolver sobre la marcha.

ESENCIAS FLORALES PARA CONECTAR CON EL NODO NORTE EN LA CASA XII O EN PISCIS

Si quieren activar la energía del Nodo Norte en la Casa XII o en Piscis les recomiendo esta fórmula floral.

Consideren que esta esencia puede mover temas emocionales y algunas veces generar emociones de incomodidad. Si quieren tomar esta fórmula, es aconsejable que lo hagan de la mano de un terapeuta que los acompañe en su proceso evolutivo de conectar con su Nodo Norte. Recuerden que llamar a su energía puede ser incómodo, pues los sacará de la zona de confort.

Manden a hacer la siguiente fórmula a una farmacia natural o donde tengan esencias florales. Es recomendable tomarla tres veces al día, virtiendo cuatro gotas bajo la lengua. Idealmente al despertar, cerca de la mitad del día y antes de dormir.

- ☼ Rock Water —del sistema Bach— poner 3 gotas en la fórmula.

- ☼ Nasturtium —del sistema Fes— poner 3 gotas en la fórmula.
- ☼ Rock Rose —del sistema Bach— poner 3 gotas en la fórmula.
- ☼ Star Tulip —del sistema Fes— poner 3 gotas en la fórmula.
- ☼ Lotus —del sistema Fes— poner 3 gotas en la fórmula.
- ☼ Bush Fuchsia —del sistema Bush— poner 3 gotas en la fórmula.
- ☼ Willow —del sistema Bach— poner 3 gotas en la fórmula.
- ☼ Sweet Chestnut —del sistema Bach— poner 3 gotas en la fórmula.
- ☼ Pine —del sistema Bach— poner 3 gotas en la fórmula.
- ☼ Oak —del sistema Bach— poner 3 gotas en la fórmula.

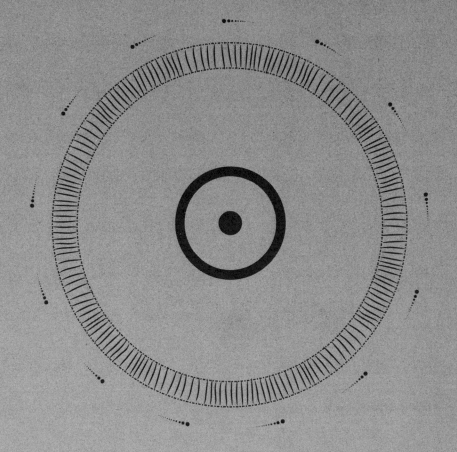

3
El Sol

EL PROPÓSITO
DE VOLVER A SER
NOSOTROS MISMOS

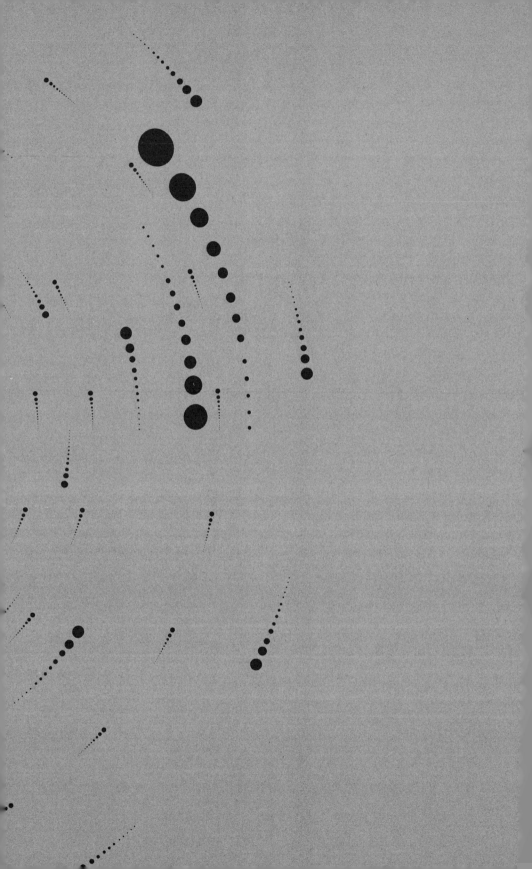

En este capítulo vamos a hablar de un punto evolutivo especial, quizá el más importante de todos. Nos referimos al Sol, el astro asociado a permitirnos ser quienes somos y expresar nuestra esencia natural desde el corazón. El Sol nos vuelve los protagonistas de nuestra vida, nuestro propio héroe o heroína, ayudándonos a explorar aquella parte dentro de nosotros mismos que sabe que somos únicos y especiales.

Podríamos hacernos las siguientes preguntas: ¿por qué expresar nuestra esencia es algo evolutivo o algo que venimos a aprender?, ¿no debería ser algo natural el hecho de mostrarnos como somos?, ¿por qué tenemos que alcanzarlo o desarrollarlo? Esto es muy importante y es justamente el secreto del aprendizaje del Sol, una energía que debería funcionar de manera espontánea, pero que, sin embargo, no lo hace porque la mayoría de los adultos estamos desconectados de esta parte de nuestro ser, como veremos más adelante.

Previamente estudiamos dos Puntos Evolutivos que representaban un tipo de experiencia totalmente nueva para nuestro ser, dos energías que no sentíamos como naturales:

1) El Ascendente, que implica un aprendizaje en concreto que la vida nos pide hacer propio y, de hecho, nos fuerza a vivirlo desde el momento del parto.

2) El Nodo Norte, que representa el aprendizaje de una experiencia espiritual totalmente nueva para nuestra alma,

la cual nos conecta con un potencial transformador y trascendental.

El Sol constituye un punto evolutivo diferente a esos dos, pues lo que venimos a aprender con él no es algo que sea ajeno o que se «fuerza» desde afuera, sino que tiene que ver con permitirnos expresar quienes ya somos en el fondo.

> PORQUE LA ENERGÍA DEL SOL YA ESTÁ DENTRO DE NOSOTROS. ES NUESTRA CHISPA DIVINA, NUESTRA ESENCIA, NUESTRA CREATIVIDAD, LAS GANAS DE VIVIR Y JUGAR, NUESTRA PASIÓN POR ESTAR ENCARNADOS, ALCANZAR NUESTROS SUEÑOS Y TENER UNA VIDA COHERENTE CON NUESTRA ALMA.

En palabras sencillas, el Sol se relaciona con:

- La vida dentro de nuestro corazón.
- Las ganas de brillar, de mostrarnos y expresarnos tal como somos.
- La energía creativa que quiere manifestarse a través de nosotros.
- La posibilidad de ser los protagonistas de nuestra vida y el deseo de llevarla hacia donde queramos.
- Confiar en nosotros mismos y ser los héroes de nuestra existencia.
- Permitirnos jugar, apasionarnos y disfrutar de lo que hacemos.

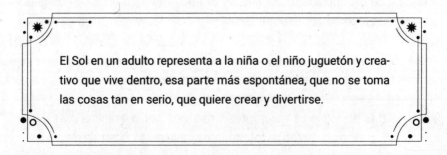

El Sol en un adulto representa a la niña o el niño juguetón y creativo que vive dentro, esa parte más espontánea, que no se toma las cosas tan en serio, que quiere crear y divertirse.

Esto quiere decir que el signo del Sol no es una energía externa o nueva. De hecho está dentro de nosotros y nos pertenece, lo que ocurre es que hemos olvidado expresarla. Durante nuestra infancia el Sol se muestra con mucha fuerza y sin bloqueos. Para la gran mayoría de las niñas y los niños esta energía se manifiesta con total soltura sobre todo en los primeros años de edad. Pero alrededor de los 7 años todo cambia. La necesidad de ser queridos, aceptados y amados nos domina, nos hacemos conscientes de la opinión de los otros, nos sentimos rechazados o juzgados por nuestra forma de ser, aprendemos a ponernos máscaras para gustarles a papá y mamá, y descubrimos que es «más fácil» vivir desde un personaje construido que desde la vulnerabilidad de nuestro corazón. Nuestra luz y esencia espontánea se bloquea y, como resultado, terminamos convirtiéndonos en adultos desconectados de eso que somos verdaderamente y viviendo una vida muy alejada de aquella que nos gustaría experimentar. Por eso la gran mayoría de la gente terminará desconectándose de su energía solar, no expresará el signo del Sol o lo hará de una manera muy poco consciente.

Volver a conectar con la energía del Sol se convierte, entonces, en uno de nuestros propósitos fundamentales, y por ello a este aspecto astrológico se le considera un punto evolutivo de nuestra carta natal.

¿Cómo nos desconectamos de nuestra esencia?, ¿cómo nos olvidamos de quiénes somos?, ¿cómo bloqueamos nuestro corazón? En este capítulo explicaremos cómo es que la mayoría de los seres humanos aprendimos en la infancia a ocultar lo que en realidad somos, nuestra esencia, y nos terminamos convirtiendo en un «personaje» que no nos representa, viviendo una vida que no es la que soñamos. También abordaremos cuáles son los pasos para reconectar con el camino de nuestro corazón, pues esa es la única manera de sentirnos plenos, realizados y vivir una vida coherente con nuestra esencia.

EL SOL EN LA CARTA NATAL
LECCIÓN ASTROLÓGICA

La gran mayoría de los seres humanos conoce cuál es su signo solar, de hecho, un porcentaje importante de la gente cree que solo tiene ese signo. Cuando a alguien le preguntamos «¿qué signo eres?» y responde «Virgo», lo que esa persona nos está diciendo (tal vez sin saberlo) es que en su carta natal el Sol se encontraba en el signo de Virgo al momento de su nacimiento. Recordemos que en una carta natal existen muchos astros y cada uno se encuentra en un signo puntual, así que cuando hablamos de nuestro signo básicamente nos referimos al signo en que se hallaba el Sol. Veamos un ejemplo.

Supongamos que una persona nació el día 23 de enero del año 1953. En la carta natal que sigue a continuación el símbolo del Sol se destaca en un círculo; si observamos su ubicación, podremos notar que está sobre el signo de Acuario. Eso quiere decir que esta persona nació mientras el Sol transitaba por Acuario y este es, en consecuencia, su signo solar.

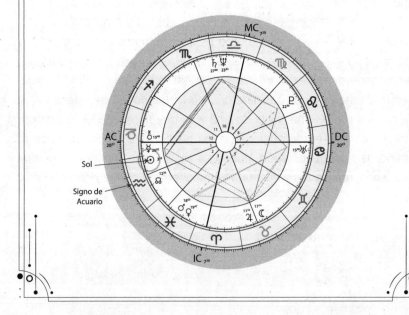

Sol

Signo de
Acuario

Es interesante que mucha gente cuestione la astrología porque no se siente identificada con su signo solar. Por ejemplo, una persona con el Sol en Capricornio no se considera responsable ni enfocada en cumplir metas; alguien con el Sol en Virgo es desordenado y nada disciplinado; o una persona con el Sol en Sagitario no se siente aventurera, ni viaja explorando territorios desconocidos. Para los escépticos, esto es motivo suficiente para refutar la astrología y decir que es pura tontería. Sin embargo, los astrólogos sabemos que cuando una persona no se identifica con su signo solar ni expresa su energía no es porque la astrología esté fallando. Lo que pasa es que esa persona no se está vinculando con su verdadera esencia. Está desconectada de quien es y por eso no expresa su energía fundamental.

Esta explicación astrológica puede sonar acomodada e inventada, casi una excusa, pero la verdad es que no lo es. Es más, podemos observar un segundo síntoma en quienes no conectan con su signo solar y es que, en el fondo de su ser, saben que no están siendo totalmente auténticos, no se muestran tal cual son, temen mostrarse sin censura y sin vergüenza y sienten que los demás no los ven en su verdadera naturaleza. Al mismo tiempo, suelen sentir que su vida es muy diferente de como la anhelan. Probablemente, en sus sueños e imaginación concretan sus anhelos, aventuras, cumplen las metas y experimentan las relaciones que añoran tener, pero su realidad está muy alejada de eso.

TEST

Evalúa cómo está tu conexión con tu Sol respondiendo a estas dos preguntas:

¿Qué tan identificado te sientes con la energía de tu signo solar? (Si no la conoces todavía, avanza en el capítulo y lee la descripción al respecto).

    o Nada.

    o Un poco.

    o A veces.

    o Mucho. Siento que claramente me representa.

¿Eres auténtico, espontáneo y te muestras tal como eres con la mayoría de la gente?

    o Nada.

    o Un poco.

    o A veces.

    o La mayor parte del tiempo.

Si contestaste «La mayor parte del tiempo» o «A veces» estás bastante conectado con tu signo solar. ¡Enhorabuena! Si contestaste «Nada» o «Un poco» puede ser que estés bastante desconectado de tu signo solar. En las próximas páginas te daré consejos para reconectar o mejorar tu relación con él.

La infancia y la desconexión con el Sol

Rocío era una niña muy juguetona y creativa, tenía muy desarrollado su lado artístico y siempre estaba dibujando o haciendo algún tipo de escultura. Con entusiasmo, les mostraba a su madre y padre sus creaciones.

Amaba bailar y se llenaba de alegría cuando comenzaba a escuchar música. Le gustaba actuar frente a la gente e inventaba obras de danza y teatro donde ella era la protagonista. Su sueño era ser bailarina y actriz.

Su familia era tradicional, estaban acostumbrados a estudiar carreras «normales» en la universidad y a dedicarse a oficios que aseguraran una estabilidad económica. Los comportamientos creativos y libres de su hija fueron aceptados por sus padres hasta que ella entró a la escuela y cumplió los 7 años. La inscribieron en un colegio muy tradicional, diseñado para alumnos que buscaban destacar académicamente en ciencias, matemáticas, biología o humanidades. Rocío no se adaptaba bien a las reglas y normas de la escuela, se aburría y no le interesaba lo que estudiaba, quería llamar la atención todo el tiempo. La maestra les dijo a sus padres que su hija tenía algún tipo de déficit de atención y que debían hacer algo al respecto. Su padre fue quien más se molestó por esto y comenzó a regañarla y a exigirle que se comportara de mejor manera en clases. Tenía muy altas expectativas para su hija y no le interesaba que se perdiera por el camino. Cuando ella hablaba de querer ser actriz y bailarina sus padres se ponían muy serios y le decían que así no iba a poder sobrevivir en el mundo.

La pequeña comenzó a sentirse criticada y exigida, a sentir que había algo malo en su forma de ser, pues entre más espontánea y juguetona era, más rechazo generaba en su padre. Con los años, la exigencia de este fue en aumento, se le demandaba que fuera una alumna aplicada y con muy buenas calificaciones. Ya en el hogar, las horas para el arte y la creación disminuyeron, había que dedicar energía a cosas más serias y disminuir el tiempo para el juego. De a poco, Rocío fue volviéndose más retraída y aplicada, se concentraba en clases y se esforzaba por destacar. Sus ganas de ser vista y premiada las canalizaba en ser una alumna muy buena.

Al salir de la escuela decidió entrar a la carrera de Derecho, la profesión que su padre siempre le «inspiró» a estudiar. Una parte de ella soñaba con dedicarse a algo artístico, pero sabía que de ese modo nunca iba a destacarse y hacer que él estuviera orgulloso de ella. De la niña juguetona, artística y espontánea de la infancia ya no quedaban muchas huellas.

Siempre me ha llamado la atención la espontaneidad de los niños, en especial cuanto más pequeños. Simplemente son, se expresan sin censura, hay una enorme coherencia entre lo que sienten y lo que muestran hacia afuera. Si tienen ganas de bailar, lo hacen; si algo les gusta, lo dicen y van por ello; si algo no les gusta, lo expresan sin reparos. ¿Qué es lo que más les gusta hacer a los niños?... Jugar, crear y mostrar a otros sus «obras». Hay un impulso natural que los lleva a ser abiertos, divertirse, expresarse, enseñar a otros lo que hacen; siempre buscan sentirse vistos y reconocidos. Cuando un niño dice que quiere ser astronauta, bailarín, policía o explorador, realmente está expresando lo que lo hace vibrar, lo que sueña vivir y experimentar, no hay límites para ellos.

Entre más niños somos, nuestro Sol se expresa sin censura y sin limitaciones. La luz de nuestra esencia se muestra de forma natural. Pero a medida que vamos creciendo y acercándonos a nuestro primer septenio, en torno a los 7 años, algo va ocurriendo que va bloqueando esa luz. Las niñas y los niños de la Tierra van viviendo experiencias dolorosas que inhiben la expresión y conexión con su corazón. Esto se debe a que todos somos educados para ir desconectándonos de quienes somos, de lo que nos gusta, de nuestros sueños, de nuestra espontaneidad y energía creativa. La sociedad en la que vivimos no acepta la individualidad, por el contrario, tanto el «sistema» como nuestra familia desean que nos transformemos en lo que «ellos» consideran que es correcto. **En otras palabras, la infancia tiene un papel fundamental al «calibrar» cuánta luz propia vamos a mostrar hacia afuera de adultos.**

Veamos los dos factores que nos hacen desconectarnos de nuestra luz durante esa etapa:

1. EL HOGAR

Es fundamental tener claro que nosotros incorporamos lo que vimos que estaba «afuera», y nuestros padres fueron nuestros principales referentes y condicionadores. La gran mayoría de los adultos de esta Tierra no es protagonista de su vida y está desconectada de su creatividad. Es decir, no se siente realizada, ni se ha permitido ser ni vivir la vida que quería. Esto es algo que nuestros padres heredaron de los suyos y que se arrastra desde muchísimas generaciones hacia atrás. En Occidente, las mujeres apenas hace algunas décadas recuperaron su derecho a ser dueñas de su propia vida. Ello implica que nuestras madres, abuelas y ancestras no tuvieron permiso para ser quienes eran y recorrer su propio camino. Eran propiedad de su marido o de su padre, quienes decidían qué debían hacer. Esto nos muestra que los sistemas familiares poseen, desde hace decenas de años, importantes mecanismos de represión de la solaridad, lo cual ha provocado una enorme herida que traspasa generaciones.

Esto no solo les ocurrió a las mujeres, pues, aunque a primera vista los hombres sí eran libres y sí podían hacer lo que querían, la gran mayoría en realidad no lo tenía permitido, ni se lo permitió. La sociedad les decía a qué debían dedicarse, el miedo, el fracaso, el éxito, las oportunidades e inseguridades fueron limitando su expresión personal. La sociedad patriarcal restringía la conexión de los hombres con sus emociones y sensibilidad, es decir, con ir «hacia adentro» y escucharse. Es muy difícil ser coherentes con quienes somos si tenemos «prohibido» escuchar esa sensibilidad interior. Nuestros abuelos fueron personas bastante frustradas, muchos de ellos buscaron el éxito a través del exceso de trabajo; o cayeron en el alcohol o las aventuras extramaritales para poder sentirse vivos y realizados. Otros no tuvieron el valor y el coraje para lanzarse a vivir su vida y permanecieron como «fracasados» y frustrados por años.

Muchos de los adultos que nos criaron no supieron cómo potenciar y reconocer nuestra luz; por el contrario, nos obligaron a bloquearla. Si ellos estaban desconectados de su esencia, era muy difícil que pudieran reconocer la nuestra. Lo más probable es que nunca hayan podido ver quiénes éramos de niños. Como dice Carl G. Jung: «Nada tiene una influencia psicológica más poderosa sobre el entorno y, especialmente sobre los hijos, que la vida no vivida de los padres». Quizá ellos proyectaron en nosotros la vida que no tuvieron y los sueños que no alcanzaron. Puede que nos hayan impuesto modelos de lo que era aceptable o valorado por la sociedad. Entonces, no nos ayudaron a descubrir quiénes somos realmente y menos atrevernos a serlo. Al final, la niña o el niño que fuimos incorporó los mismos bloqueos al Sol que nuestros padres y ancestros vivieron respecto a su propio Sol e identidad.

De niños pudimos sentirnos ignorados, no vistos; escuchamos críticas constantes hacia nuestro ser, expresión creativa y nuestros sueños. En algún momento pudimos haber sufrido algún trauma asociado a nuestra identidad y la vida que queríamos vivir. Tal vez muchos pudimos llegar a sentirnos «malos» por nuestra forma de ser, asumiendo que esta era «negativa», y generando culpas por nuestros sueños, anhelos, deseos y comportamientos naturales.

Todo esto se potencia si nacimos en una familia con exceso de reglas y normas, donde se inhibía continuamente la espontaneidad y el juego. Por ejemplo, familias cuyo linaje tiene creencias negativas acerca de la creatividad y la expresión artística. O en una familia sin reglas, pero donde nos sentíamos ignorados, sin que nadie potenciara nuestros sueños y anhelos propios.

La consecuencia de todo ello es que bloqueamos la luz de nuestro interior. Como no fue reconocida y aceptada por el medio familiar, creemos que no existe. Que no hay nada especial dentro de nosotros. Suponemos que debemos convertirnos en otra persona para poder ser vistos, queridos y aceptados.

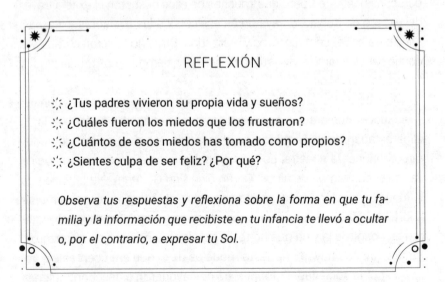

REFLEXIÓN

⚝ ¿Tus padres vivieron su propia vida y sueños?

⚝ ¿Cuáles fueron los miedos que los frustraron?

⚝ ¿Cuántos de esos miedos has tomado como propios?

⚝ ¿Sientes culpa de ser feliz? ¿Por qué?

Observa tus respuestas y reflexiona sobre la forma en que tu familia y la información que recibiste en tu infancia te llevó a ocultar o, por el contrario, a expresar tu Sol.

2. LA SOCIEDAD

La sociedad desea adultos funcionales, que aporten, obedezcan a las figuras de autoridad, que no cuestionen y que sigan el camino «correcto», que produzcan y consuman. No quiere individuos libres, que puedan vivir su propia vida y cumplir sus sueños. De ahí que, cuando somos niños, nos eduquen para calzar en el modelo.

Además, el sistema es muy duro con los niños, pues a temprana edad entramos a un sistema educacional serio, exigente, frío y poco empático, que no reconoce al ser que tiene al frente. Somos expuestos a la competencia, nos califican, nos comparan. ¿Quién no tuvo un maestro o un adulto que lo ridiculizó o lo hizo sentir muy mal?

La vergüenza, el miedo al ridículo, el temor a pararnos frente a otros y ser vistos suele provenir de estas primeras experiencias infantiles. Las burlas, las críticas y los juicios que vivimos en nuestra infancia, por figuras de autoridad o nuestros padres, generaron un miedo enorme a mostrarnos. Eso pudo habernos hecho sentir que no hay nada especial en nosotros. Yo, por ejemplo, recuerdo dos situaciones particularmente dañinas para mi autoestima que me hicieron volverme aún más tímido de lo que ya era y enrojecer ante la menor provocación. Cuando tenía 10 años un profesor de música me hizo cantar frente a todos mis compañeros y se burló de lo mal que lo hacía. Al poco tiempo otro maestro nos pidió escribir un cuento corto y leerlo frente al curso, yo lo hice y solo recuerdo las burlas y risas de mis compañeros. Ambas experiencias hicieron que bloqueara mi Sol con mucha fuerza.

En la sociedad está mal visto jugar, divertirse y soñar cuando se es adulto. Se cree que la infancia es la etapa para eso, pero que cuando nos convertimos en adultos debemos renunciar a todos esos sueños fantásticos e «imposibles de alcanzar». En vez de enseñarles a los niños a descubrir quiénes son, que reconozcan sus dones y talentos únicos y darles las herramientas para lograr sus metas, la sociedad corta de raíz esa energía. **En nuestra cultura está prohibido ser quienes somos, porque se piensa que ese Yo es malo, egoísta o simplemente es una fantasía que no funcionará en la realidad.**

Esa es, quizá, la razón principal por la cual los adultos no saben vivir su Sol: porque están convencidos de que la vida es seria, compleja y difícil. Y en parte sí es así, pero en la vida también hay juego, deseos, un alma que palpita por alcanzar sus propias metas y crear una vida original y auténtica.

Desconectarnos de nuestro Sol por estos dos motivos nos genera una profunda infelicidad y la sensación de que no estamos viviendo nuestra vida plenamente; nos provoca una falta de sentido. No importa cuánto tratemos de calzar en ese «traje prestado», este no nos representa. Ni cuando nos ponemos un traje que les gusta a los demás, ni cuando hacemos todo lo contrario, porque aunque la mayoría de la gente se adapta a lo que la sociedad y la familia autorizan, hay personas que se rebelan contra esto. Construyen un Yo que hace todo lo contrario a lo que se espera de él, creyendo que así son libres. Pero esto no es libertad real; más bien es otra forma de vivir el condicionamiento familiar, pues estas personas, sin darse cuenta, se limitan a hacer lo opuesto de lo que se espera, perdiendo la libertad de ser espontáneas y vivir lo que en realidad quieren. Al final estarán atrapadas en hacer «lo contrario».

Veamos el ejemplo de alguien que nace en una familia muy orientada al éxito y centrada en el logro profesional. La hija o el hijo se rebela, no estudia, se dedica a viajar, a «hippear», se vuelve la oveja negra irresponsable. Si tiene ganas de lograr un proyecto personal o alcanzar una meta de modo inconsciente se lo prohíbe, pues eso sería actuar «como esperan que lo haga». De esta manera, y creyendo ser libre, más bien está limitando la expresión de su Sol.

En ambos casos, tanto como si nos rebelamos contra la sociedad y la familia como si seguimos sus mandatos estamos desconectados de nuestro Sol, del niño juguetón en nuestro interior; dejamos de divertirnos y de creer que nuestras aspiraciones pueden ser reales. Bloqueamos nuestros verdaderos deseos, anhelos y fantasías y nos desconectamos de nuestra energía personal. Entonces la pregunta es: ¿para dónde se van esas aspiraciones?, ¿simplemente desaparecen? No como tal. La mayoría de la gente las vive en sus fantasías y sueños. Sin darse cuenta, muchas personas están disociadas, pueden sentirse no vistas en su realidad, ni reconocidas, ni viven la vida que quieren; sin embargo, en sus fantasías cumplen sus sueños, viven la vida que anhelan, se muestran y se expresan sin timidez, se sienten vistas y aplaudidas, reconocidas por los demás. Sueñan que tienen el trabajo que quieren, la pareja y las amistades que desean. Esta diferencia entre lo que experimentan en la imaginación y en la realidad puede ser muy frustrante, y hace que la vida real sea aún más difícil, desilusionante, aburrida y sin pasión, como vimos en el ejemplo de Rocío.[27]

Dos formas opuestas de vivir la herida solar

La mayoría de la gente se polariza en dos formas muy extremas y opuestas de vivir su herida solar. Por un lado, están los que yo llamo los «tímidos» y, por el otro, los «extrovertidos». Veámoslos en detalle:

☀ **Los tímidos:** en este grupo suelen estar las personas que se sienten y muestran de forma más vergonzosa y con miedo a hacer el ridículo. Son poco espontáneas cuando están con otros, se comportan de manera más rígida y no se permiten actuar y expresar lo que están sintiendo. No viven su propia vida o son actores secundarios de la vida de otros. Se postergan constantemente y sacrifican la vida que quieren por otras obligaciones. Se desconectaron de su niño o niña interno juguetón. Tienen terror de «subirse al escenario» o expresarse delante de otros, y se sienten muy incómodas de ser el centro de atención o de que los demás las miren, aunque en su interior se mueren de ganas por ser vistas. Suelen sentir bastante envidia de aquellos que sí se destacan o que son extrovertidos. Les importa tanto ser vistas que prefieren no mostrarse antes que ser ignoradas, ridiculizadas o no aplaudidas.

Dentro de este grupo, algunas pueden llegar al extremo de bloquear su creatividad y evitar hacer cualquier cosa artística, pues dudan profundamente de sus dones

---

[27] Hay una excelente película que nos muestra esta realidad: *La vida secreta de Walter Mitty*, de Ben Stiller (2013).

y capacidades. Algunas más inconscientemente tratan de llamar la atención de otras formas, siendo serviles, buenas personas, trabajando en exceso, alcanzando el éxito profesional, siendo buenos padres o demandando atención a sus seres cercanos.

Los extrovertidos: las personas que están en este grupo quieren llamar todo el tiempo la atención, buscan que todo el mundo las vea a ellas y a sus creaciones. Desean el aplauso y el reconocimiento, les gusta estar delante de la «cámara», subirse al escenario, son las primeras que saltan al frente cuando se pide un voluntario. Suelen ser muy creativas y se pueden dedicar a algún tipo de expresión artística. No obstante, tienen terror de pasar desapercibidas y no soportan que otros les hagan «sombra».

Su niño interno juguetón está desbordado, incluso puede convertirse en un niño tirano que quiere que todos giren en torno a él. Se pueden enojar mucho si los demás no les dan la importancia o hacen lo que quieren. Suelen ser muy competitivas, no soportan perder. En algunos casos su comportamiento se vuelve demasiado individualista, narcisista y egocéntrico.

Sin embargo, recordemos que estas personas no se están mostrando realmente como son; más bien están actuando para llamar la atención... su luz no está siendo auténtica. En este segundo grupo el Sol está activo, pero no está irradiando y expresando desde el corazón. Actúa para ser visto y reconocido, lo cual limita la expresión individual. El vacío y la sensación de no ser especiales es demasiado grande y no la soportan. Por lo tanto, pueden hacer cualquier cosa para ser vistas. No se dan cuenta de lo verdaderamente esencial y bello en su interior, tienen miedo de mostrarse como son y que los demás las rechacen.

En ambos extremos las personas no ven su propia luz y esencia, no reparan en todo el potencial hermoso, único y creativo que hay en su interior. Puede haber personas que estén mucho más identificadas con uno de estos grupos, mientras que hay otras que, durante una etapa de su vida, vivieron más en uno y después se movieron al otro; incluso otras oscilan y, según con quienes estén, dependerá cuán extrovertidas o tímidas serán. ¿Y ustedes en qué grupo sientes que pasas más tiempo?

Conectando con el Sol

A continuación daré algunos consejos que nos ayudarán a empezar a recorrer el camino para reconectar con nuestro Sol, sentir nuestro corazón, permitirnos ser quienes somos y lanzarnos a la aventura de vivir nuestra vida.

CONSEJOS PARA LOS «TÍMIDOS»:

- ☼ Atreverse a hacer algún tipo de actividad artística y creativa. Da lo mismo cuál, lo importante es que lo tomen como algo lúdico para jugar y entretenerse. No desde la exigencia o la obligación, ni para hacerlo perfecto. Cuando doy este consejo muchas veces me dicen: «No sé qué hacer», y mi respuesta es: «No lo pienses, simplemente pregúntale a tu niño juguetón qué quiere hacer y sigue ese impulso... aunque te dé vergüenza».

- ☼ Obligarse a mostrarse frente a otros. Si no salen de sus espacios de comodidad, nunca podrán permitirse cambiar y ser quienes realmente son. Es importante atreverse a hablar, pararse y exponerse frente a otros. Yo lo hice cuando era joven, era un universitario con pánico escénico, no podía hablar frente a otros. Me di cuenta de que eso me estaba limitando y me «obligué» a enfrentar ese miedo, por lo que me convertí en profesor auxiliar de una asignatura en la escuela de Ingeniería. Los primeros meses la pasé horrible, todos mis miedos aparecieron, pero con el tiempo la inseguridad fue perdiendo fuerza y descubrí algo sorprendente: que me encanta hablar frente a otros. Gracias a eso descubrí una enorme libertad y felicidad.

☀ Darse espacios para el juego en su vida, a pesar de las obligaciones y tareas que puedan tener. Es importante contar con un momento de «romance» y disfrute con ellos mismos.

☀ Reconocer que dentro de ellos habita una parte que los boicotea para mostrarse como son. Quizá se sienten culpables de ser felices, lo cual suele ser especialmente potente si sienten que uno o ambos padres no lo son. También puede haber miedo a ser felices, sobre todo si una parte inconsciente cree que los van a abandonar, criticar o dejar solos si se atreven a vivir su propio camino. A estas personas les recomiendo que busquen apoyo terapéutico para mirar y sanar estos temas, al menos a mí me ayudó mucho.

☀ Experimentar con las características de su energía solar, no como una obligación, sino como una exploración lúdica, como un juego.

CONSEJOS PARA LOS «EXTROVERTIDOS»:

☀ Tomar conciencia de la tendencia egoísta y narcisista que les «impide» ver a otros. Esto es muy importante y puede ser lo que más les cueste, pues les resulta muy difícil mirar con objetividad cómo se comportan y son.

☀ Preguntarse si en realidad están haciendo lo que quieren... o si la forma en la que actúan es solo para ser vistos. Si su miedo a que no les «aplaudan» o los reconozcan les está impidiendo hacer lo que en verdad quieren o mostrarse como son.

- Es superimportante hacer constelaciones familiares para ver la necesidad de ser el centro de atención.

- A nivel terapéutico, es recomendable explorar qué hay detrás del vacío de «no ser vistos». Sentir qué pasa si no se muestran... qué surge en su interior.

- Mirar hacia adentro, a la parte que se muere de ganas de ser vista, es decir, observar a la niña o el niño interno juguetón.

CONSEJOS GENERALES PARA TRABAJAR DE FORMA TERAPÉUTICA:

- Sanar heridas y traumas por experiencias de vergüenza y burlas vividas en la infancia.

- Liberarse de los condicionamientos del linaje familiar y, específicamente, de los padres que nos impiden ser quienes somos. Es clave hacer constelaciones familiares para ver por qué nuestro linaje bloquea la expresión individual.

- Reparar la relación con nuestro padre, en especial si tenemos mucha rabia hacia él, sentimos que no fue un buen papá o que estuvo ausente. La figura del padre es clave para potenciar el Sol, pues él representa al adulto que nos «empuja», nos da la protección, la confianza y el valor para soltar a mamá, alejarse del refugio y de la seguridad del hogar para salir al mundo, vivir aventuras, descubrir qué nos gusta y quiénes somos. Si esa figura

estuvo ausente o no supo cómo cumplir este rol, entonces lo más seguro será que nos cueste asumir el Sol,
no confiaremos en la vida y tendremos miedo de experimentar y alcanzar nuestros sueños.

Por eso, si queremos tomar nuestra propia vida
en nuestras manos y sanar la relación con nuestro
Sol, será clave reparar la relación con nuestro padre.
Ello no implica que tengamos que llevarnos excelente con él, ni siquiera que debamos tener una relación
cercana. Simplemente significa que hay que sanar la
relación, de manera que podamos sentirnos acompa-
ñados y apoyados por la fuerza masculina que existe
dentro de nuestro linaje familiar.

Algunas preguntas que pueden guiar nuestro trabajo
terapéutico o de constelaciones familiares son: ¿tu padre estuvo presente y te dio apoyo durante tu infancia?,
¿era crítico, exigente o serio?, ¿era violento, explosivo o
te asustaba estar cerca de él?, ¿prometía mucho, pero
cumplía poco?, ¿estuvo ausente?, ¿o tal vez era un padre
irresponsable?

☼ Tomar conciencia de nuestras rigideces y del «personaje
que construimos» para sentirnos vistos y aceptados. No
para rechazarlo, sino que para que pueda ir flexibilizándose y dándole espacio al Yo esencial en nuestro interior.

☼ Mirar el miedo de la niña o el niño interno juguetón a
expresarse, por temor a ser rechazado y no querido por
los padres.

☼ Hacer un proceso de conexión con nuestra niña o niño
interior, dándole el reconocimiento, la importancia y el
espacio que se merece. Es decir, ver y validar dentro de
nosotros la hermosa esencia que somos, llena de vida y
con tanto para compartir.

☼ Mirar y sanar las heridas de autoestima que podamos tener, aquellas que nos hacen creer que no hay nada especial dentro de nosotros.

☼ Usar la envidia como guía para evolucionar. Cuando sentimos envidia hacia una persona, realmente eso nos muestra un potencial que nosotros también podemos alcanzar, pero que hoy vemos lejano, algo que queremos para nosotros, pero de lo cual «carecemos». Cuando experimentemos este sentimiento por alguien, en lugar de engancharnos, demos las gracias porque nos está mostrando el potencial que poseemos. En ese instante debemos recordar que dejamos de mirarnos a nosotros mismos, de ver todo lo que tenemos y todo lo que nos hace especiales. El hecho de no vernos a nosotros nos hace creer que carecemos de algo. Envidiamos a otros que se atrevieron a hacer algo que nosotros no y, a veces, incluso los juzgamos. Pero recordemos que normalmente las personas que destacan es gracias a su esfuerzo, dedicación y valor para actuar y asumir desafíos. Así que la próxima vez que sintamos envidia, debemos preguntarnos si nos atrevemos a correr riesgos o preferimos ser espectadores que critican la vida de los demás. Pensemos si preferimos juzgarnos y cortar nuestras alas en lugar de intentarlo y dejar que nuestro Sol brille.

☼ Si les resuenan mucho estos temas con respecto al Sol, les recomiendo el libro *El camino del artista*, de Julia Cameron. Es un manual para conectar con nosotros mismos, nuestra creatividad y nuestro potencial; si lo desarrollamos durante las semanas que la autora propone, transformaremos radicalmente nuestra realidad.

☼ Explorar las siguientes preguntas clave:

- ¿De qué manera me permito jugar, ser espontáneo y divertirme en mi vida?
- ¿Te consideras creativo?, ¿te permites expresarlo?, ¿cómo lo haces?
- ¿Eres auténtico?, ¿cómo te sueles mostrar ante otros?
- ¿Qué recuerdos tienes de haberte sentido visto por tu familia?
- ¿Qué es lo que experimentas al mostrarte?
- ¿Cómo vives la envidia?, ¿en qué áreas de tu vida se despliega más?

☼ Hacer trabajo con nuestra sombra. Al activar nuestro Sol y comenzar a mirar quiénes somos realmente iluminaremos las partes de nosotros que no hayamos querido ver ni reconocer. Veremos eso que los adultos y nuestros pares juzgaron, rechazaron y nos hicieron creer que eran malas. Es clave reconciliarnos con eso que no «nos permitimos» ser, para así ir integrándolo creativamente a nuestro interior y a nuestra personalidad. En el proceso será muy importante que reconozcamos nuestra «sombra», ese aspecto nuestro que en la infancia nos hicieron creer que era malo y que había que eliminar. Que la luz de nuestro Sol ilumine todo nuestro interior, no solo aquello que consideramos bueno. Así, integraremos todas nuestras dimensiones y volveremos a sentirnos completos. Este trabajo es clave para conectar con el Sol y, para hacerlo, les recomiendo el libro *Encuentro con la sombra*, de C. Zweig y J. Abrams.

NO ESPEREMOS SENTIRNOS SEGUROS PARA MOSTRARNOS, NO TEMAMOS EXPONER NUESTRA VULNERABILIDAD, PUES LO SENSIBLE QUE HAY DENTRO DE NOSOTROS ES LO MÁS BELLO QUE TENEMOS.

HERRAMIENTAS PARA CONECTAR CON EL SOL:

1. **Ejercicio: rescata al niño o niña que fuiste**

- Todas las semanas date al menos noventa minutos de cita con tu niña o niño interno juguetón.
- «Pregúntale» qué quiere hacer y que la respuesta surja espontánea desde tu interior, no lo pienses ni cuestiones.
- Sin reglas, sin normas, sin celular del trabajo.
- Haciéndolo solo o sola.
- Date el espacio para realizar algo que te divierta mucho.

2. **Fórmula de esencias florales para activar el Sol**

- Sunflower (Fes) poner 3 gotas en el frasco.
- Orquídea Sol (esencias de orquídeas del Amazonas) poner 3 gotas en el frasco.
- Vervain (Bach) poner 3 gotas en el frasco.
- Zinnia (Fes) poner 3 gotas en el frasco.
- Buttercup (Fes) poner 3 gotas en el frasco.
- Rock Water (Bach) poner 3 gotas en el frasco.
- Five Corners (Bush) poner 7 gotas en el frasco.
- Larch (Bach) poner 3 gotas en el frasco.
- Pine (Bach) poner 3 gotas en el frasco.
- Baby Blue Eyes (Fes) poner 3 gotas en el frasco.

Nota: esta fórmula la puedes mandar a hacer en algún centro de terapia floral o farmacia natural en tu ciudad. Si no encuentras alguna de estas esencias no te preocupes, simplemente que le agreguen las que tengan de la lista. Te recomiendo tomar cuatro gotas bajo la lengua tres veces al día por un mes. Esta fórmula tendrá más fuerza si la acompañas de los consejos anteriores.

3. Meditación para conectar con tu niña o niño juguetón

En el siguiente QR encontrarás el acceso a una meditación que te ayudará tanto a conectar con tu niño creativo juguetón, como a ver al personaje que construiste para sentirte visto y aceptado.

4. Altar para la niña o el niño que fuiste

- Pon en algún lugar de tu casa una foto tuya de cuando eras niña o niño; idealmente cercana a los 5 años.
- Pon cosas o juguetes que te hayan gustado o que te recuerden a esa época.
- Todos los días agradécele a esa niña o niño que fuiste.
- Conéctate con su alegría e inocencia.

Bondades de activar nuestro Sol

Cuando nuestro Sol se expresa sanamente la vida comienza a transformarse y a cambiar. Algunas de las cosas que ocurren son:

- Comenzamos nuestro «viaje del héroe o de la heroína». El Sol es un astro de fuego, y al conectar con él, conectaremos con el fuego que hay en nuestro interior, esto nos movilizará dándonos el valor que necesitamos para atrevernos a salir al mundo a vivir nuestro propio camino y alcanzar nuestros sueños.

- Dejamos de ser esclavos del reconocimiento y de la vergüenza. Nos atrevemos a expresarnos delante de otros, a dar un paso al frente y a comunicar nuestra opinión.

- Nos damos la importancia que merecemos.

- Maduramos. De niñas o niños teníamos sueños, pero no contábamos con los medios para alcanzarlos. Cuando de adultos conectamos con nuestro Sol nos damos cuenta de toda la fuerza de vida que llevamos dentro. Entendemos que el poder salir al mundo depende únicamente de nosotros. Que somos el vehículo para vivir los anhelos de nuestro ser creativo y juguetón. Nos damos cuenta de lo que tenemos que aprender para funcionar en la realidad y alcanzar nuestros sueños. Así nos vamos volviendo adultos sanamente maduros.

- Reconocemos nuestra individualidad y nos mostramos tal cual somos, a pesar del miedo al rechazo o el abandono. La coherencia se activa en nuestro interior y lo aceptamos. Al tomar nuestra propia luz y esencia nos permitimos cortar el «cordón umbilical de dependencia» con padres y ancestros, lo que nos ataba y limitaba la individualidad; esto no quiere decir que los rechacemos, sino que nos permitiremos descubrir quiénes somos desde nuestras diferencias; así podremos recorrer nuestro camino personal.

- La expresión de nuestro ser se vuelve más auténtica, lo que permite que toquemos fibras más profundas en los demás.

- Descubrimos nuestras emociones de vulnerabilidad y fragilidad. Al mirarlas, podemos empezar a aceptarlas y contenerlas. Surge en nosotros la compasión, que puede darnos calma y amor. De este modo, vamos soltando las amarras infantiles que nos condicionaron en el pasado.

☼ Empezamos a querer las partes de nuestro ser que rechazamos en el pasado y que consideramos «malas». Vamos integrando las partes de nosotros de las que nos habíamos desconectado. Es decir, abrazamos nuestra sombra.

☼ Reconocemos la hermosa luz creativa que hay en nuestro interior.

☼ Nos tomamos menos en serio, somos menos graves, nos importa menos lo que dicen los demás y hasta nos podemos reír de nosotros mismos.

☼ Nos permitimos conectar con la niña o el niño interno juguetón que vive dentro de nosotros. Le damos espacios para jugar y divertirse y entendemos que la vida es un juego creativo.

☼ Reconocemos que somos los responsables de nuestra propia vida, que somos el «director del barco» y ya no podemos culpar a otros por nuestras vivencias.

☼ Reconocemos los miedos que tenemos a avanzar en nuestro camino personal, buscamos la guía y ayuda para resolverlos y nos permitimos aprender todo lo que necesitemos para alcanzar nuestros sueños.

☼ Empezamos a tener relaciones más conscientes en todos los ámbitos de nuestra vida, pues entre más aceptamos y reconocemos quien realmente somos, más podemos ver a los otros como son. Mientras más nos permitimos vivir nuestro camino, más respetamos el camino de los otros. Mientras más podemos ver y aceptar nuestra luz y nuestra sombra, más podemos ver la belleza de los demás y aceptarlos como son. Es decir, mientras más nos permitimos ser, más podemos reconocer la esencia de los demás y la individualidad de cada persona. Vemos que cada ser es especial y que somos parte de un colectivo humano. En suma, mientras más veamos nuestra esencia, menos egoístas somos con los demás.

Tres maneras de vivir la energía del signo del Sol

El signo del Sol indica la energía fundamental con la cual nuestro ser quiere sintonizarse y expresarse en esta encarnación, indica la «luz» que naturalmente irradia nuestro corazón. Cuando estamos conectados con nuestro Sol, esta energía fluye de manera espontánea y nos volvemos un medio de esa expresión. Sin embargo, no todas las personas con idéntico Sol manifestarán su energía de la misma forma.

Podemos decir que existen tres formas de vivir la energía del Sol:

☼ **En nula vibración.** Es decir, sin expresar las cualidades ni características del signo del Sol. En este caso las personas están muy desconectadas de quienes realmente son y no están mostrando su esencia de modo natural. Esto puede ocurrir cuando el Sol tiene una configuración muy compleja en la carta natal o cuando los Puntos de Pasado (véase la introducción) tienen demasiado peso en la personalidad.

☼ **En baja vibración.** Es el caso de la mayoría de las personas, quienes expresan ciertas características de su signo solar, pero por lo regular desde los extremos o el desequilibrio. Las características más elevadas del signo no se expresan, normalmente debido a miedos o la necesidad de controlar.

☼ **En alta vibración.** Esto ocurre cuando la energía del Sol brilla a través de las personas y las características de su signo están integradas, no están polarizadas y se expresan de forma armónica. Esto empieza a ocurrir cuando las personas se encuentran activamente resolviendo miedos e inseguridades, sanando temas de su infancia y se permiten vivir de una manera mucho más coherente con su esencia.

A continuación detallaremos cómo es la expresión del signo solar en cada uno de los 12 signos, describiendo tanto su vibración más baja como la más alta,[28] con el fin de que puedan aplicar todas las herramientas y consejos anteriores teniendo en cuenta las características más elevadas de su signo. No explicaré cómo es el Sol en nula vibración, pues esto es básicamente no expresar esta energía, ni en baja ni en alta.

---

[28] Si eres astrólogo o estudiante de astrología sabes que, en la gran mayoría de los casos, el Sol nunca está solo, sino que se encuentra conectado con otros planetas. Estos planetas aspectados con el Sol son importantes, pues nos hablan de otras características asociadas a nuestra personalidad e identidad, que incluso pueden modificar y teñir de nuevas cualidades al signo del Sol. Los planetas aspectados al Sol nos muestran dones creativos y personales, «colores» que tiene la identidad personal, arquetipos que venimos a aprender a integrar en nuestra individualidad, nos revelan la experiencia con el padre, qué tan seguros nos sentimos de vivir la propia vida y mostrarnos, lo fácil o difícil que fue sentirnos vistos o reconocidos en la infancia, así como cuánto aceptaron nuestros padres nuestra propia esencia. En el proceso de activar el Sol, es fundamental darles una expresión consciente a estos planetas, en la vida diaria y en la personalidad. También los planetas en la Casa V nos indicarán información parecida.

EL SOL EN LOS 12 SIGNOS

SOL EN ARIES: EL INICIADOR VALIENTE

En baja expresión: son personas con mucha rabia y frustración, impaciencia, aceleramiento, falta de diplomacia y de gentileza, no saben relacionarse con otros, sienten que siempre tienen que protegerse. Ponen límites en exceso, tienen miedo a no poder imponer su punto. Hay exceso de competitividad, egoísmo e individualismo desbordado.

En alta expresión: son emprendedoras e iniciadoras capaces de moverse con valentía, corriendo riesgos, siguiendo su intuición y sus ganas de lanzarse hacia lo nuevo para llegar a sus objetivos. Sin miedo a enfrentar los obstáculos que encuentren en el camino y sin esperar que otros los sigan, pues son personas que inician, son una punta de flecha, líderes con el talento para movilizar a otras personas, con una fuerza y decisión total, pues entienden, al mismo tiempo, cómo funcionan los otros y cómo hay que movilizarlos para que actúen. Pueden manejar su rabia e intensidad creativamente y estas no las controlan. Saben cuándo hay que tener paciencia, cuándo es el momento para actuar y cuándo luchar. Ponen límites sin ser personas violentas, ya no necesitan discutir ni pelear con todo el mundo, porque ya no se sienten todo el tiempo atacadas y limitadas, dado que han aprendido a escuchar su propio corazón y a correr los riesgos que en el pasado no se atrevían a asumir, pues ellas mismas eran su mayor freno o acelerador. Saben que no tienen que demostrar que son fuertes y valientes, pues ya pueden ver y reconocer esas cualidades en sí mismas.

SOL EN TAURO: EL MANIFESTADOR

En baja expresión: son personas pasivas que pueden rozar la flojera y falta de iniciativa. Son muy tercas e inflexibles, se resisten al cambio y tienden a quedarse «pegadas» en situaciones que ya no las hacen felices o que ya cumplieron su ciclo de vida. Manifiestan un materialismo excesivo, a través de la necesidad de acumular mucho dinero o bienes. Algunas personas canalizan esta energía en el trabajo excesivo, para tener más y más. Presentan dificultad para compartir lo que es suyo, miedo a la intimidad y a la conexión real con otro. Cuando su expresión está muy bloqueada, hay problemas económicos y viven con la sensación de escasez.

En alta expresión: son personas capaces de materializar y manifestar lo que se propongan, disfrutando del proceso, avanzando con perseverancia. Se sienten abundantes y generan lo que necesitan para satisfacer sus necesidades y deseos. Aportan mucho valor a sí mismas y a las personas con las que se rodean. Gozan de lo que tienen y lo comparten con otros, abriéndose a la intimidad. Disfrutan de los sentidos, de la sensualidad de la vida y de los placeres; saben también qué es lo que los demás disfrutan. Tienen menos miedo al cambio y entienden los ciclos de la vida, que todo inicia y todo termina, pues están sintonizadas con el ritmo de la naturaleza y de la creación, las cuales requieren de cambio y transformación para manifestar algo nuevo. Se conectan justamente con lo orgánico, haciendo contacto con la naturaleza, las plantas y la tierra.

SOL EN GÉMINIS: EL COMUNICADOR

En baja expresión: estas personas hablan en exceso empujadas por la ansiedad y la necesidad de sentirse escuchadas y de tener respuestas, su mente suele estar desbordada con muchos pensamientos, lo cual estresa su sistema nervioso. La dispersión está fuera de control, les cuesta concentrarse y mantener la atención en un tema. No saben lo que quieren y se sienten confundidas, cuestionan a otros para que les den respuestas acerca de su propia vida. Su hiperactividad mental no les permite escuchar a otras personas, están desconectadas de su intuición y de sus propios instintos.

En alta expresión: son comunicadoras que saben sintonizarse y observar a las personas que tienen al frente, pueden adaptar su comunicación para que sea asertiva, capte el interés de otros y realmente logren que el mensaje llegue. Están constantemente estudiando aquello que llama su atención, informándose y aprendiendo, manteniendo la curiosidad que existía en su infancia. No temen hablar frente a otros y enseñar aquello que han aprendido. Son personas curiosas acerca de cómo funciona su propia mente y emociones, por lo que se observan a sí mismas y a sus propios estados internos. Su mente ya no las domina, tienen certeza de lo que quieren, pues han aprendido a unir mente y corazón, a escuchar a su cuerpo y sentir sus necesidades. Se dedican a hacer varias cosas distintas en su vida y disfrutan con su capacidad de poner la atención en diferentes temas a la vez. Se toman la vida con liviandad, jugando e interactuando con otros. Crean redes y vínculos con otras personas, armando una red de contactos e información potente.

SOL EN CÁNCER: EL QUE NUTRE

En baja expresión: este signo se puede expresar de dos maneras distintas. En la primera observaremos que las personas adultas están dominadas por sus necesidades emocionales de seguridad y protección, están buscando una figura que funja como «madre» y que las cuide y contenga. Actúan de forma inmadura a nivel emocional, sus acciones en el mundo están muy controladas por sus necesidades infantiles no resueltas; son hipersensibles, demandantes en sus vínculos y es muy fácil herirlas.

El otro grupo lleva la energía de Cáncer a una necesidad extrema de cuidar y contener a otros, haciendo de «madre» de su familia o de las personas cercanas. Se sienten culpables de no proteger y de poner límites a otros. El apego a su familia limita su expresión individual, porque descuidan sus necesidades para atender a otros; les cuesta observar la propia vulnerabilidad y fragilidad en su interior.

En alta expresión: estas personas saben generar espacios de cuidado y protección con sus seres queridos y en los lugares donde pasan más tiempo, conectando emocional e intuitivamente con los demás desde la empatía y el amor. Al mismo tiempo saben ponerse límites en cuanto a su entrega, dando espacio a los otros para que vivan sus propias experiencias. Aman sin controlar a los demás. Dedican tiempo a su familia, pero a la vez han aprendido a desarrollar su propia individualidad y a escuchar su propio corazón. Se hacen cargo de su niño o niña interno, nutriéndolo, oyendo sus necesidades emocionales. Sienten dentro de sí el enorme amor y energía cariñosa que fluye desde su corazón, lo que les permite sentirse seguras, pues ya descubrieron «un hogar» dentro de sí mismas. Se conectan y disfrutan de su sensibilidad, imaginación e inspiración artística.

SOL EN LEO: EL QUE BRILLA

En baja expresión: estas personas necesitan llamar la atención de forma constante, poseen una energía extrovertida desbordada, pueden pasar a llevar a otros con tal de figurar o hacer notar su presencia. Pueden ser autoritarias e intolerantes con las visiones de los demás, su exceso de entusiasmo hace que solo vean su opinión como válida. Pueden tener complejo de «reina» o «rey», y buscan mandar y dirigir a los demás y se enojan cuando no les hacen caso. Su ego es fácil de herir, se pueden tomar a sí mismas con demasiada seriedad. Pueden ser adictas al aplauso y a construir una imagen o creatividad que no es realmente auténtica, sino que buscan ser vistas y validadas por los demás. La envidia hacia los que brillan o los que les pueden hacer sombra las domina mucho.

En alta expresión: estas personas son artistas de la vida, se toman esta con más liviandad, como un juego. Se permiten ser naturales y espontáneas, aceptando tanto sus momentos extrovertidos como los introvertidos. Gozan de subirse al escenario y pararse frente a otros, pues en esos momentos sienten que están siendo y expresando lo que realmente son. Ven toda la luz y fuerza que su corazón irradia, sienten la vida dentro de sí mismas y quieren mostrarla. Tienen el interés en que su expresión creativa inspire y movilice a otros. Poseen una gran capacidad de liderazgo, que logra movilizar a otros. Pueden considerar a la gente que está a su alrededor. Toman sus decisiones desde su corazón con sabiduría, firmeza y empatía. Corren grandes riesgos creativos, pues lo más importante no es el aplauso, sino la expresión de su ser y el escuchar lo que quieren crear y experimentar en el momento. Son conscientes de que son un medio para la creatividad, pero que esta no les pertenece. Tienen el valor para lanzarse a vivir la vida que su corazón anhela, incluso si eso amenaza la imagen que los demás puedan tener de ellas. Se permiten cambiar con el tiempo, escuchando lo que su corazón quiere en el momento presente.

SOL EN VIRGO: EL OPTIMIZADOR

En baja expresión: obsesiones de distinta índole dominan la vida de estas personas, ya sea con el orden, la eficiencia, la limpieza o con cómo deberían ser las cosas para que fueran perfectas. Se vuelven hipercríticas de sí mismas o de los demás (pueden decirlo o no) y juzgan mucho los errores. Se vuelven rígidas con los «protocolos», les gusta tener las cosas bajo control, por lo que no se permiten fluir, confiar e ir probando las cosas sobre la marcha. Algunas pueden tener miedo a avanzar en su vida, pues no se sienten «listas» o sienten que lo que hacen no está a la altura de su ideal de perfección. Pueden desconectarse de sus emociones y volverse muy mentales, poco empáticas. Algunas personas pueden transformarse en fanáticas del autocuidado y de sus rutinas. Otras se descuidan a sí mismas, dedicando demasiado tiempo a servir y ayudar a otros, sintiéndose culpables de decir que no y hacer lo que en realidad quieren.

En alta expresión: estas personas han aprendido a ordenarse a sí mismas, dedican tiempo a practicar hábitos saludables, a ordenar sus emociones y mente, así como a cuidar su cuerpo y salud física. Tienen una agenda ordenada que da espacio tanto al servicio a otros como para cuidar de sí mismas. Utilizan eficientemente su capacidad de ordenar, mejorar y optimizar, ya no le temen al caos porque se han dado cuenta de que su don es «ordenarlo». Se vuelven más flexibles, pues son capaces de percibir cuando sus «protocolos» han dejado de funcionar. Se mueven en el mundo con fe y orden, ya no necesitan tener todo controlado para avanzar. Dejan de ser tan autoexigentes con ellas mismas y con los demás, se dan cuenta de que su obsesión por la perfección es utópica y las aleja de lo óptimo. Su don por la prolijidad y técnica es canalizado en actividades donde se requiere de gran dedicación, detalle y meticulosidad. Ayudan a otros de forma práctica, sin perder su empatía y compasión por el dolor de los demás. Pueden llegar a descubrir dentro de sí mismas una gran capacidad de sanación para auxiliar a otros.

SOL EN LIBRA: EL CONCILIADOR

En baja expresión: estas personas pueden ser excesivamente conciliadoras y tienen una gran dificultad para expresarse cuando algo les molesta e incómoda. Les cuesta poner límites y decir que no. Evitan los conflictos o las situaciones tensas, cediendo fácilmente en sus posiciones con tal de mantener la armonía. Pueden centrar su vida en sus vínculos y se desconectan de su propia individualidad, al punto que no se atreven a hacer nada solas. Estas personas también pueden volverse muy superficiales y preocuparse demasiado por lo estético o por las formas socialmente aceptadas. Tienen conflictos para conciliar sus polaridades, oscilando entre comportamientos que pueden parecer extremos. Algunas veces pueden oscilar y volverse muy individualistas y egoístas.

En alta expresión: su camino personal va de la mano con brillar junto a otros, ya sea con socios, compañeros, parejas, amigos, clientes o consultantes; así, van descubriendo cómo su ser se siente más cómodo cuando comparte o colabora. De igual forma, en ese proceso van aprendiendo a conciliar su propia individualidad con sus ganas de estar con el otro, es decir, a darles importancia tanto a sus necesidades y deseos como a los de las personas con las cuales se relacionan. Su don es lograr que ambas partes se sientan «compañeras» y libres a la vez para expresar su propia individualidad. Son empáticas con los demás, saben reconocer qué es lo que moviliza a otros. Saben poner límites y decir que no de una manera conciliadora, pero eficaz. Potencian sus habilidades creativas y artísticas, usan sus dones para generar belleza. Si bien su apariencia es muy importante para ellas, también utilizan su gran inteligencia estratégica y emocional para moverse en el mundo. No le tienen miedo al conflicto, por el contrario, las mueve el deseo de que haya justicia, y son capaces de ayudar a conciliar disputas, encontrando siempre una posición que permita la mayor ganancia para todos los involucrados.

SOL EN ESCORPIO: EL TRANSMUTADOR

En baja expresión: estas personas pueden estar sometidas por sus emociones de alta intensidad, como los celos, la necesidad de control, obsesiones, furia, resentimientos y pulsiones de distinta índole. Tales emociones dominan su vida y su camino, por ello, muchas veces estas personas permanecen en un estado de drama y sufrimiento, pues no logran controlar ni imponer su voluntad constantemente en la realidad. Les cuesta fluir con el cambio y soltar aquello que ya ha cumplido su ciclo en su vida. Pueden volverse muy manipuladoras y terminarán diciéndoles a otros qué tienen que hacer para lograr lo que ellas desean. Tienen mucho miedo a sentir impotencia y no poder protegerse de aquello que tanto temen. Algunas personas tienen miedo a su propia intensidad y descontrol, por lo cual intentan bloquear sus emociones.

En alta expresión: van descubriendo dentro de sí una fuerza y un poder capaces de enfrentar todo tipo de situaciones y desafíos. Han perdido el miedo a mirar sus propios traumas y heridas internas; de hecho, han profundizado internamente, conociendo su sombra. Descubren una gran resiliencia y capacidad de reinventarse y renacer, en especial después de que viven alguna crisis de «muerte y transformación» personal. Sus emociones e instintos primarios ya no las dominan, pues han aprendido a fluir con su intensidad emocional, canalizando su fuerza hacia una entrega total a las experiencias con gran pasión. Se aceptan como son, con sus luces y sombras. No le temen al conflicto, pues saben que en ocasiones habrá que actuar de forma implacable para producir cambios y transformaciones o enfrentar los desafíos que la vida presente. Usan sus habilidades psicológicas, intuitivas y esotéricas ya no exclusivamente para obtener lo que desean, sino para ayudar a sanar y potenciar el cambio en otros. Utilizan su poder de manipulación y su fuerza para movilizar a los demás, pero actúan bajo su instinto personal, ya no guiadas por su deseo de control. Conocen su energía sexual, saben utilizarla, el sexo es un vehículo de fusión con otro y de elevación de la conciencia.

SOL EN SAGITARIO: EL EXPLORADOR

En baja expresión: estas personas son muy optimistas y alegres, pero debajo de esa «buena onda» suele existir una fuerte ansiedad y un miedo a enfrentar conflictos. Pueden querer «huir» de esta ansiedad abusando de la comida, las fiestas, los viajes o cualquier experiencia que las tranquilice. Suelen escapar de las situaciones que no saben cómo enfrentar o que representan dificultades y bloqueos a sus sueños y anhelos. Les puede costar la intimidad emocional, sobre todo si en esa cercanía surgen emociones incómodas o conflictivas. Algunos sagitarianos suelen fanatizarse con algún tipo de creencia religiosa o política, y se vuelven intolerantes hacia las visiones de otros, al punto de querer convertirlos. Les cuesta escuchar a los que piensan diferente y cuestionarse lo que creen.

En alta expresión: estas personas son aventureras, se atreven a vivir todo tipo de experiencias, viajes, y lanzarse a toda clase de desafíos, ampliando su visión de la vida y de lo conocido. Ya no huyen de los problemas o dificultades que encuentran en el camino, por el contrario, los enfrentan con valor y optimismo, pues saben que todo tiene un sentido más profundo. Su ansiedad ya no las domina; más bien la miran y conectan con ella, buscando y reconociendo qué es lo que esta esconde. Se vuelven buscadoras y exploradoras de las verdades y misterios profundos de la realidad, quieren entender el sentido de su encarnación y de lo que viven en el mundo. Si bien pueden investigar las religiones, creencias y visiones de otros, se permiten escuchar su voz personal y encontrar un sentido propio de la vida. Activan un gran don para inspirar y movilizar a otros, desarrollando un don de guía maestro. Se han vuelto menos fanáticas, pues saben que las verdades van cambiando con el tiempo, ya no necesitan convencer a otros para autoafirmar sus propias creencias.

SOL EN CAPRICORNIO: EL SABIO

En baja expresión: estas personas pueden volverse muy materialistas y exitistas, centradas en alcanzar sus propias metas y objetivos. El «fin justifica los medios», por ello, su forma de actuar es poco compasiva y empática con los otros y con ellas mismas. El pesimismo, los miedos y la negatividad pueden dominar sus acciones. Se pueden poner una meta tras otra, haciendo de su vida un viaje constante para alcanzar lo que se proponen, sin realmente sentirse satisfechas de sus logros. Sus miedos, inseguridades personales y su necesidad de demostrar a los demás cuánto valen dominan su vida. Se desconectan de sus sentimientos y necesidades emocionales, bloquean el juego y el disfrute en la vida, esto las vuelve rígidas, serias y muy mentales. Pierden empatía con ellas mismas. Algunos capricornianos pueden ser muy poco empáticos y se comportan fríos y poco emocionales. Otros pueden hacerse cargo de los temas de los demás, postergándose a sí mismos con tal de atender a otros. Algunos tienen tantos miedos e inseguridades que no se atreven a alcanzar sus metas.

En alta expresión: estas personas descubren la gran capacidad y tenacidad que tienen para alcanzar las metas que se propongan, entienden cómo funciona la realidad y qué necesitan aprender del mundo para materializar sus sueños. La rigidez emocional ya no domina su vida, pues aprendieron a mirar «hacia adentro» con amor y compasión, observando sus verdaderas necesidades emocionales. Las metas que se proponen ya no están impulsadas por intereses egoístas o por el anhelo de ser reconocidas, sino por motivaciones reales de su ser. Aprenden a disfrutar del día a día, se han vuelto menos serias y más juguetonas. Su responsabilidad las lleva a asumir y hacerse cargo de lo necesario para que los demás estén bien, lo que las convierte en un pilar que puede sostener a otros, así como sostenerse a sí mismas. Han aprendido a autoproveerse, lo cual les permite saber qué es lo que los demás requieren, entregando solo lo necesario, pues entienden que los otros descubrirán y desarrollarán sus propios potenciales. La humildad las domina, ya que conocen las dificultades de la realidad y el valor de la experiencia, el tiempo y los procesos de madurez. Descubren una gran capacidad para enseñar a otros, para ser guías, líderes e importantes figuras de autoridad.

SOL EN ACUARIO: EL INNOVADOR

En baja expresión: la sensación de ser diferentes y de no encajar domina en su vida, por lo que se pueden sentir solas y fuera de lugar. Tienen grandes ideas, genialidades y visiones de cómo deberían ser «las cosas», pero no saben anclarlas y manifestarlas en la realidad, por lo que pueden frustrarse y sentir que la vida no les permite cumplir sus sueños. Algunas de estas personas pueden volverse demasiado rebeldes y rupturistas, llevando la contra a los demás y luchando especialmente contra las figuras de autoridad que encuentran en su camino. Se vuelven demasiado frías y mentales, y actúan de forma opuesta al común de la gente. Se desconectan de su corazón, se ponen muy serias y soberbias, poco empáticas con los demás, intolerantes con las visiones de otros, sobre todo con los grupos que representan a la «mayoría». Algunas se hacen adictas al cambio, tienen miedo a la estabilidad y huyen cuando la rutina y lo «común» aparece en su vida.

En alta expresión: la genialidad creativa y capacidad de visualizar los cambios necesarios en la realidad ha ido madurando en ellas, son más pacientes y entienden que tienen que aprender para lograr manifestar sus sueños e ideas «locas». Han ido sanando su sensación de soledad y de ser diferentes, así como el resentimiento que pueden tener hacia la mayoría. Descubren su potencial de liderazgo y de reunir a otros en colectivos, movilizadas por sus ganas de trabajar en equipo. Las inspiran sus deseos de generar un impacto positivo en la sociedad, así como de ayudar en causas colectivas, para producir los cambios que esta necesita. Se han conectado con su corazón, se toman menos en serio, saben reírse de sí mismas y no temen hacer cosas que antes consideraban «comunes» o demasiado humanas. Saben que son personas cambiantes y que no harán las cosas igual que la mayoría. Reconocen su gran capacidad de desapego y de mirar con objetividad las situaciones y experiencias de la vida. Ya no temen a la estabilidad, pues saben que su esencia es jugar, divertirse y que nadie les puede quitar su libertad, que es un don intrínseco de su ser.

SOL EN PISCIS: EL MÍSTICO

En baja expresión: estas personas pueden ser hipersensibles, sin saber cómo manejar sus fuertes emociones, al punto de paralizarse por sentir tanto. Pueden experimentar que la realidad es demasiado fuerte y agresiva, y buscan huir de los problemas, escapando y pasando mucho tiempo en sus mundos de sueños y fantasías. Si bien son muy compasivas, les cuesta ayudar a los demás, pues pueden sentir que el dolor de los otros las invade y las sobrepasa. Les pueden faltar las fuerzas para avanzar en su vida y tomar las riendas de esta; suelen decepcionarse y desilusionarse cuando sus sueños no se hacen realidad. Les cuesta poner límites a otros, tienden a perderse muchas veces en sus vínculos, sin saber distinguir «dónde terminan ellas e inicia el otro». Algunos piscianos se sienten víctimas de la vida, y anhelan un salvador que les ayude con sus problemas. Otros actúan al contrario, salvando y ayudando a todas las personas que se encuentran, sintiendo que tienen que postergar y sacrificar sus necesidades por los demás.

En alta expresión: en estas personas la espiritualidad es parte esencial de su vida, sienten el «Misterio» y saben que hay un mundo divino que está rodeándonos todo el tiempo, aunque sea invisible a los ojos. Aceptan su propia fragilidad y sensibilidad, se dan espacios para conectar con su parte interior vulnerable, porque han empezado a «salvarse a sí mismas». Han ido aprendiendo herramientas para gestionar sus fuertes emociones, de manera que saben poner un límite a lo que sienten desde el amor, para así contenerse. Su gran compasión y amor les permite ayudar a las personas que sufren, sin descuidarse ellas mismas. Se mueven fluyendo con la vida, no en línea recta, sino como las mareas, siguiendo las señales que la vida les manda. Confían y se ponen a disposición de la divinidad. Su gran intuición y sensibilidad creativa las inspira artísticamente para «bajar» a la realidad sus sueños y visiones. Tienen la capacidad de tocar el alma y los corazones de los demás. Son artistas, canalizan magia, amor, intuición y fluidez. Se dan mucho espacio para dedicarse a actividades donde la mente se apaga y solo el ser está presente.

EPÍLOGO

Espero que este viaje de autoconocimiento los haya acercado a una respuesta sobre cuál es el propósito de su alma. Les puedo compartir que para mí ha sido clave aprender a integrar los aprendizajes de mis Puntos Evolutivos para empezar a sintonizarme con el mío y con los motivos por los cuales estoy encarnado en la Tierra. Incorporar esta información desde el amor, la compasión por mí mismo y el disfrute ha sido fundamental para avanzar y ser quien soy en el presente. Activar los Puntos Evolutivos requiere que conectemos con nosotros mismos desde una manera amorosa y compasiva, no desde la exigencia, la obligación o la idea de que hay algo malo en nosotros que tengamos que arreglar. Personalmente, cuando lo he hecho así, el efecto ha sido contrario y más me he alejado de mis propósitos.

De hecho, antes de terminar y para acompañar su propio proceso, quiero compartirles brevemente algunas de mis experiencias con mis Puntos Evolutivos personales, empezando por mi Ascendente.

Yo tengo Ascendente en Capricornio, y eso ha hecho que las pruebas de madurez, exigencia y realidad hayan sido muy complejas desde niño. Todavía recuerdo que en el año 2011, cuando recién comenzaba a estudiar astrología, mi profesor habló del Ascendente en Capricornio y yo me enfurecí. Me enojé mucho y me resistí a aceptar que esa energía fuera parte de mí. La detestaba, la encontraba demasiado seria y aburrida. Yo no quería asumir responsabilidades, quería ser libre (tengo Sol y Luna en Acuario) y estaba cansado de las presiones de la vida. Pero poco a poco y con conciencia empecé a querer esa energía, a reconocerla en mí y a expresar sus cualidades. Ya ha pasado más de una década desde esa lección y hoy en día puedo decir con orgullo que amo que mi signo de Ascendente sea Capricornio. Soy responsable, me gusta hacer las cosas bien, con excelencia, me gusta hacerme cargo de tareas que ayuden al colectivo, me encanta asumir desafíos y alcanzar mis metas. De hecho me compré una camiseta con el símbolo de Capricornio que uso con mucho amor y orgullo.

¿Cómo fue ocurriendo ese cambio? Se sumaron varias cosas: hice muchas terapias para sanar mi parto, mi niño interno y vulnerable y la relación con mis padres, perdonando y valorando lo que me dan. También me ayudó mirar mis miedos e inseguridades, aceptar con humildad que la vida es un aprendizaje y que somos constantes discípulos con lecciones nuevas por aprender. Sobre todo, me ayudó dejar de resistirme, de luchar, de criticarme y creer que mi Ascendente era un castigo.

Esto no significa que mis miedos e inseguridades acerca de la realidad y mis capacidades hayan desaparecido, pues siguen ahí plenamente. La diferencia es que ahora uso la misma energía de Capricornio con mayor conciencia, pues sé que al conectarme con ella puedo autosostenerme y situarme desde un lugar más adulto. Todavía me falta mucho por aprender de mi Ascendente, estoy seguro de ello. Por ejemplo, aún tengo que entender cómo lograr las metas con menos estrés, más desde el disfrute y el gozo. Pero espero que con el tiempo pueda ir incorporando la sabiduría de este signo, y sé que la vida me dará las oportunidades para hacerlo.

Por otro lado, mi experiencia con mi Nodo Norte en Casa VII ha representado todo un viaje. Aprender a compartir y a relacionarme con otros ha representado una gran lección para mí. Mi Nodo Sur en Casa I me ha pesado bastante, y muchas veces me ha hecho ser muy individualista. Ahora, mirando en retrospectiva, veo que desde que abrí la puerta al mundo de la sanación y el autoconocimiento me he ido acercando a este aprendizaje paso a paso. Fue duro escuchar mi Nodo Sur, más duro fue mirar lo que el Nodo Norte me proponía, que en un principio me sonó a «ya no puedes hacer lo que quieres». Esa visión ha ido madurando con los años, ahora entiendo que hay un espacio y un momento para el Nodo Sur, y hay otros para el Nodo Norte.

Además, he visto cómo mi vida y mi felicidad se expanden cuando aumento la conexión con este último. Por ejemplo, yo jamás pensé que iba a ser terapeuta, una vivencia muy asociada al aprendizaje de mi Nodo Norte. Esto ocurrió de forma natural a medida que fui sintonizando con mi corazón, sobre todo en un periodo en que tomé muchos cursos de sanación personal buscando sanarme a mí mismo. Al escuchar a otros durante esos años, conocer sus experiencias y verme reflejado en su dolor y vulnerabilidad fui activando las ganas de ayudar. Todos los años que me dediqué a ser terapeuta, en sesiones uno a uno, fueron un cultivo para la escucha presente. Aprender a ver a los otros seres humanos y conectar con una enorme compasión al dolor de los demás fueron grandes lecciones que me acercaron un poco a mi Nodo Norte. Poco a poco fui tomando conciencia de que compartir (Nodo Norte en Casa VII) es más importante que hacer lo que quiero (Nodo Sur en Casa I). Ese es un mantra que me repito, aunque muchas veces me es más fácil decirlo que practicarlo.

En mis libros, videos y cursos siempre doy lo mejor de mí, pues deseo que lo que hago tenga un impacto positivo en la vida de los demás. También intento hacer esto en mis relaciones, y cuando lo logro, la vivencia es hermosa y transformadora. Otras veces se me olvida y vuelvo a situarme en mí. Sin embargo, siempre tengo claro que mi Nodo Norte es mi faro, el motivo por el cual encarné y una lección que, aunque me saca de mi zona de confort, estoy dispuesto a tomar gustoso, pues en verdad abre mi corazón.

Por último, sanar mi conexión con mi Sol, con mi niño creativo y juguetón ha sido y sigue siendo un enorme y maravilloso desafío. Como les conté brevemente en el capítulo dedicado a este aspecto, permitir que mi esencia se muestre hacia afuera no ha sido fácil, pues soy penoso y tiendo a ser crítico conmigo mismo. Sin embargo, hay algo dentro de mí que se quiere expresar, quiere crear y compartir con los demás; eso me motiva a tener coraje y avanzar en mi vida a pesar de los miedos y experiencias complejas. No puedo negar quien soy y lo que mi esencia quiere expresar.

Sé bien que soy un alumno que todavía tiene mucho por aprender en este largo curso que es la vida. Aun así, creo firmemente que en este momento estoy un poco más cerca del gran propósito que es vivir desde el ser, jugando con la vida. Y espero que este libro también les ayude a ustedes a hacerlo. Si al terminar de leerlo no tienen claro por dónde empezar o en cuál de los tres Puntos Evolutivos concentrarse, no se preocupen. Dejen que su intuición los vaya guiando. Miren las señales que la vida les manda, lo que les pide soltar y hacia dónde les pide ir. Fluyan. Miren las heridas y los miedos que pueden estar guardados en cada punto evolutivo, y las resistencias que surjan con cada uno, pues muchas veces ahí está la clave de lo que nos frena a experimentar su energía.

Estamos en una época maravillosa para hacer este trabajo. La humanidad está aprendiendo a «caminar» después de milenios de «gatear». Los humanos estamos empezando a entender que la vida es un juego y que nuestra misión es liberarnos de lo que nos condiciona para aprender a jugar y ser lo que ya somos en esencia. Sintámonos orgullosos de estar intentando dar los primeros pasos. No juzguemos a las partes nuestras que tienen miedo al cambio; mirémoslas con amor y seamos más compasivos con nosotros mismos. Tengamos valor para ver las partes que no nos gusta ver, integrémoslas y atrevámonos a descubrir y vivir desde nuestra esencia. Solo así se producirá la magia alquímica y cada uno dará el salto de conciencia individual que necesitamos para transformar la conciencia colectiva.

ANEXOS

Anexo I

INTERPRETACIÓN DE LOS PLANETAS EN LA CASA I EN RELACIÓN AL ASCENDENTE

Cuando hay planetas en la Casa I, estos se suman y combinan con el propósito del signo del Ascendente. Esto agrega más energías al propósito personal, a lo que venimos a incorporar y a lo que atraemos como experiencia destino.

Veamos un ejemplo, supongamos que alguien tiene al Ascendente en Libra y a Plutón en la Casa I. Esto quiere decir que esta persona incorpora tanto la lección de Libra, como la de Plutón. Ambas experiencias se combinan, incluso si parecen contradictorias.

Para descubrir el propósito de los planetas en la Casa I (si es que los hay), pueden guiarse por el siguiente listado:

- ☼ Tener a Marte en la Casa I es análogo a tener Ascendente en Aries.
- ☼ Tener a Venus en la Casa I es análogo a tener una combinación entre Ascendente en Tauro y en Libra.
- ☼ Tener a Mercurio en la Casa I es análogo a tener Ascendente en Géminis.

- ☼ Tener a la Luna en la Casa I es análogo a tener Ascendente en Cáncer.
- ☼ Tener al Sol en la Casa I es análogo a tener Ascendente en Leo.
- ☼ Tener a Júpiter en la Casa I es análogo a tener Ascendente en Sagitario.
- ☼ Tener a Saturno en la Casa I es análogo a tener Ascendente en Capricornio.
- ☼ Tener a Urano en la Casa I es análogo a tener Ascendente en Acuario.
- ☼ Tener a Neptuno en la Casa I es análogo a tener Ascendente en Piscis.
- ☼ Tener a Plutón en la Casa I es análogo a tener Ascendente en Escorpio.

Si la persona tiene planetas en la Casa I, pueden añadir a la interpretación el fragmento que corresponde al Ascendente análogo a esos planetas. Por ejemplo, si la persona tiene Ascendente en Sagitario y Urano en la Casa I, puede leer la sección del Ascendente en Sagitario y la del Ascendente en Acuario, entendiendo que su aprendizaje es la combinación de ambas experiencias.

Tengan en cuenta que muchas veces los planetas en la Casa I tienden a notarse más y a vivirse de una manera más intensa que el signo del Ascendente. Es posible, incluso, que la persona pueda identificarse más con la energía de los planetas en su Casa I que si esa energía estuviera asociada al signo de su Ascendente. Por ejemplo, las personas con Plutón en la Casa I tenderán a ser más dominantes y controladoras que la mayoría de las personas con Ascendente en Escorpio.

Anexo II

NODO SUR: FACTORES ASTROLÓGICOS RELEVANTES

Para las personas con mayores conocimientos de astrología, aquí doy una explicación de diferentes factores técnicos que tenemos que considerar a la hora de estudiar el Nodo Sur en una carta natal.

Primero estudiemos las configuraciones que nos muestran que el Nodo Sur está teniendo temas pendientes y aprendizajes no resueltos en una persona:

1) El Nodo Sur tiene aspectos de tensión como cuadraturas y quincuncios con otros planetas o con el Ascendente. Esto significa que hay una integración del alma no resuelta y pendiente. Por ejemplo, el planeta en cuadratura con el Nodo Sur está en tensión y resistiéndose a la experiencia familiar que el Nodo Sur representa para la persona. Esta resistencia hace que la persona no se sienta del todo cómoda viviendo el Nodo Sur o que sienta que pasan situaciones externas que limitan la experiencia.

2) Cuando hay planetas en oposición al Nodo Sur. Esto significa que estos planetas están en conjunción con el Nodo Norte. Lo anterior nos muestra que la experiencia pasada del alma asociada al Nodo Sur se desarrolló excluyendo la experiencia del planeta en oposición. En palabras sencillas, significa que en el pasado se vivieron experiencias excluyendo una esfera de nuestra personalidad (planeta). A su vez, esto nos indica que la experiencia del Nodo Sur no está del todo resuelta e integrada en su totalidad.

3) Cuando hay planetas en conjunción al Nodo Sur. Siempre que el Nodo Sur está muy cerca de un planeta nos muestra un enorme apego a la experiencia de este. Los planetas son personajes que existen en nuestro in-

terior, y si están conectados con el Nodo Sur se vuelven personajes que vivimos en exceso. Si el Nodo Sur está en conjunción a Marte, sin darnos cuenta somos adictos a imponer nuestra voluntad, a actuar con vehemencia, poner límites y a tratar de ganar constantemente. O si el Nodo Sur está en conjunción a Venus, entonces estamos acostumbrados a tratar de obtener lo que nos da placer, a seducir, a encantar o a tener vínculos con otros. Cuando hay una conjunción del Nodo Sur con un planeta (o más de uno) nos indica que hemos profundizado mucho en él en el pasado. Tenemos, entonces, la costumbre de vivir centrados en él y, especialmente, en la casa donde este se ubica. Este exceso en la vivencia del planeta nos habla de un desequilibrio que no ha sido resuelto en el pasado.

Por tanto, para esta encarnación tendremos que soltar este planeta. No renunciar a él, pero sí hacerlo «ceder». Al mismo tiempo, debemos centrarnos en las experiencias que nos indique el Nodo Norte. Será vital preguntarnos si el planeta que está en conjunción con el Nodo Sur está siendo realmente vivido y expresado con conciencia en la vida o no, pues si este no se vive desde su más alta expresión, tomará el control desde el inconsciente, haciendo que sea muy difícil soltar el Nodo Sur. Por ejemplo, una persona tiene a Marte, pero en realidad no inicia, no actúa por lo que quiere ni es valiente; sin embargo, pelea constantemente, se frustra y es muy impaciente. Es decir, vive desde Marte, pero sin la calidad que este planeta requiere. O pensemos en una persona que tenga a Venus: no está conectada con sus necesidades, no se valora y le cuesta gozar de la vida; no obstante, quiere que todos la valoren, quiere sentirse superatractiva o está obsesionada con hacer lo que cree que le dará placer, pero que no se lo da. Es decir, vive desde Venus, pero sin la calidad que este planeta requiere.

4) Cuando hay planetas en conjunción al Nodo Sur y dicha conjunción o stellium tiene aspectos de tensión con otros planetas y el Ascendente. Esto básicamente implica integrar los puntos 1 y 3 recién explicados. Hay una adicción a un planeta, pero que va acompañada de una tensión y conflictos internos/externos en la vida de la persona. Esto hace que viva el planeta en exceso, pero de forma incómoda, disarmónica y conflictiva.

Ahora estudiemos qué es lo que ocurre cuando tenemos planetas con aspectos armónicos con el Nodo Sur.

1) Si hay planetas o Ascendente en trígono o sextil con el Nodo Sur nos indicará que hay una superfluidez y un enorme potencial en este vínculo. Es probable que la persona tenga una gran habilidad desarrollada en la encarnación previa, un talento que resultó de combinar el planeta en aspecto armónico, junto con el signo y la Casa del Nodo Sur. Lo complejo de los aspectos armónicos, en especial el trígono, es que puede hacer que el Nodo Sur sea aún más cómodo y que, por lo tanto, cueste mucho soltarlo para ir al Nodo Norte.

2) Un caso excepcional se da cuando el Nodo Sur solo tiene aspectos armónicos. Esto nos indica que el Nodo Sur no tiene ningún factor pendiente de aprendizaje para esta vida. Sin embargo, nos habla de un punto con demasiada comodidad que puede ser complejo soltar.

Será clave preguntarnos si estamos viviendo con conciencia y una alta expresión el Nodo Sur, su casa y signo, pues cuanta más calidad tenga la expresión del Nodo Sur, más fácil resultará ir hacia el Nodo Norte. Por el contrario, si estamos apegados a una expresión de baja conciencia del Nodo Sur, será muy complejo activar el Nodo Norte.

La evolución del Nodo Sur no es negarlo, sino vivirlo con conciencia, aprendiendo a integrarlo con lo que el Nodo Norte nos está pidiendo.

Anexo III

NODO NORTE: FACTORES ASTROLÓGICOS RELEVANTES

Para las personas con mayores conocimientos de astrología aquí doy una explicación técnica de diferentes factores técnicos que tenemos que considerar a la hora de estudiar el Nodo Norte en una carta natal.

1) Para algunas personas integrar el Nodo Norte puede ser más fácil o complejo, esto dependerá de los aspectos que tenga el Nodo Norte. Si este solo posee aspectos de tensión a otros planetas o al Ascendente, entonces será mucho más difícil que la persona pueda manifestarlo. Por el contrario, si solo tiene aspectos armónicos, entonces será más fácil vivirlo y sostenerlo.

2) Los aspectos de tensión al Nodo Norte, como cuadraturas y quincuncios de otros planetas (o del Ascendente), generan mayores desafíos para expresarlo, pues dichos planetas en tensión generan una resistencia que frena la vivencia y expresión del signo y la casa del Ascendente. Será fundamental reconciliar las resistencias que el planeta en tensión tenga con el Nodo Norte si realmente queremos fluir con su experiencia. Estas resistencias pueden ser exageraciones o comportamientos desequilibrados que el planeta puede expresar, como una forma de boicotear la experiencia del Nodo Norte. Suele haber bastante miedo en ese planeta, así como ansiedad y rabia.

3) Los aspectos armónicos al Nodo Norte, como trígonos y sextiles de otros planetas (o del Ascendente), generan un ambiente propicio y más fácil para conectar con el Nodo Norte; potencian que podamos vivirlo. Hay una mayor fluidez, pues ese planeta en armonía ayudará y apoyará la

expresión del Nodo Norte. Asimismo, permitirá que la persona pueda sostener con mayor facilidad tanto la energía del signo como la experiencia que la casa del Nodo Norte piden. También nos indica que la experiencia del Nodo Norte no es del todo algo nuevo para esta persona, pues ya en el pasado ha logrado integrar esta experiencia con la del planeta en armonía.

4) A la hora de interpretar una carta natal es muy importante que sepamos que por lo general no habitamos la casa donde está el Nodo Norte, es decir, evitamos vivir las experiencias relacionadas con esa área de la vida. Incluso si se encuentran en ella astros agradables como Venus, Sol o Júpiter. Esto significa que nos costará conectar con los planetas que se encuentran en la misma casa del Nodo Norte. Incluso podemos llegar a «excluirlos» de nuestra vida.

5) Estamos destinados a aprender a manifestar los planetas en conjunción con el Nodo Norte. Normalmente los excluimos de nuestra vida, pues en el pasado hemos evitado vivirlos. Nos resistimos a incorporar estos planetas a nuestra personalidad consciente. Sin embargo, aprender a expresarlos nos conectará por completo con nuestro Nodo Norte. Una forma de entenderlo es imaginar que estos planetas en conjunción con el Nodo Norte son inconscientemente excluidos de nuestra vida. Por lo tanto, tenderemos a proyectarlos, atrayendo a personas o situaciones que los representen.

☼ El Sol en conjunción al Nodo Norte indica que quizá nos cueste conectar con nuestro Yo creativo, mostrarnos como en verdad somos hacia afuera, ser espontáneos, conectar con nuestro niño o niña creativo y ser protagonistas de nuestra vida. Sin embargo, justamente venimos a aprender a conectar con esto. Que estos dos

Puntos Evolutivos estén juntos significa un gran aprendizaje en esta vida del signo en común que tienen el Sol y el Nodo Norte.

☼ La Luna en conjunción al Nodo Norte indica que quizá nos cueste conectar con nuestras emociones, fragilidad y vulnerabilidad. Tenderemos a racionalizar lo que nos ocurra y disociarnos de nuestro niño o niña interno vulnerable. No obstante, justamente venimos a aprender a conectar con esto.

☼ Mercurio en conjunción al Nodo Norte indica que quizá nos cueste conectar con nuestra propia voz y potencial de comunicación. Será difícil expresarnos e incluso podemos dudar de nuestra inteligencia. Sin embargo, justamente venimos a aprender a conectar con esto.

☼ Venus en conjunción al Nodo Norte indica que quizá nos cueste conectar con nuestra sensualidad, sensación de belleza, cuerpo, sentidos y necesidades. Asimismo, con el hecho de sentirnos queridos y valorados. También puede dificultársenos relacionarnos con otros, llegar a acuerdos y desarrollar relaciones. No obstante, justamente venimos a aprender a conectar con esto.

☼ Marte en conjunción al Nodo Norte indica que quizá nos cueste conectar con nuestro guerrero valiente, aquel que corre riesgos, quiere ganar, se atreve a emprender y moverse en la dirección que lo motiva. Asimismo, puede ser difícil ponerles límites a otros, decir que no y defenderse. Sin embargo, justamente venimos a aprender a conectar con esto.

☼ Júpiter en conjunción al Nodo Norte indica que quizá nos cueste conectar con la fe, la confianza y el optimismo, así como con la expansión en nuestra vida. Será más difícil correr riesgos y encontrarle un sentido a la encarnación. No obstante, justamente venimos a aprender a conectar con esto.

❉ Saturno en conjunción al Nodo Norte indica que quizá nos cueste conectar con la responsabilidad, la madurez, el autosostenernos y con alcanzar metas y objetivos. Puede ser difícil ponernos límites y regularnos. Sin embargo, justamente venimos a aprender a conectar con esto.

❉ Urano en conjunción al Nodo Norte indica que quizá nos cueste conectar con la rebeldía, la libertad, el desapego y el cambio. Con diferenciarnos y mostrar lo que nos hace únicos. No obstante, justamente venimos a aprender a conectar con esto.

❉ Neptuno en conjunción al Nodo Norte indica que quizá nos cueste conectar con lo espiritual, lo trascendental, lo místico, lo intuitivo, lo emocional y nuestra vulnerabilidad, así como con la sensación de unión y conexión con el Todo. Sin embargo, justamente venimos a aprender a conectar con esto.

❉ Plutón en conjunción al Nodo Norte indica que quizá nos cueste conectar con nuestra sombra, nuestro poder personal, intensidad y pasión. Será difícil vivir procesos de muerte y transformación, dejar ir el pasado, confrontar nuestros miedos y traumas. No obstante, justamente venimos a aprender a conectar con esto. Si tenemos a Plutón y el Nodo Norte en la misma casa, entonces hay un gran aprendizaje que tenemos que realizar en esa área de la vida.

❉ Quirón en conjunción al Nodo Norte indica que quizá nos cueste conectar con nuestra herida, de hecho, podemos estar muy disociados de esta. El aprendizaje en esta encarnación será conectar con el dolor para encontrar una puerta a la conexión con la vulnerabilidad del alma.

☼ El Ascendente en conjunción al Nodo Norte indica que quizá nos cueste conectar con nuestro camino personal e individualidad. Será más difícil conectar con el signo del Ascendente. Que estos dos Puntos Evolutivos estén juntos sugiere un gran aprendizaje en esta vida del signo en común que tienen el Ascendente y el Nodo Norte.

Anexo IV

ESTUDIO COMPLEJO DEL NODO NORTE

Personas con Nodo Norte en la Casa III y en Sagitario.[29] El aprendizaje de la Casa III está asociado con activar la capacidad de comunicación y de sociabilización. Dejar de aislarse o de vincularse solo con las personas que tengan ideologías o visiones parecidas, para poder hablar e interactuar con todo tipo de gente. Es clave desarrollar la tolerancia y la capacidad de escucha, aprender a comunicar y a expresar de manera «entendible» todos los conocimientos que han ido cultivando a lo largo

---

[29] En este ejemplo vemos que existe una clara contradicción o una aparente oposición en los aprendizajes. La Casa III es análoga a una lección de Géminis, opuesta a la lección de Sagitario. Aparentemente, una anula a la otra. Lo más probable es que esta persona tenga Ascendente en Libra, pues aquí se suelen tener combinaciones contradictorias asociadas a los Nodos Lunares. Estas personas vienen a aprender a vivir y a balancear las dos polaridades opuestas al mismo tiempo. Es común que una persona con Ascendente en Libra tenga a Escorpio en la cúspide de la Casa II, a Sagitario en la cúspide de la Casa III, a Capricornio en la cúspide de la Casa IV y así sucesivamente. Recordemos que la lección de las personas con el Ascendente en Libra es aprender a equilibrar los opuestos y las contradicciones. Es justamente esto lo cual conciliar con la integración de su Nodo Norte; en nuestro ejemplo, sería como darles espacio tanto a la energía de Géminis (mediante la Casa III), a la vez que a Sagitario.

de su vida. El aprendizaje de Sagitario muestra que estas personas vienen a conectar con su intuición, su mente superior, su capacidad para sacar sus propias conclusiones y llegar a su visión personal. En el pasado han dedicado mucho tiempo a ser el mensaje y las comunicadoras de la información para otras personas, pero quizá han estado demasiado influidas por los demás. La combinación de ambos aprendizajes puede parecer contradictoria a primera vista. Sin embargo, lo que indica dicha «mezcla» es que, antes de esta encarnación, las personas han estado profundizando tanto en lecciones de la Casa IX como de Géminis. Hay memorias, aprendizajes y experiencias asociadas a ambas energías. En esta vida las personas vienen a integrar el eje completo Géminis-Sagitario y Casa III-Casa IX. No pueden dejar de lado ninguna de estas dos expresiones. Puede decirse que en el pasado estas personas han tenido experiencias como buscadoras de la verdad, como filósofas que han explorado y se han movido tras respuestas a verdades trascendentales, sacando sus propias conclusiones. Asimismo, se han desarrollado como personas que aprendieron técnicas de comunicación, a escuchar a los otros, a ser curiosas, dispersas y a transmitir lo que otros les enseñaron. En esta encarnación, la Casa III y Sagitario indican que es importante aprender a comunicar a otras personas sus visiones, ideales y creencias, sociabilizando fuertemente con quienes estén a su alrededor, escuchándolos y al mismo tiempo sacando nuevas conclusiones que complementen su búsqueda de la verdad. Es crucial estudiar y aprender sobre temas nuevos con curiosidad, pero, a la vez, darse espacios de reflexión personal para desarrollar una síntesis y visión propia, la cual tendrán que comunicar a otros en un lenguaje sencillo e inspirador.

BIBLIOGRAFÍA

Alonso, Armando. (1988) *El túnel del tiempo*. Buenos Aires: Kier.

Carutti, E. (2019) *Ascendentes en astrología*. Buenos Aires: Kier.

Cautti, E. (2019) *Las lunas: el refugio de la memoria*. Buenos Aires: Kier.

Flores, P. (2019) *Sanando las relaciones de pareja*. Barcelona: GAIA.

Huber, B. y L. (2014) *Astrología del Nodo Lunar*. Barcelona: API Ediciones.

Pérez, G. (2014) *Un espejo cósmico: el viaje del alma por la sabiduría de los doce signos*. Barcelona: Editorial Catalonia.

AGRADECIMIENTOS

Para comenzar, quiero agradecer a los grandes gigantes que me han enseñado y compartido su maravilloso conocimiento:

A mi gran maestro, Aníbal Bascuñan, que fue mi primer profesor de astrología y me dio las bases para este camino. Aníbal, espero que estés mejor más allá del velo.

A Gonzalo Pérez, el gran astrólogo chileno que escribió el maravilloso libro *Un espejo cósmico*. Gonzalo, después de leer tu capítulo acerca del Sol en Acuario decidí estudiar astrología.

A Laura Nalbandian, la astróloga que me abrió el mundo hacia la astrología evolutiva. Siempre recuerdo cuando me leíste mi carta natal el día de mi cumpleaños en el Congreso de Astrología de Australia de 2014.

A Cristian Moreno, por enseñarme el mundo de los tránsitos y del viento evolutivo astrológico.

Al doctor Rodrigo Alcazar. Doctor, usted fue la primera persona que me mostró el mundo de la astrología, leyéndome mi carta natal cuando era un joven veinteañero totalmente perdido de su camino y propósitos.

A Eugenio Carutti, por escribir las dos joyas de la astrología que son *Los Ascendentes* y *Las Lunas: el refugio de la memoria*. Me voló la cabeza conocer tu visión de la astrología.

A Liz Green y Howard Sasportas, pues leer sus libros me abrió la vida al mundo de la astrología psicológica y empezó a sanar mi alma.

A Patricio Varas y Gloria Dreisziger, mis maestros de la formación de terapia transpersonal. Su amor, humildad, excelencia y compromiso con el desarrollo humano me inspiran cada día.

A Manam, mi querido maestro y terapeuta de Diamond Logos. Manam, no tengo palabras para agradecer todo lo que me has dado y aportado en esta vida, amigo y sabio mentor.

A Marisol Abad, por ser mi maestra de reiki por tantos años y acompañarme en mis tiempos difíciles.

A Luis Jiménez, por enseñarme la terapia floral evolutiva y mostrarme la conexión entre las esencias florales y la astrología.

A Pilar Saavedra. Pili, gracias por todo, por acompañarme todos estos años, por corregir todos mis textos, por ser profesora de la Escuela Astroterapéutica, sin ti y sin tu sabiduría no habría podido cumplir mis sueños.

Y finalmente a Marcela Riomalo, mi editora. Marce, gracias por creer en mí y por pedirme escribir este libro.

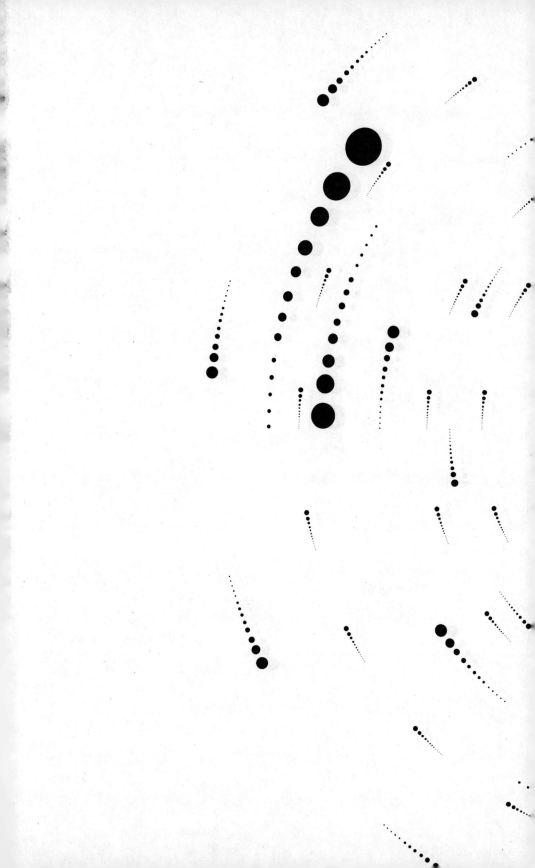

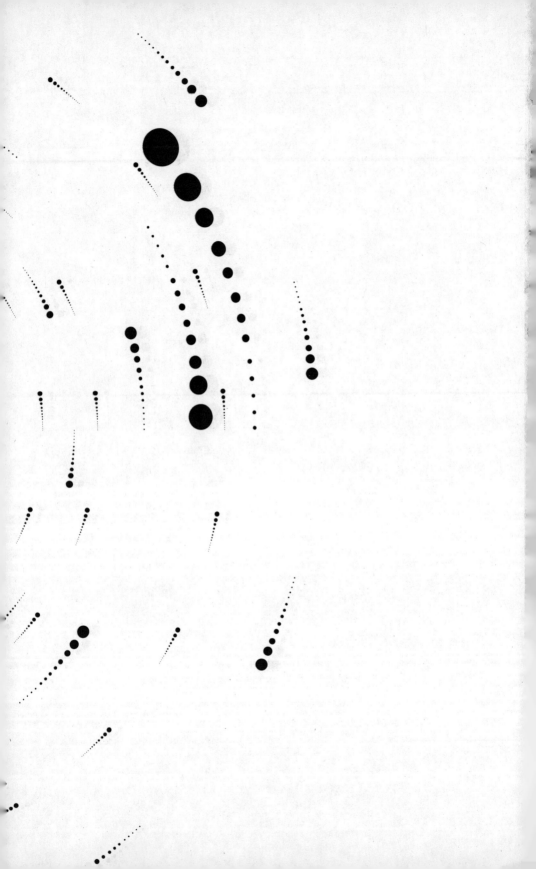